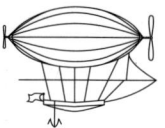

ZWINGLI

WIDERSTÄNDIGER GEIST MIT POLITISCHEM INSTINKT

Franz Rueb

HIER UND JETZT

INHALT

VORWORT

Dreissig Jahre habe ich meinen Wunsch mit mir herumgetragen, eine Zwingli-Biografie zu schreiben. Mein Arbeitszimmer hatte eine Archivecke mit mehreren Ordnern und 64 Schubladen, fein säuberlich nach Themen beschriftet. Im Sommer 2014 begann ich die Zwingli-Biografie zu schreiben, machte mich systematisch an die Materialien. Eine Schublade nach der anderen wurde verlebendigt.

Über Zwingli zu schreiben, entspringt meinem Anliegen, das seit 30 Jahren in der breiteren Öffentlichkeit immer wieder heraufbeschworene sogenannte Zwinglianismus-Syndrom zu korrigieren. Ich beabsichtige mit dem vorliegenden Buch, die Ungerechtigkeiten, mit der diese grosse geschichtliche Figur in der breiteren Öffentlichkeit abgetan wurde, als eine im damaligen Zeitgeist verankerte Modeerscheinung zu entlarven.

Ursprung meiner Geschichte mit dem Reformator Zwingli war das Zwingli-Porträt von Hans Asper und das Zwingli-Denkmal von Heinrich Natter. Gegen beide hatte sich mein Geist, meine Fantasie und meine Ästhetik immer und von Anfang an gewehrt. Was haben diese Herrschaften mit dem Reformator angestellt? Da beide – Porträt sowie Denkmal – meine Beschäftigung mit Zwingli stets befördert haben, konnte ich auch 30 Jahre auf meine Stunde warten.

An Zwingli interessiert mich vor allem das politische Individuum: der Humanist, seine bäuerliche Herkunft, seine Bildung, seine gewaltige Leistung, seine Philosophie, seine soziale Theologie, seine Bedeutung in der Zeit, seine Visionen, seine grundsätzliche Fortschrittlichkeit. Das religiöse Argumentarium bleibt mir eher fremd.

Bei Zwingli sind, wie bei keinem anderen Religionsführer, Politik und Religion, Humanismus und Christentum eng verbunden. Darin liegt meine Faszination für diesen Mann, der meine Stadt in etwa zwölf Jahren umgepflügt und verändert hat, der einen Geist geschaffen hat, der weit über seine eigene Zeit hinausreicht und der unser Leben bis heute prägt.

Ich lege das Schwergewicht des Buches auf seine Reformpolitik. Ich erzähle die äusseren Vorgänge und gebe einen Einblick in seine Sozialpolitik. Ich will die geschichtlichen Prozesse so plastisch wie möglich, so nachvollziehbar und so präzise wie es geht, schildern.

Über Zwingli gibt es fast ausschliesslich Bücher von Theologen und meist religiös ausgerichteten Historikern. Es sind jeweils mit ungezählten Fussnoten und grossen Textfeldern in Latein und in alter deutscher Sprache besetzte Bücher. Die vierbändige Biografie von Oskar Farner zum Beispiel (1943, 1946, 1954 und 1960 erschienen) ist über weite Strecken mühsam zu lesen, aber fruchtbar, wenn man sich darauf einlässt. Ich schreibe keine wissenschaftliche Publikation, vielmehr ein modernes Lesebuch, für alle verständlich. Zwingli und die Reformation verdienen, von der Allgemeinheit neu wahrgenommen zu werden.

Meiner Meinung nach ist Zwingli einer der bedeutendsten Schweizer unserer Geschichte. Ein überragender Kopf und ein grosser Theologe. Ein grosser Praktiker und ein ebenso grosser Theoretiker. Ein Kenner der griechischen und lateinischen, klassischen Literatur. Er war der erste gründliche Bibelkenner, während Geistliche der damaligen Zeit das Alte und das Neue Testament teilweise kaum kannten. Es ist lohnend, einen überragenden Menschen in seinem Wirken darzustellen, in seinem Reifeprozess im 16. Jahrhundert, im damaligen Gesellschaftsgefüge einer mit Hochspannung geladenen Zeit, die Verflechtung von subjektivem Wollen und objektivem Wirken klar verständlich zu machen.

Seit 30 Jahren ist kein Buch mehr erschienen, das Ulrich Zwinglis Leben in den Mittelpunkt stellt. Ich bin der Überzeugung, dass es dringend an der Zeit ist, Zwingli aus dem Kontext von Kulturfeindlichkeit und asketischer Rigorosität zu befreien.

Sein Tod war sinnlos. Er ist in der Schlacht gefallen, in einer der blödsinnigsten Schlachten aller blödsinnigen Schlachten. Aber wir wissen nicht, ob er gekämpft hat; es sind alles nur Vermutungen. Es ist nicht anzunehmen, dass er mit der Waffe in der Hand gekämpft hat. Doch er ist auf dem Schlachtfeld zu Tode gekommen, das ist unbestritten. Ihn heute deswegen als Kriegsgurgel zu diffamieren, wie das oft getan wird, ist demagogisch, und ihn im Denkmal als finsteren Mann mit Schwert darzustellen, wie das in Zürich im 19. Jahrhundert durch einen katholischen Tiroler Bildhauer geschah, abgesegnet und prämiert von den reformierten Stellen der Zürcher Kirche und ihres Staates, wird weder der Geschichte noch Zwingli als Menschen und seinen Leistungen sowie seiner Bedeutung gerecht. Er ist als teilnehmender Feldprediger in der Schlacht gefallen. Der Gipfel dieses Unsinns, nämlich gesund und stark, geistig leistungsfähig im Alter von 47 Jahren auf dem Schlachtfeld, und zwar nach dem Kampf, abgestochen oder erschlagen zu werden, wurde dadurch erreicht, dass er selbst wohl einiges dazu beigetragen hat, dass es überhaupt zu diesem überflüssigen Kampf mit Schwertern und Hellebarden gekommen ist. Dass er aufgerufen hat zum unausweichlichen Waffengang gegen die feindlichen und feindseligen und schlachtbereiten Katholiken der Innerschweiz. Das war wohl seine Untat schlechthin, das hat ihn sein bewundernswürdiges, fruchtbares Leben gekostet. Und es ist einer der Gründe für seinen unberechtigt fragwürdigen Ruf in der oberflächlichen populären Wahrnehmung.

Altgläubige Schlachtteilnehmer haben den Säntis-Galöri, wie er in der Innerschweiz seit Jahren genannt wurde, gefunden.

Sie haben ihn erkannt, sie werden sich mit triumphalem Geschrei auf ihn gestürzt haben: Er war damals der bekannteste Mann im Land, und in dem altgläubigen Teil der verhassteste. Er lag wahrscheinlich bereits verwundet auf der Erde, stöhnte und röchelte, vielleicht lag er sogar schon tot unter einem Baum, wir wissen es nicht. Sie schlugen, aufgehetzt vom Hass, auf seinen Schädel ein. Die Schlachtopfer lagen kreuz und quer und nach ihrer konfessionellen Zugehörigkeit gemischt auf dem Feld he-

rum. Er war als evangelischer Prediger irgendwie gekennzeichnet. Mit Geheul haben sie ihn geviertelt, verbrann-
ten wahrscheinlich seinen Leib und verstreuten seine
Asche in einem Wäldchen in Kappel. Vielleicht haben sie
ihn auch einfach verscharrt, wie gesagt, es ist nicht belegt,
was genau geschah. Aber es war am 11.Oktober 1531 und
es war die zweite Schlacht bei Kappel.

Zwingli wurde als Toter noch einmal hingerichtet. Und
seither wurde er noch ungezählte Male hingerichtet. Das
Ende des Landesverräters und Ketzers wurde unheimlich
laut gefeiert. Die Eidgenossenschaft war zu der Zeit in einem ungeahnten Mass gespalten, in städtische und länd-
liche Gebiete. Die zwei Lager standen einander in einer
Art bisher nie gekannter Todfeindschaft gegenüber, dass
es rückblickend sogar fast wie ein kleines Wunder wirkt,
dass das Land, genauer das Bündnisgeflecht, damals an
diesem Gegensatz und am Hass nicht auseinandergebro-
chen ist. Die Reformation hat in der Schweiz, wie in Europa, einen ungeheuren geistigen Aufbruch initiiert, aber
gleichzeitig mit der religiösen Spaltung ganz neuartige
explosive Gegensätze und Feindschaften hervorgebracht.
In allen Ländern Europas gingen die Konfessionen in den
kommenden Jahrzehnten aufeinander los, die Starken
verfolgten die Schwachen, die Schwachen ergriffen die
Flucht, um ihr nacktes Leben zu retten.

Zwinglis frühes Ende wurde von den Gegnern als Beweis für die Falschheit seiner Lehre genommen, als hätte Gott Regie geführt. Doch seine Lehre ist noch heute
gültig. Verbreitet und geglaubt wurde die Behauptung
mit Schadenfreude, Gott selbst habe ihn gerächt. Selbst
Martin Luther triumphierte, da die beiden Reformatoren
sich in einigen theologischen Anschauungen diametral
und grundsätzlich gegenüberstanden, vor allem was den
Abendmahlsstreit anbelangt. Zwinglis Lehre war in allen
Teilen radikaler als diejenige Luthers. Darum: Zwinglis
Fall sei Gottes Urteil, posaunte Luther.

Was ist an Dummheiten darüber geredet und geschrieben worden, vor allem über Zwinglis Tod. Fünfhundert
Jahre wurde dieses die Geschichte entstellende Gerede
durch die Zeiten gejagt. Es sind viele Geschichten erfunden worden.

Bleiben wir vorerst kurz beim Ende, welches später zusammen mit dem Kriegsverlauf noch genauer beschrieben werden soll. Darüber gab es langes und breites Spekulieren und Behaupten. Als sie sich auf ihn stürzten, müssen sie ihm zyklopenhaft, wie von den Bergen heruntergestürzt, mit Felsbrocken und gewaltigen Waffen in ihren Armen und Händen erschienen sein, da er bereits dem Ende entgegendämmerte. Sie werden ihm in die Augen geschaut haben, er schaute müde, schmerzverzerrt zurück, einer stiess ihm mit einer riesenhaften Gabel ins eine Auge, während ihm der andere mit einer Hellebarde auf den Kopf schlug und seinen Schädel zertrümmerte. Es ist nicht belegt, ob er Helm trug oder baren Hauptes war. Im Landesmuseum wird ein gespaltener Helm museal aufbewahrt und gezeigt. Aber es ist nicht gesichert, ob der Säntis-Galöri noch lebte oder bereits tot war und ob er überhaupt einen Helm getragen hat. Ein Mann, der wie Zwingli im Fadenkreuz der Feindschaften gestanden hat, der löste zu allen Zeiten ungeahnte widersprüchliche Geschichten aus.

Zwei Jahre zuvor, als die Schlacht vor Beginn gestoppt worden war, wie die Chronisten nachträglich schrieben, und die Parteien sich mit ihrem Kriegsgerät auf dem Feld operettenhaft in die Wiese hockten und die Milchsuppe der Innerschweizer, darin das Brot der Zürcher, ausgelöffelt hatten, war selbst das nicht so lustig, wie es von Genremalern über die Jahrhunderte dargestellt worden war. Historienmalerei nannte man das. Mit der Historie war diese Malerei geistig kaum in Berührung gekommen. Ihr Naturalismus ist lächerlich, ohne geschichtsphilosophischen Anspruch. Die Wahrscheinlichkeit des gepinselten Geschehens war astronomisch weit weg von den tatsächlichen Ereignissen. Die Künstler versuchten eine Art antiquarische Genauigkeit, sie malten museale Schlitz-Wämschen, Blech-Rüstungen, Helmchen, bunte Federbüsche auf den Köpfen, sie zeichneten grosse Bärte und auffallende Schnurrbärte und verwegene Blicke. Sie inszenierten ein folkloristisches Milch-Suppen-Picknick von fröhlich herausgeputzten, hübsch kostümierten Kriegsknechten, die zu den Löffeln greifen. Auf diesen Bildern sieht alles so adrett und unschuldig aus wie auf den Bühnen der Tellspiele in den innerschweizerischen Ortschaften. Der kriegerische Feldzug ist hier nicht spürbar, obwohl wir doch mitten in der Zeit der Söldnerei lebten und ungezählte Innerschweizer jahrelang Reisläuferei betrieben. Bedrohung, Hass zwischen den Konfessionen, verbreiteter Schrecken oder Angst, nichts von all dem lässt sich auf den Bildern ahnen. Hier befindet man sich auf einem Ausflug einiger theatralischer Waffenbrüder, die sich im Feld romantisch gestimmt bei der Vesper treffen. Damals gab es noch keinen Cervelat und keine Feuerstellen für die Schweizer Familie, sonst hätten die Mannen Würste gebraten.

DER SÄNTIS-GALÖRI

Dieser Säntis-Galöri, wie er von katholischen Innerschweizern genannt wurde, mit echtem Namen Ulrich Zwingli, war im Schatten des Säntis aufgewachsen. Auf der linken Schulter des imposanten Bergs, der damals von keinem Menschen jemals bestiegen worden war, den heute aber Millionen befliegen, ohne an den Säntis-Galöri zu denken, ja nicht einmal der lustige Übername ist ihnen bekannt. Doch das Kind gedieh ebenda in einem warmen Familiennest, in der Luft der Leidenschaft für die Freiheit, wie Zwingli es nannte, mit mehreren Brüdern und auch Schwestern, es waren also acht Söhne und drei Töchter, von den Mädchen sind nicht einmal die Namen bekannt. Fünf der Zwingli-Brüder wurden Bauern und blieben Bauern im Tal. Es wurde gerodet, um Weideland zu schaffen. In der Talsohle wurde Sumpfgebiet einer Urbanisierung unterzogen. Davon künden noch die Ortsnamen Moos, Riethalde und Lisighaus. Es war vor Ulrichs Zeit eine weltabgeschiedene Gegend gewesen.

Erst der Strassenbau hat das Tal über die Passhöhe mit der Rheintaler Seite verbunden. Nun konnten die Bergbauern mit ihren Produkten hinunter ins Tal ziehen und Handel treiben, denn bis weit ins 15. Jahrhundert hinein waren die Bauern hier Selbstversorger gewesen.

Drei der Zwingli-Brüder ergriffen ein akademisches Studium. Jakob studierte nach seinem Mönchsgelübde in

Wien bei dem später berühmten St.Galler Humanisten Joachim von Watt, genannt Vadian, wie auch später Ulrich Zwingli. Vadian wurde dann einer der engsten Freunde des späteren Reformators. Jakob starb früh, schon 1517 in Wien, an der Pest. Auch der Jüngste, Andreas, begann seine Studien, fiel ebenfalls noch als Jüngling 1520 in Zürich der Pest zum Opfer, nachdem er an Ulrichs Griechisch-Kränzchen teilgenommen und seinem Bruder zu grossen Hoffnungen Anlass gegeben hatte. Der Verlust seiner zwei begabten Brüder muss für Ulrich Zwingli, der 1519 ebenfalls an der Pest erkrankte, sie aber überwand, schlimm gewesen sein.

Der Vater war angesehener Bauer und Ammann, also ein geachteter Mann der Talschaft und der Kommunalpolitik, eine Führungsfigur und ein bescheiden wohlhabender Bauer, für diese Berglandschaft eigentlich ein Grossbauer. Er war auch an den nicht zu unterschätzenden Einnahmen des Passverkehrs beteiligt. Mutter Margareta, geborene Bruggmann, liess kaum etwas über sich zurück, ebenso wenig wie ihre Töchter, was im historischen Kontext nicht verwunderlich ist. Zwei der Töchter gingen ins Kloster, was für die Zeit nicht untypisch war, dann aber wurden sie später von ihrem Bruder Ulrich ermuntert, schliesslich evangelisch zu heiraten.

Heinrich Zwingli, Ammann zum Wilden Huss, dem toggenburgischen Wildhaus, Vorsteher des Thurtales, Grossvater des späteren Reformators Ulrich Zwingli, prozessierte 1477 im Veltlin wegen einer bereits bezahlten Weinlieferung, wie einem alten Schriftstück im Staatsarchiv Mailand zu entnehmen ist. Es sei nun schon etwa das zehnte Jahr, dass er von einem Veltliner Weinhändler eine grosse Menge Wein gekauft habe, für 250 Rheingulden. Diesen Wein habe er voll und ganz bezahlt und ausser zurückgelassenen elf Fudern damals heimgeschafft. Nun wollte er die elf zurückgelassenen Fuder abholen. Doch der Verkäufer verweigerte ihm die Herausgabe seines Weins, weil Heinrich Zwingli nicht zum verabredeten Zeitpunkt erschienen sei, damit der Weinhändler die Fässer leeren konnte, wie dieser behauptete. Heinrich Zwingli hat sofort Einspruch erhoben, es sei überhaupt kein Termin vereinbart worden damals. Doch das Gericht im Veltlin hat für den ansässigen Händler entschieden. Ihm sei kein Tröpflein Wein herausgegeben worden. Die Reiter, die er für den Transport von Getreide nach dem Veltlin und für jenen des Weins zurück ins Toggenburg angeheuert habe, habe er mit dem Getreide entlöhnen müssen, und so habe er gewaltige Verluste von über 200 Rheintaler erlitten. So klagte er in der Beschwerde an die Herzoginwitwe Bona von Savoyen in Mailand, unter deren Oberhoheit das Veltlin stand. Die Herzogin entschied für Grossvater Zwingli und sprach ihm volle Genugtuung zu.

Solche Export-Import-Geschäfte verlangten eine gewisse Kühnheit, denn sie waren nicht ohne Risiko. Die oberitalienischen Behörden und Gerichte hatten sich mit vielen Beschwerden und Klagen herumzuschlagen. Beweise waren oft schwer beizubringen. So waren der Willkür Tür und Tor geöffnet. Die eidgenössischen Kaufleute brachten Käse, Ziger, Schlachtvieh und Pferde auf die oberitalienischen Märkte; sie verwendeten den Erlös mit Vorliebe zum Kauf von Tuch, Reis, Kastanien und Wein, auch Früchten. Für die 250 Rheinischen Gulden bekam Heinrich Zwingli gut 350 Hektoliter Wein, das reichte für das ganze Thurtal. Er hatte also eine Art Monopolstellung im Tal. Er musste ein besonders unternehmungslustiger, geschäftstüchtiger Mann gewesen sein, denn er war nicht in erster Linie Kaufmann, sondern Grossbauer, natürlich gross im Massstab des schweizerischen Bergtals. Tatsächlich waren die Zwinglis begüterte Bauern, die auch einen gewissen Ehrgeiz entwickelten. Schon ein Sohn Heinrichs hatte Theologie studiert, eben Ulrichs Onkel in Weesen, und der besass weit mehr als normalerweise ein Landpriester hatte.

Ulrich Zwingli nannte sich im Laufe seines Lebens Huldrich. Das war eine humanistisch-volksethymologische Spielerei, die ihm gefiel. Der Name Zwingli leitete sich ab von Twing, was umfriedetes Bauerngut bedeutete. Luther nannte Zwingli fast immer Zwingel, da er die Heilige Schrift in seinem Sinne zwinge.

Seitwärts vom Berg Säntis, hoch oben, fast auf der Pass- WILDHAUS
höhe, wo in uralten Zeiten mal ein «wildes Haus» gestanden haben soll, eine gewaltige quadratische Ritterburg über den einfachen Siedlungen, dort befindet sich der Ort Wildhaus. Hier hausten die Vögte, danach nicht bestimmte Edle und Grafen und zeitweilig Gesandte des Klosters von Einsiedeln und des Stifts von St. Gallen. Alles andere als Wilde also. Es gibt gar Theorien, die Burg sei im Hochmittelalter ein produktives Zentrum für die Pflege von Dichtung gewesen.

Am Neujahrstag 1484 kam in diesem Wildhaus Ueli auf die Welt. Und am 6. Januar, dem Dreikönigs- oder Epiphanias-Tag, am Tag der Erscheinung des Herrn, wurde er getauft, sechs Tage nach der Geburt deshalb, weil die Taufe in der Kirche in Gams unten im Rheintal durchgeführt wurde. Im Winter war der Weg dorthin ziemlich beschwerlich. Dieser Gang musste vorbereitet werden.

Wildhaus, auf 1100 Meter über Meer gelegen, war noch kaum ein Dorf, die Talschaft mit verstreuten Einzelhöfen besiedelt. Im 14. Jahrhundert wurde durch Rodungen Weideland gewonnen und im 15. Jahrhundert bauten die Väter die Strasse vom Rheintal über den Pass hinüber ins Toggenburg. Das war die entscheidende grosse Leistung, damit überwand das Tal seine Abgeschlossenheit und band sich auf den zwei Seiten ans Geschäftsleben an. Jetzt fuhren und wanderten die Alpbauern auf die Märkte ins Rheintal und an die untere Thur und boten ihre Produkte an und brachten Obst und Früchte mit nach Hause. Das Tal florierte, natürlich in einem bescheidenen Masse. So blieben auch die Bewohner bescheiden. Unserem Zwingli war die genügsame Lebensweise in Fleisch und Blut übergegangen. Man hatte es hartnäckig sogar mit Ackerbau versucht, aber ausser Gerste wuchs hier kein Getreide. Es scheint aber jedenfalls gesichert, dass die Zwinglis nie Mangel hatten, alles Nötige war da, mochten die Lebensverhältnisse auch schlicht sein, die Kästen und Truhen waren meistens voll.

Uelis Weg innnerhalb dieser Bergbauernfamilie ist ein Unikum. Die drei Jüngsten gingen den Bildungsweg. Die fünf Älteren blieben Bauern. Ueli wurde schon als sechsjähriger Knabe an einen Onkel in die Schule nach

19

Weesen am Walensee zur offensichtlich frühen systema-
tischen Ausbildung gegeben. Bedenken wir, dass wir uns
mitten in der Realität des alten Glaubens befinden, dass
das kirchliche Oberhaupt der Toggenburger Landschaft
der Bischof von Konstanz war, dass der kleine Ueli wahrscheinlich noch Messdiener war, mindestens in Weesen,
vielleicht dort sogar in der Messe unter der Leitung seines Onkels Bartholomäus, der ihm zeigte, wer der Herr
im Hause ist.

Man hatte etwas vor mit Ueli, er wird besonders aufge-
weckt gewesen sein. Der Onkel Bartholomäus Zwingli
war in Weesen Pfarrer und Dekan. Wie er da gelebt hat,
wissen wir nicht. Mit zehn Jahren war der Junge jedenfalls so sattelfest im Lesen und Schreiben, dass er über
die Weesener Schule hinausgewachsen war, sodass Onkel Barthli ihn an den aus Weesen stammenden Lehrer
Gregorius Bünzli in Basel gab. Man profitierte auch zu der
Zeit von Beziehungen und schöpfte sie aus.

Ulrich war also in der Familie der Auserkorene. Zwar
gingen auch die zwei jüngeren Brüder den Weg des aka-
demischen Studiums, denn man muss bedenken, dass
nicht für alle jungen Männer Platz war im Bauernstand.
Doch man entschied sich in Ulrichs Fall sehr früh und begann ihn bereits sechsjährig auf diesen Weg der Bildung
zu schicken. Das sieht nach Planung für den Jungen aus,
auch nach Familienehrgeiz. Und offenbar hatte der Toggenburger Bauernsohn Begabung und Spass am Lernen
und wurde den familiären Ausrichtungen und Plänen
ganz natürlich gerecht. Wie ein musikalisch Begabter im
Biotop der Musikersippe früh die Grundlagen des musikalischen Handwerks erlernt und seine Begabung ganz
natürlich im Familienverband gefördert wird, so lernte der kleine Ulrich als Kind den selbstverständlichen
Umgang mit dem geistigen Rüstzeug von seinem Onkel,
wenn auch nicht direkt in der Familie selbst, aber es führte dazu, dass er kaum über 20-jährig bereits ein frühreifer
intellektueller Kopf war.

Die Jahrzehnte vor der Reformation im ausgehenden 15. und beginnenden 16. Jahrhundert waren gekennzeichnet durch ein überwiegendes politisch-kriegerisches Interesse dieser urtümlich heldenhaften Eidgenossen. Die wirtschaftliche Kraft der einzelnen Orte des Bundes ging wegen der steten Kriege fast überall zurück. Die Dominanz der Kriegsmentalität, der Kriegsschrecken und die Kriegsopfer von mehreren Generationen vor der Reformation können nicht genug betont werden. In der publizistisch-populären Zwingli-Literatur liest sich die Schlacht bei Kappel im Jahre 1531 vielerorts so, als habe hier Zwingli in einer Zeit grosser und langanhaltender Ruhe im friedlichsten Land einen Krieg angezettelt, dem er dann selbst zum Opfer gefallen sei.

Während die St. Galler Leinwandindustrie ihre Stellung zu behaupten vermochte und in viele europäische Länder exportierte, hatte in der Limmatstadt Zürich das Gewerbe um 1500 nur noch lokale Bedeutung, das heisst, man exportierte kaum noch Güter. Die einst blühende Seidenindustrie war nun fast ganz verschwunden. Es blieb die gute Verkehrslage der Stadt zwischen den Alpenpässen zum Süden und den Städten im Reich. Die wirtschaftliche Situation war, trotz Vieh-, Getreide- und Salzhandel, so schlecht, dass fast alle gesellschaftlichen Gruppen Stagnation und sogar Rückgang wahrnahmen. Und das machte sie hellhörig und empfindlich.

Die Bauern klagten über die Abgaben und die Handelsbeschränkungen für ihre Produkte. Die Handwerker jammerten über steigende Lebenshaltungskosten, steigende Löhne der angestellten Gesellen und über höhere Materialpreise. Die reichen Pfründner bemerkten einen Vermögensrückgang und die Kaufleute wetterten über die Gebühren, Zölle und Steuern. Alle produktiv Tätigen waren unzufrieden. Nur die Soldherren, die «Pensionenritter», die dem Papst, dem Kaiser und den diversen Königen und Fürsten Schweizer Soldaten und Waffen verkauften, diese Pensionäre strichen fortwährend dicke Gewinne ein, liessen sich schmieren und bestechen, Hauptsache, der Gulden rollte.

Die Gesellenorganisationen in allen Berufen strebten danach, ihre Freizeit im Kreise ihrer Alters- und Berufsgenossen in eigenen Trinkstuben und Gesellenherbergen zu verbringen, sich von der Kontrolle ihrer Meister zu lösen und selbstständige Sicherungen für Krankheit, Tod und Begräbnis zu schaffen. Sie machten lediglich 10 bis 12 Prozent der Gesamtbevölkerung aus. Die Gesellen wurden aber immer stärker von Meister, Zunft und Stadt unter Kontrolle gestellt.

Die jungen Männer in der freien Schweiz waren so frei, das Interesse für eintönige Handels- und Gewerbetätigkeit oder die Feldarbeit zu verlieren und von sich zu weisen, sie fanden keinen Gefallen mehr an den bescheidenen, engen Verhältnissen in den Bergtälern der Innerschweiz, am langweiligen Handwerk oder an der Scholle hinter dem Wald. Unter diesen Bedingungen spross ein zynisches Verhältnis zum Vaterland, zur gebremsten und fehlgeleiteten Entwicklung des eigenen Landes, besonders bei denen, die gross mit dem Vaterland prahlten. Diese Entwicklung spürte der Student Zwingli und später noch verschärft der junge Priester auf dem Land schmerzlich. Man kam und ging, wie es gerade passte, man warf mit dem Geld um sich, das man mit dem Kriegshandwerk in fremden Diensten verdient hatte, man haute die geplünderte Beute auf den Kopf, egal, ob man ein körperlicher oder seelischer Krüppel war. So wurde der Reislauf (der Eintritt in fremden Dienst als Söldner) zum Hauptübel der Gesellschaft, und er beschleunigte die wirtschaftliche, soziale, politische wie moralisch-sittliche Verluderung. Dies ist nicht nur die Deutung Zwinglis und seiner Mitstreiter. Mehrmals, bereits einige Jahre vor Zwingli, wurden die sogenannten Blutsverkäufer bekämpft, die Reisläuferei wurde verboten und strengere Sittenmandate erlassen; die Verbote wurden nach kurzer Zeit wieder fallen gelassen. Das war überhaupt ein wichtiges Kennzeichen der gesellschaftlichen Wirklichkeit der Vor-Zwingli-Zeit: Sittenmandate wurden immer und immer wieder erlassen, aber sie wurden kaum befolgt. Die Obrigkeit konnte sich nicht durchsetzen, was sich übel auswirkte auf das Gemeinwesen und somit auf die Gesellschaft der damaligen Zeit. Die sittliche Lage war katastrophal.

Ganze Stadt- und Staatshaushalte, vor allem in den inneren Orten, waren von den fremden Pensionen abhängig.

Der französische König zahlte weitgehend die «Betriebs-kosten» dieser Gemeinwesen. Rom zahlte den Priestern bescheidene Unterstützungsgelder, um sie an das Papst-tum zu binden. Von den unermesslichen Reichtümern, welche überall aus dem Volk herausgepresst und nach Rom abtransportiert wurden, verteilte man ein paar Gul-den an die kirchlichen Statthalter, die dafür zu sorgen hat-ten, dass die römische Kirche im Dorf blieb.

Soldverträge und Reislaufen kamen der Allgemeinheit wirtschaftlich kurzfristig zugute, mochten die Schäden sonst noch so bedenklich ins Gewicht fallen. Die Ge-sellschaft war im gefährlichen Würgegriff «konformer Korruption» auf sämtlichen Gebieten. Die kirchlichen und behördlichen Missstände waren den ohnmächtigen Räten längst entglitten. Die Obrigkeit begann, kirchliche Befugnisse an sich zu reissen.

Man wollte zwar keinen Bruch mit dem Alten, man woll-te behutsame Änderungen, unter eigener Regie. Die er-wachte Zürcher Bürgerschaft wollte aus der Auslandsab-hängigkeit herauskommen. Das ging nur, wenn es gelang, das eigene wirtschaftliche Potenzial zu entwickeln und zu stärken. Man wollte nicht mehr die eigene Haut oder das eigene Blut, dafür mehr eigene handwerkliche Arti-kel auf die internationalen Märkte tragen. Gegner dieses politökonomischen Willens der Handwerkermeister und Kaufleute in der Zünfterstadt Zürich waren die inländi-schen Kriegsdienstherren, und zwar, und das ist wich-tig, lange vor der Reformation und vor Prediger Zwingli. Es fehlten Arbeitskräfte, weil die jungen Männer scha-renweise auszogen auf die Schlachtfelder Europas. Die Lohnforderungen zu Hause stiegen, da die Männer im Waffendienst besser entlöhnt und zudem korrumpiert wurden durch die Möglichkeit, sich an brutalen Beutezü-gen zu beteiligen. Das Gemeinwesen zu Hause verrottete. Der Gegensatz zum Klerus und zum Adel wurde schärfer, zu gerne hätte man beide abgeschüttelt. Das Selbstbe-wusstsein der Gewerbetreibenden stieg. So wurden die Zürcher Zunftherren, die im Grossen Rat sassen, durch ihre wirtschaftspolitischen Interessen zu Gegnern des Solddienstes. Und ihr zentrales Bestreben war die Eman-zipation von Papst, König und Kaiser, vor allem die Eindämmung der Macht und des Einflusses der römischen Kurie.

Das waren die Voraussetzungen dafür, dass dieser humanistisch gebildete Toggenburger Leutpriester, der in Einsiedeln durch seine evangelischen und antipapistischen Predigten von sich reden gemacht hatte, von den Zünftern und Räten nach Zürich geholt wurde. Er sollte die Emanzipationsbewegung der republikanischen Stadtgemeinschaft aus der bischöflichen Oberhoheit religiös und ideologisch untermauern und befördern. Der Mann ging mit einem solchen Schwung und mit solcher Radikalität zu Werke, dass die Bürger gezwungen waren, mitzuziehen.

Zwingli wird schon als Kind auch in seinem Tal die Beobachtung und die Erfahrung gemacht haben, dass junge Männer auf die Kriegsschauplätze zogen. Er wuchs damit auf, dass manche nie mehr nach Hause kamen. In seiner Familie wurde dieser für das Tal oft schlimme Aderlass wahrscheinlich besprochen. Seine Familie machte in diesem Geschäft mit eigenem Blut vorerst nicht mit. Aber die Landwirte unter seinen Brüdern liebäugelten immer wieder mit dieser Möglichkeit. Ulrich wuchs aber auch mit der sittlichen Verluderung in der Gesellschaft auf, er sah, wie die Mönche und Priester ganz selbstverständlich gegen alle sittlichen Regeln lebten, sich Mätressen hielten, in eheähnlichen Verhältnissen durch den Alltag gingen. Man kann natürlich sagen, dass dieser junge Mann von den gesellschaftlichen Zuständen geformt wurde. Und dieser Vorgang hielt an, radikalisierte sich, verfeinerte sich wiederum, aber blieb bei Zwingli eine Basis, die ihn nicht mehr losliess.

Es gibt von Ulrich Zwingli später eine Äusserung, dass seine Brüder nicht immer gefeit waren gegen die Verlockungen des fremden Solddienstes. Der Vater Zwingli wird in Wildhaus und im Thurtal den Kampf gegen den Solddienst geführt haben. Die Profiteure dieser Blutsverkäufe an die ausländischen Mächte argumentierten heuch-

SCHMERZ-
HAFTER
ADERLASS

24

lerisch mit dem europäischen Ruf nach den begehrten Schweizer Kämpfern durch die berühmten erfolgreichen Freiheitskriege des Bauernvolkes, übrigens auch jener des Toggenburgs gegen die Ansprüche des Abtes von St. Gallen. Aber diese Herleitung und Begründung eines miesen Geschäftes konnte man nicht gelten lassen. Der Solddienst war ja nicht allein moralisch verwerflich, er war auch wirtschaftlich schädlich, denn die jungen Männer verkauften sich an die fremden Herren und schlugen deren Schlachten, während sie zu Hause auf dem Arbeitsmarkt fehlten. Natürlich gab es auch Söldner, über deren Abwesenheit im Land viele froh waren. Denn nicht für alle gab es einen Platz und vor allem für viele keine Arbeit. Der Solddienst war also auch eine wirtschaftliche Notwendigkeit.

Der kleine Junge Ueli wuchs in einer Gemeinschaft auf, in welcher die politische Aktivität fast naturgegeben war, in der Bischof, Kaiser, König weit weg waren, wo man keinem direkten Oberhaupt zu gehòrchen hatte, in der es kaum ein Reichsbewusstsein gab, obwohl die eidgenössischen Orte nominell zum Heiligen Römischen Reich gehörten. Ueli hat als Jugendlicher aus der Entfernung den Schwabenkrieg erlebt. Aber vordergründig und bewusstseinsgestaltend war für ihn die Zugehörigkeit zur freien Eidgenossenschaft und zu einer freien Talschaft. Das war prägend für den jungen Zwingli, und das wurde tragend und bestimmend im republikanischen Politiker Zwingli. Politische Betätigung wurde quasi mit der Muttermilch aufgesogen. Wer sich an den alltagspolitischen Prozessen nicht beteiligte, der wurde überfahren, die ehrenamtliche Verantwortung und Betätigung für das Gemeinwesen wurde früh geübt und führte ganz natürlich zu einem republikanischen Geist.

Der allererste Biograf, der Zeitgenosse und enge Mitarbeiter Zwinglis, der Humanist Myconius, der ihn überlebte, erwähnt übrigens den Einfluss der Bergwelt auf den späteren Reformator, ihre Schönheit und Gewalt und Kraft und «Erhabenheit». Dies habe ihn dem Himmel nähergebracht, vermutet Myconius idealisierend. Von Zwingli selbst gibt es nirgends eine Äusserung zur Bergnatur in seiner Jugend, wohl aber mehrere stolze Erwähnungen der Tatsache, dass er aus dem Bauernstand gewachsen ist. Noch ist im 16. Jahrhundert die freundlich-romantische Anschauung des Gebirges fremd, wohl wurde der Säntis weniger als Freund, schon gar nicht als zu eroberndes, zu besteigendes Massiv, sondern eher als Bedrohung und Gefahr erlebt. Die Äusserung von Myconius ist also erstaunlich erfinderisch.

Einige Male erwähnt Zwingli allerdings Naturkatastrophen, Verheerungen, meist als Metapher für politische Äusserungen und Verhaltensweisen in der Auseinandersetzung mit Gegnern. Er hat Wildwasserstürze erlebt, Berg- und Bachstürze, die auf den Alpweiden Verwüstungen anrichteten, Steine und Schutt mitführten und Weiden zerstörten. Oder er schilderte die gefürchtete Schneeblende oder Schneeblindheit, um die Verführung zu falschen Lehren symbolisch zu benennen und bildlich darzustellen. Der Junge hat grosses Getöse gehört, Steinklötze gesehen, wie sie mit den Bergrüfen mitgeschleppt wurden und Verwüstungen angerichtet haben, er hat mit angesehen, wie der sich stauende Strom die künstlichen Dämme durchbrach.

Schliesslich wurde der bald fünfjährige Knabe im Verlaufe des Jahres 1489 nach Weesen an den Walensee zum Onkel Bartholomäus Zwingli, einem Bruder des Vaters, gebracht. Ob es da tatsächlich eine Gemeindeschule gab oder ob der kleine Ulrich von seinem Onkel persönlich unterrichtet wurde, ist nicht bekannt. Ein Erlebnis wurde für den Jungen sicher der Walensee. Der Knabe wurde vor den Gefahren des Sees mehrmals ernsthaft gewarnt, offenbar ertranken immer wieder Kinder in dem nicht ganz zahmen See, was wir auch heute noch nachvollziehen können. Da wir so gar nichts wissen von Ulrichs Weesener Zeit, aber seinen weiteren Lebensweg kennen, darf man vermuten, dass es für den Jungen eine stille, sehr auf das Lernen konzentrierte Zeit gewesen sein muss.

Und 1494 wurde der zehnjährige Schüler nach Basel in die Rheinstadt gebracht, wo der mit der Familie Zwingli

AUS-
BILDUNG

befreundete, noch sehr junge Gregor Bünzli, ein Sohn aus Weesen und mit Ulrichs Onkel gut bekannt, Lehrer war. Latein wurde gebüffelt, es wurde auf Teufel komm raus auswendig gelernt. Schüler durften oder mussten mit den Lehrern und untereinander ausschliesslich lateinisch reden. Hier wurde Ulrich in die lateinische klassische Literatur eingeführt, die ihm zeitlebens so wichtig und lieb war. In Basel lernte Ueli auch die Trivialfächer, also die Grundlagen des Triviums, die sogenannt unteren Fächer, nämlich Grammatik, Dialektik, Rhetorik.

Aber hier in Basel widmete sich der junge Zwingli ebenfalls intensiv und mit Leidenschaft dem musikalischen Handwerk. Basel war ein führender Platz in der humanistischen Harmonie- und Kompositionslehre. Die Dominikaner bemühten sich, den jungen Ulrich Zwingli ganz für die Musikpraktik im Kloster zu gewinnen. Sie unternahmen Anstrengungen, den musizierenden Scholaren zum Eintritt ins Kloster zu bewegen, wogegen Vater und Onkel Zwingli ihr Veto einlegten. Bei dieser Gelegenheit stellt sich die Frage, ob denn die Familie überhaupt klare Vorstellungen hatte, welchen Weg der Junge gehen sollte, ob sie einen Plan hatten, oder ob sie in erster Linie daran dachten, ihm die bestmögliche Ausbildung zu ermöglichen. Wohl wollten sie einen so hoffnungsvollen Filius nicht an ein Kloster verlieren, obgleich sie sicher nicht klosterfeindlich gesinnt waren. Die Ausübung der Musik jedenfalls, die in der humanistischen Bildung einen wichtigen Platz einnahm, hat denn von da an im ganzen Leben des Theologen und Reformators Zwingli immer eine zentrale und aktive Rolle gespielt. Da er der Musik mit theologischer Begründung in der Kirche, genauer im Gottesdienst, keinen Platz einräumte, hat das unzählige Zeitgenossen fast aller Zeiten dazu verleitet, aus Zwingli einen Musik-, ja einen Kunsthasser zu machen. Wir werden immer wieder einen Blick auf den Musiker Zwingli werfen dürfen oder müssen, denn er beherrschte mehrere Instrumente. Es gibt Biografen, die behaupten, Zwingli habe bis zu zehn Instrumente gespielt. Myconius, der Zwingli gut kannte, wohl auch mit ihm musiziert hatte, schrieb: «In der Musik zeichnete er sich weit über sein Alter aus, wie dies bei Kunstfertigen die Regel ist.» Und

Johannes Stumpf, ein ebenfalls früher Biograf, hält fest, Zwingli sei auf allen Instrumenten unterrichtet gewesen: auf der Harfe, der Laute, der Geige, der Flöte, dem Waldhorn, dem Zink, den Pfeifen und dem Hackbrett. Jedenfalls war er fähig zu komponieren. Er wäre wohl sogar in der Lage gewesen, einen Kantorenposten zu übernehmen und auszufüllen; Kantoren mussten ja zu einem Teil auch Theologen sein.

Nun kam der inzwischen zwölfjährige Scholar nach Bern, und zwar dort zu dem bereits bekannten, wenn nicht sogar berühmten Humanisten Heinrich Wölfflin, mit lateinischem Namen Lupulus. Ziel war die Reife für die Universität. Man las die Poesie der alten Klassiker, eine Lieblingsbeschäftigung des jungen Zwingli. Und wiederum warfen auch hier die Dominikaner und der bekannte Komponist und Münsterkantor Bartholomäus Frank einen begehrlichen Blick auf den Schüler mit den musikalischen Fähigkeiten und der auffallend schönen Singstimme. Und wieder mussten Vater und Onkel eingreifen, um ihn vor dem Eintritt in das Novizenzentum des Ordens zu bewahren.

Interessant ist, dass der junge Zwingli in Bern wahrscheinlich mit dem späteren Maler, Künstler und Ratsherrn Niklaus Manuel Deutsch die Schulbank drückte. Die beiden werden sich später ganz sicher im Rahmen des reformatorischen Prozesses öfters begegnet sein, kamen sich aber nie wirklich nahe. Niklaus Manuel wurde zwar ein Anhänger der Zwinglischen Reformation, ein bedeutender Künstler, er schuf gewichtige Werke, besonders den Berner Totentanz, jenes Riesenwerk von 80 Meter Länge, oder 24 Tafeln, jenen gewaltigen Zyklus, der einen bedeutenden Platz in der Kunstgeschichte einnimmt. Von Bedeutung ist ausserdem, dass der Künstler Niklaus Manuel Deutsch in Bern fünf Jahre Landvogt und zwei Jahre Ratsherr war. Er war ein Führer der reformatorischen Partei, vertrat eine eidgenössische Friedenspolitik, am Ende aber als eigentlicher Gegenspieler Zwinglis, vor allem, da er ein Befürworter der Pensionen war. Darüber hinaus wissen wir über die Berner Zeit des jungen Zwingli fast nichts.

Nach nur zwei Jahren in Bern erlangte der junge Zwingli erstaunlicherweise bereits die Reife für die Universität. Noch im Herbst 1498 hat er sich an der Universität Wien immatrikuliert; die Einschreibung liegt vor, sein gewollter Eintritt ins Studium ist belegt. Er war noch nicht ganz 15-jährig, ein Rätsel im Rahmen unserer heutigen Bildungsvorstellungen. Sicher ist er zu Fuss nach Wien marschiert oder gewandert, mindestens zwei bis drei Wochen wird er unterwegs gewesen sein, vermutlich in Begleitung von anderen jungen zukünftigen Akademikern, denn die Wiener Universität wurde von mehreren Schweizern aufgesucht. Was heute ein unvorstellbarer Gewaltmarsch wäre, galt in jener Zeit als nicht aussergewöhnlich.

In Wien gab es anscheinend an der Universität Probleme, denn Zwinglis Eintragung «Udalricus Zwingly de Glaris» ist durchgestrichen, daneben steht mit fremder Handschrift «exclusus». Dieser Umstand hat in der Geschichtsschreibung grossen Rumor ausgelöst und einige Autoren zu feindseligen Spekulationen verleitet. Es ist nie bekannt geworden, was vorgefallen war, was der Grund war für den Ausschluss, ob wirklich ein solcher stattgefunden hat. Es gibt die Vermutung, diese Eintragung sei ein paar Jahrzehnte später, wohl am ehesten in der Zeit der Gegenreformation, von einem Fanatiker neben den Namen des Ketzers gesetzt worden. Auch Zwingli hat sich später nie dazu geäussert, konnte wohl gar nicht, sollte diese Eintragung neueren Datums gewesen sein. Oder war ihm die Episode zu unbedeutend, war sie ihm vielleicht unangenehm? Es wird vermutet, der junge Schweizer sei in eine studentische Rauferei verwickelt gewesen, denn es ist zu bedenken, dass es die Zeit des Schwabenkriegs war. Vielleicht sind deutsche und schweizerische Studenten aufeinandergeprallt. Vermutlich ist er zu Fuss ebenso selbstverständlich wieder zurückgewandert in die Schweiz. Aber auch darüber wissen wir nichts Genaues.

Anderthalb Jahre später, im Sommersemester 1500, findet sich die zweite Immatrikulation, diesmal folgendermassen: «Udalricus Zwingling de Lichtensteig im Toggenburg». Der Grund für den Ausschluss im Herbst 1498 konnte also nicht allzu gravierend gewesen sein. Seltsamerweise kommt kaum ein Kommentator auf diese Konklusion zu sprechen. Und zudem fällt auf, wie Oskar Farner sagt, dass der Vermerk und die in solchem Falle übliche Notiz «reincorporatus» oder «reinclusus» für wieder Aufgenommene in den Hochschulverband fehlt. Farner stellt auch fest, dass kein einziger Zeitgenosse von dem Vorfall Kenntnis hatte. Zwingli war hochprominent, als «Ketzer» einer der bestgehassten Existenzen der Zeit, es wäre doch höchst verwunderlich, wenn seine Feinde, wäre denn hier ein ernstzunehmendes Fehlverhalten Zwinglis nachzuweisen, davon niemals Gebrauch gemacht hätten. Der Erste, der diese «Exclusus»-Geschichte entdeckt und in Umlauf gebracht hatte, war der Abt von Einsiedeln in der Zeit der Gegenreformation ein halbes Jahrhundert nach Zwinglis Tod. Von da an wurde sie unermüdlich nacherzählt, aber nie nachgeprüft.

Aber eine andere Frage bleibt: Wo war der junge Zwingli in den anderthalb Jahren dazwischen? In den Vermutungen taucht Paris auf, dann auch Tübingen. Belege für beide Annahmen gibt es keine. Wir wissen es also nicht. Und er hat nie dazu Stellung genommen. Ob er nun in Paris an der Universität der Scholastik oder in Tübingen seine Studien fortgesetzt hat, man braucht sich heute für keine der beiden Varianten zu entscheiden, von Bedeutung ist, dass er die Zeit genutzt hat, und das dürfen wir wohl annehmen. Zwingli war inzwischen ein Kenner der Lehren des Thomas von Aquin, und er war in jungen Jahren ein ausgezeichneter Aristoteliker, er wurde von seinen Freunden sogar «der Aristoteliker» genannt, was dafür sprechen könnte, dass er in Paris gewesen ist.

In Wien, an der Hochburg des damaligen europäischen Humanismus, betrieb er zwei Jahre lang seine Studien. Wie er dort gelebt hat, wissen wir aber nicht. Er wird in einer der Bursen oder einer Coderie gewohnt haben, einer Art Studentenpension in der Umgebung des Hochschulgebäudes, unter mehr oder weniger strenger Aufsicht der Universitätsbehörden, mit vorgeschriebener Kopfbedeckung, einem bestimmten Gürtel, nur so waren die Studierenden berechtigt, an den Privilegien teilzunehmen. Da es immer wieder zu Schlägereien und kleinen Strassenschlachten zwischen Gruppen und Nationalgrüppchen gekommen war, hat die Universität das Tragen von Waffen, Säbeln und Degen verboten. Der junge Zwingli war dort in Gesellschaft von einigen Studenten aus dem Toggenburg, aus Glarus, aus Chur, aus Schaffhausen und aus Zürich. 1501 kam der St. Galler Joachim von Watt, latinisiert Vadian, ein Mediziner und später vom Kaiser gekrönten Dichter, nach Wien, wo er es bis zum Rektor brachte. Er wurde ein enger Mitarbeiter und Freund des Reformators Zwingli und setzte in St. Gallen als Stadtarzt und Bürgermeister die Reformation durch. Zwingli belegte in Wien Kurse in der Kunst des Briefeschreibens. Kein Wunder, dass er später zu einem grossen und reichhaltig bewegenden Briefschreiber wurde, der mit Gelehrten ganz Europas Briefwechsel führte. Die Studenten übten mit Professoren Komödien und Tragödien des klassischen Altertums ein, auch das eine Disziplin, die der Reformator in den 1520er-Jahren mit seinen Studenten und Schülern in der Zürcher Prophezei immer wieder mit Genuss durchspielte.

Es gab im Studentenleben Zwinglis ein starkes literarisches Erlebnis des ganz jungen Ulrich. Er unterstrich und glossierte Sätze von Pico della Mirandola (1463–1494), dem Florentiner Philosophen, wonach es dem Menschen oft missrate, wenn er nicht die nötige Wortgewandtheit aufbringe, um seine Absicht durchzubringen. Daneben schrieb der junge Scholar, dies sei ihm auch passiert, als er eine Nachricht nach Hause geschickt habe, die dem Vater seinen Lebenswandel, sein Studium hätte empfehlen sollen. Er habe seine Musik, die Instrumente mitsamt den Geselligkeiten aufgezählt. Der Vater aber habe nur geantwortet, ihm wäre ein Philosoph lieber als ein sogenannter Komödient. Es ist die einzige und zudem gewichtige Äusserung des Vaters über seinen Sohn.

Die Beschäftigung mit dem jugendlichen Philosophen Pico della Mirandola hat sich dann über Jahre hinweg weitergezogen. Zwingli nennt ihn einen Mann von grossem Scharfsinn, aus welchem, wenn Gott ihn hätte zur Reife kommen lassen, etwas Göttliches geworden wäre. Mirandolas Rede über die Würde des Menschen ist berühmt geworden, ausserdem schrieb er über die Willensfreiheit, die er ein charakteristisches Merkmal des Menschen nannte. Er formulierte 900 Thesen zu theologischen und philosophischen Fragen. Der Papst verurteilte diese Thesen, der Autor geriet in Rom unter Häresie-Verdacht. Doch er stand unter dem Schutz des Fürsten von Florenz, Lorenzo der Prächtige. Mirandola starb an einem Fieber, er war erst 31-jährig.

Zwingli hat sich intensiv mit dem jugendlichen Philosophen beschäftigt. Er las seine Schriften, kommentierte sie, strich wichtige Sätze an. Er war geradezu ein Bewunderer dieses Pico della Mirandola.

Von 1500 bis 1502 in Wien, von 1502 bis 1506 an der Universität Basel. Interessant ist, dass Zwingli seine Studien in Wien abgebrochen hat und in Basel sofort fortsetzte, wo er gleichzeitig neben dem Studium eine Lehrerstelle übernahm, er erbte den Posten von Gregor Bünzli, der seinerseits vor ein paar Jahren den zehnjährigen Ueli unterrichtet hatte. Zwingli war nun 18-jährig, bekleidete bereits ein Lehreramt, wohl um etwas zu den Studienkosten beitragen zu können. Ob Vater und Onkel ihn dazu berufen haben, ist anzunehmen, sicher ist es nicht.

1502 stieg er, 18-jährig, in Basel ein, 1506 schloss er dort mit dem Magister der Künste ab. Er war nun 22-jährig. Basel war seit einigen Jahren im Aufstieg zur Drucker- und Gelehrtenstadt. Johann Froben war dort der grosse Buchdrucker. Hier lebten die geistig Arbeitenden, mit denen Zwingli später regen Briefkontakt pflegte: Heinrich Loriti aus Glarus, Glarean genannt, Konrad Pellikan aus Rufach im Elsass, Wolfgang Capito aus Hagenau, und Leo Jud, der Elsässer, schliesslich mit dem Berner Nikolaus von Wattenwyl, der später im reformatorischen Prozess in Bern eine führende Rolle spielen sollte. Vor allem mit von Wattenwyl pflegte der junge Zwingli wohl lebhaften Austausch.

Offenbar hat Zwingli sich erst in den letzten zwei Jahren auf die Theologie konzentriert, obwohl er zunächst sowohl akademisch-theoretisch als auch didaktisch-praktisch tätig war. Er hat sich demnach tatsächlich als etwa 20-Jähriger für das Pfarramt entschieden. Umso überraschender ist, wie wichtig ihm stets die Philosophie und die Philologie geblieben sind. Das ganze aristotelisch-christliche Gebäude samt dessen scholastischen Kommentaren kannte Zwingli bis ins Detail. Berichte, Zeugnisse, Geschichten und Anekdoten gibt es über den Studenten Zwingli keine. Vermutungen über Konzerte, in denen Ulrich eine aktive, führende Rolle übernommen hatte, gab es einige, mehr aber nicht. Es wurde in der Biografik angestrengt lange Zeit nach Studienkollegen gesucht, die sich zu bedeutenden Zeitgenossen oder zu Freunden des Toggenburgers entwickelt hätten. Die Funde waren dürftig. Die wichtigsten Bekanntschaften waren jene mit dem Elsässer Leo Jud, der später in Zürich als Pfarrer am St. Peter ein bedeutender Mitstreiter wurde sowie mit dem Luzerner Myconius, seinem ersten Biografen.

Das geistige Klima in Basel war heiter, keineswegs nur lammfromm, was aus Myconius' Berichten und Annahmen aufgrund des musikalischen Könnens des jungen Zwingli zu erfahren ist. Er hat sich im Münster eine grosse mahnende Synodalpredigt des Bischofs Christoph von Utenheim anhören müssen, der als Freund der Gelehrten ihnen ins Gewissen redete. Der junge Ulrich befasste sich vornehmlich mit den Schriften des Thomas von Aquin. Der Vertreter der Scholastik in Basel war Thomas Wyttenbach.

Die vier Fakultäten waren hierarchisch aufgebaut: zuunterst die philosophische, damals die artistische genannt, die zweite Etage bildeten die medizinische und auf gleicher Ebene die juristische Fakultät, und darüber thronte die theologische. Durch das ganze Mittelalter stand die Theologie, also das Lehrgebäude der grossen Theologen und Kirchenväter, zuoberst, die Theologie bekämpfte und beeinträchtigte die Philosophie, die sich erst langsam zu behaupten begann. Zwingli soll sich kritisch über den Schul- und Lehrbetrieb geäussert haben, er habe viel Ballast mitschleppen müssen, der ihm später nichts genützt habe, erzählt Myconius. Er war immerhin Zeitgenosse, so konnte er behaupten, es sei im Studium alles durcheinander gelaufen: Weltweisheit, Gott, Philosophie mit eitlem Geschwätz, Unwissenheit und Ruhmsucht, eine gesunde Lehre habe dort niemand bekommen. Und das alles habe der junge Zwingli erkannt und kritisch hinterfragt, um seinen Verstand für künftige Auseinandersetzungen zu schärfen. Uns stehen leider keine Belege zur Verfügung für eine solche Annahme. Den frühesten Biografen ist nicht in jedem Falle zu vertrauen, schon gar nicht blind zu glauben, eine altbekannte Erfahrung, denn in der Regel standen diese ersten Berichte der dargestellten Figur so nahe, dass Glorifizierung oder aber Unkenntnis oft nicht weit weg waren. Vielleicht hat Zwingli irgendwann bei Gelegenheit mal eine solche Bemerkung gemacht, und Myconius, der sie aufgeschnappt hat, versetzte sie flugs in die Studentenzeit, wo sie ein ganz anderes Gewicht bekommen hat.

Zwinglis Lehrer wie Wölfflin in Bern oder Wyttenbach in Basel waren Vertreter des «alten Weges». Gleichwohl hat Zwingli schon 1508 das Priesterzölibat, die Messe und den Ablass in die Kritik genommen. Zwingli lebte in der Zeit, in welcher die Gegensätze langsam aufgehoben wurden. Trotzdem, die Diskrepanzen waren damit nicht aus der Welt geschafft. Aber es war möglich, beide theologischen Richtungen – den alten scholastischen Weg, die «via antiqua», und den neuen Weg, die «via moderna» – ins Studium aufzunehmen. Der alte basierte auf Thomas von Aquin, der neue auf Wilhelm von Ockham. Zwingli jedenfalls besetzte beide Schulrichtungen und bereicherte so sein Wissen, öffnete seinen Horizont und verabschiedete sich vom Dogmatismus. Denn Zwingli war ein Eklektiker, und das ein Leben lang. Seine Devise «Prüfet alles und behaltet das Gute» hat ihn sein ganzes Leben begleitet.

Die Frage, zu welchem Zeitpunkt sich der reformatorische Geist in Zwinglis Bewusstsein zu regen begonnen hat, ist gewiss ziemlich bedeutend. Myconius macht den Versuch, diesen Beginn mitten in das studentische Leben zu versetzen, was nicht nur reichlich übertrieben, sondern eigentlich erfunden ist. Als der junge Theologe 22-jährig die Universität verliess und in Glarus seine erste Priesterstelle antrat, war sogar seine theologische Bildung, wie Oskar Farner festhält, noch ein Torso. Dass er jedoch so intensiv und mit Liebe die antiken Philosophen und Dichter studierte, machte ihn gewiss zu einem aussergewöhnlichen Anwärter auf eine Pfarrei. Aber das Hauptgewicht im Studium lag gleichwohl auf der Scholastik, nicht, wie in mancher Biografie vorschnell behauptet wird, auf dem Humanismus. Eine Art Erasmianer wurde Zwingli erst im Laufe seiner Glarner Zeit durch intensive Lektüre römischer und griechischer Philososophie und vor allem durch Erasmus' Herausgabe des Neuen Testaments.

Die Studentenzeit durchlebte er im Spannungsfeld von «via moderna» und «via antiqua», zwischen «neuem» und «altem» Weg, und er wird in beiden Richtungen unterrichtet worden sein, denn die beiden Lehren standen mehr oder weniger gleichberechtigt nebeneinander. Der «alte Weg» postulierte die Einheit von philosophischer und theologischer Weltanschauung. Der «neue Weg» hingegen trennte Glauben und Wissen und behauptete die Unbeweisbarkeit der theologischen Wahrheiten. Zentrum des «alten Weges» war Paris, seine Anhänger waren vor allem die Universitäten in den südlichen Gebieten des Reichs. An erster Stelle stand da Tübingen. Von so enormer Wichtigkeit war dieser Richtungsstreit für den jungen Zwingli nicht, denn seine Entwicklung bewegte sich in den ersten Jahren seiner seelsorgerischen Tätigkeit in Glarus entschieden dem Humanismus eines Erasmus entgegen.

Der Drang vieler Biografen, den jungen Zwingli geistig zurechtzustutzen und ihn einer Schule zuzuordnen, ist zum Scheitern verurteilt, zu eigenständig war der Toggenburger Bauernsohn, intellektuell zu neugierig. Ein paar Jahre später liess er einen Blick in seine Haltung tun: «Nie habe ich mich im Laufe meiner Studien einem Lehrer und einer Lehre so angeschlossen, dass ich mich deswegen von den andern abgewandt und das zurückgewiesen hätte, was diese an Wert und Klarheit jenen voraus hatten. Ich habe die Gesamtheit aller Weisen und Formen, die jemals gelebt haben, als ein Gastmahl angesehen, zu welchem jeder seinen Beitrag zu liefern das Recht und die Pflicht hat.» Zwingli hätte auch sagen können: Nie war ich Dogmatiker.

Er äusserte sich auch folgendermassen: «Nie hat bei mir Platos Glanz und Erhabenheit so viel gegolten, dass ich darüber Aristoteles mit seiner Schärfe, seiner Klarheit und seinem Wissen gering geschätzt hätte. Vielmehr habe ich das eine Mal diesem, das andere Mal jenem den Vorzug gegeben, und zwar aus keiner andern Ursache, als weil keiner alles weiss, und weil, was jeder weiss, überall dem allgemeinen Besten dienen soll.»

Und an einer anderen Stelle sagte er: «Die Wahrheit ist für mich, was die Sonne für die Welt. Wie wir diese überall, wo sie aufgeht, freudig annehmen und durch sie zur Arbeit uns ermuntern lassen, so sehnt sich auch der Geist nach dem Lichte der Wahrheit und freut sich, wenn es ihm irgend entgegen strahlt.»

An anderer Stelle sagte er, er habe «von Kind auf die Sophisterei verachtet». Es ist denn tatsächlich früh sichtbar, wie dieser Bergler eine Weite seines Geistes beweist, und dazu eine Reichhaltigkeit des Wissens und eine Ungebundenheit und Offenheit, sodass er in mancher Charakterisierung als Eklektiker bezeichnet wurde. Zwingli war kein Mann, dessen Horizont an der nächsten Felswand seine Grenze fand.

Thomas Wyttenbach aus Biel, der vielleicht wichtigste Lehrer Zwinglis in Basel, war wohl der Erste, der frühe Ideen, die zum reformatorischen Denken führten, in den Geist des Studenten einpflanzte. In der Auseinandersetzung mit Luther erwähnt Zwingli viel später den Gelehrten Wyttenbach und dessen Polemik gegen den päpstlichen Ablass, welcher nicht aus der Heiligen Schrift zu begründen sei, woraus nun nicht zu schliessen ist, dass Zwingli schon als Student sich über diese Frage im Klaren gewesen war. Es sagt mehr über Wyttenbach aus, der schon zwölf Jahre vor Luther auf diesen zentralen Punkt der Kritik an der alten Kirche hingewiesen hat. Es war auch Wyttenbach, der seine Studenten zum Erlernen der griechischen Sprache ermuntert hat, um das Evangelium in den Urtexten lesen zu können. Der junge Zwingli plagt sich denn jahrelang mit dem Studium des Griechischen herum, in Glarus, dann in Einsiedeln, und auch noch in Zürich.

Schon als Student, aber auch als junger Theologe war er ein grosser Leser. Er hatte Zeit seines Lebens ein Netz von Freunden, Informanten und Anregern, die ihn mit Neuerscheinungen versorgten oder auf sie aufmerksam machten. Was an wichtigen Werken Ende des 15. und zu Beginn des 16. Jahrhunderts erschienen war, das fand sich nach dem Tod des Reformators in seiner Bibliothek, sodass man annehmen kann, dass er einiges davon schon als Student in Basel besorgt hatte. Da waren vor allem die Werke von Homer, Demokrit, Plutarch, Cicero, Caesar, Livius, Seneca, Plinius, Tacitus, des Satirikers Lukian, natürlich Aristoteles, Demosthenes, Horaz, Josephus, Duns Scotus. Und dann vor allem einer seiner Lieblingsautoren, der Florentiner Pico della Mirandola, den er in seinen Schriften oft erwähnte, den er auch verehrte.

Solche Vorläufer der Reformation gab es in Europa Dutzende, in mehreren Ländern und Kulturen, selbstverständlich, denn die Reformation fiel ja nicht plötzlich 1517 oder 1519 vom Himmel auf Deutschland und die Eidgenossenschaft nieder. Da gab es ein breites, grosses Feld von mannigfaltigen Früchten, da gab es Dutzende Gelehrte, die an den Missständen kratzten und immer wieder Irrwege aufzeigten und fruchtbare Vorarbeiten leisteten. Ulrich Zwingli aber war ganz gewiss weit und breit derjenige, der diese frühen Früchte der Entwicklung am begierigsten und am aufmerksamsten beobachtete. Pico della Mirandola und Marsilio Ficino, dessen Lehrer, waren ganz wichtige Adressen, ihre Schriften nahmen in Zwinglis Studierstube zu allen Zeiten wichtige Plätze ein. Die Verehrung Mirandolas durch den jungen Geistlichen Zwingli ging in Glarus fast nahtlos in jene des Erasmus von Rotterdam über.

Bevor wir uns Zwinglis Zeit als Pfarrer in Glarus zuwenden, wollen wir einen Blick auf das politische und religiöse Umfeld in Europa werfen, in dem er seine reformatorischen Ideen entwickelte.

Der Papst war im frühen 16. Jahrhundert nicht nur Oberhaupt der Kirche, sondern auch Machtpolitiker, der eigene und familiäre Interessen verfolgte. Julius II. (1503–1513) war im Kriegswesen sehr bewandert. Leo X. (1513–1521), ein Sohn des Hauses Medici in Florenz, war ein Förderer der Künste und der Wissenschaften, aber als wirklicher Vorsteher der Christenheit galt er nicht. Er liebte das Spiel und die Jagd.

1506 begann Donato Bramante mit dem Neubau des Petersdoms, der damit finanziert wurde, dass vor allem im Reich überall dem Volk das Geld aus den Taschen gezogen wurde.

Der Papst beanspruchte für sich, den Kaiser krönen zu dürfen. Dies wurde vom Kaiser und von den Kurfürsten aber zunehmend kritisiert. Der Kaiser stand, obwohl nach der Tradition eher Primus inter Pares als wirkliches Oberhaupt, über den anderen Königen und Fürsten und gab sich als Beschützer des christlichen Glaubens.

Auf dem Kaiserthron hatten sich die Habsburger installiert. Auf Maximilian I. folgte dessen Enkel Karl V. Seine Wahl zum König des Heiligen Römischen Reiches war nicht ohne Nebengeräusche verlaufen. Am 28. Juni 1519 kamen die deutschen Kurfürsten in Frankfurt zusammen. Es wurde lange verhandelt. Der französische König hatte für sich werben lassen. Das Haus Habsburg unternahm gewaltige finanzielle Anstrengungen, um die Krone an den jungen Karl zu bringen. Die Kurfürsten wurden mehrfach bestochen. Der Stimmenkauf kostete die Habsburger gegen eine Million Gulden, die aber brachte zum grössten Teil die Firma Fugger auf. Nur Friedrich der Weise von Sachsen liess sich nicht bestechen. Schliesslich wurde Karl I. als Karl V. einstimmig zum deutschen König gewählt. Er zählte bei seiner Wahl 19 Jahre. Geboren war er in Gent in den Niederlanden, dort galt er als Spanier, in Spanien als Deutscher. Seine Muttersprache aber war französisch, des Deutschen war er nicht kundig.

Die Rivalitäten zwischen dem Kaiser, den stärksten Fürsten im Reich und dem französischen König hatten sich schon unter den Vorgängern von Franz I. und Karl V. verschärft. In den oberitalienischen Kriegen waren die beiden Mächte aufeinandergeprallt. Wie der Kaiser sah sich auch der König von Frankreich als führender Beschützer des Christentums. Er nannte sich Allerchristlicher König. Der englische Herrscher galt als Verteidiger des Glaubens. Der spanische Monarch gab sich den Titel Allerkatholischste Majestät.

Um seinem Anspruch als westliches Oberhaupt des Christentums gerecht zu werden, kämpfte Karl V. erbittert gegen die Osmanen, litt aber dauernd unter Geldknappheit und war beim Bankhaus Fugger gewaltig verschuldet. Zudem versuchte er immer wieder die Reichsverwaltung zu reformieren. Das gelang schon deswegen nicht, weil das Reich keine eigenen Behörden besass.

Die Reichsfürsten sowie die grossen europäischen Länder protestierten wiederholt und sehr heftig gegen die ständigen Geldsammlungen Roms. Der englische Monarch Heinrich VIII. bekam ein Viertel der in England gesammelten Summe. Der französische König Franz I. erhielt ebenfalls seinen eher bescheidenen Anteil. Kaiser Karl V. bezog ein Darlehen vom Papst. Aber alle Länder waren jahrelang ausgepresst worden und wütend. Nur das Reich war strukturell zu schwach, hoffnungslos zersplittert, darum wurden die deutschen Länder erbarmungslos ausgesaugt. Daran hatte das Augsburger Bankhaus Fugger – als Geldeintreiber – starken Anteil.

Der Bettelmönch Johann Tetzel, der sich seit dem Jahr 1500 ausschliesslich dem Ablasshandel gewidmet hatte und dadurch in den deutschen Ländern sehr berühmt geworden war, wurde jeweils an den Stadttoren von frommen Bürgern mit Musik und Fahnen und Kerzen empfangen, die Ablassbulle lag bei der Prozession auf einem Goldkissen. Tetzel erzählte, der Papst habe mehr Macht als alle Apostel, alle Engel und alle Heiligen zusammen, der Papst sei gleich Christus.

Friedrich der Weise, Kurfürst von Sachsen, war kein Ablassgegner, er hatte in der Wittenberger Schlosskirche 19000 Heiligenreliquien zusammengetragen. Die in

Sachsen gesammelten Ablassgelder für einen Kreuzzug gegen die Türken verwendete Friedrich schliesslich für den Ausbau der Universität Wittenberg. Und Tetzel hielt eine Brandrede gegen Luther.

Am 31.Oktober 1517 um die Mittagszeit hatte Martin Luther, zu der Zeit durchaus noch ein guter Katholik, seine 95 Thesen am Portal der Wittenberger Schlosskirche gegen den Ablass angeschlagen.

Am Pranger stand seit Jahren die verschwenderische Hofhaltung der Kirchenfürsten, die Korruption in der Kurie, die Sittenlosigkeit Papst Alexanders VI., die Heftigkeit Julius II., und die Sorglosigkeit Leos X. Die Kirchenreform scheiterte zum x-ten Mal. Das alles geschah etwa zur gleichen Zeit mit der Entdeckung Amerikas, der Wiederentdeckung der Antike, der Erfindung des Buchdrucks, der Ausbreitung der Bildung und der Übersetzung der Bibel ins Deutsche. Die Reformation wäre ohne diese neue Technik, den Buchdruck, die Verbreitung geistiger Erkenntnisse, gar nicht möglich gewesen. Luther und Zwingli gehörten zu den Ersten, welche die neue Erfindung zur vollen Wirkung brachten.

In der Welt der Gelehrten dominierte der Humanismus. Der grösste damalige deutsche Theologe – Martin Luther – war vom humanistischen Gedankengut aber kaum beeinflusst. Zwar führte Luther mit Erasmus von Rotterdam ein Streitgespräch in schriftlicher Form über den freien Willen. Aber er hatte mit der Haltung des Erasmus wenig gemein.

Die Humanisten getrauten sich, scheinbar unverrückbare Wahrheiten infrage zu stellen. Konrad Celtes fragte provokant: «Lebt die Seele nach dem Tod weiter?» Und: «Gibt es wirklich einen Gott?» Eoban Hesse, ebenfalls ein Humanist, schrieb Liebesbriefe von Magdalena an Jesus. Mutianus Rufus gab seinen Schülern zu bedenken, «die Satzungen der Philosophen höher als die der Priester zu schätzen». Seelenmessen hielt er für wertlos, das Fasten für ausgesprochen unangenehm, die Ohrenbeichte für deprimierend. Die anständigen Griechen und Römer seien Christen gewesen, ohne es zu wissen.

Wohl der sanfteste Gelehrte der Zeit war Johannes Reuchlin. Er war der grosse Hebräist der humanistischen Epoche, 1491 wurde er Professor der hebräischen Sprache an der Universität Heidelberg. Und ausgerechnet diesem Mann wurde sehr übel mitgespielt. Aber er wurde, ohne es zu wollen, zum Helden der deutschen Renaissance und des Humanismus. 1508 veröffentlichte der ehemalige Jude Johannes Pfefferkorn, inzwischen zum Katholizismus konvertiert, den *Judenspiegel*, der die Juden aufforderte, Christen zu werden. Pfefferkorn verlangte die Unterdrückung aller hebräischen Schriften. Das Verbot und die Verbrennung der hebräischen Bücher wurden allgemein gutgeheissen. Reuchlin war allein auf weiter Flur. Er nannte Pfefferkorn einen Esel ohne Verständnis für diese Literatur.

Pfefferkorn gab nun einen *Handspiegel* mit der Behauptung heraus, Reuchlin sei von den Juden gekauft worden. Papst Leo X. liess mehrere Gutachten über diesen Sachverhalt erstellen. Inzwischen wurde von Pfefferkorn bei der Inquisition ein Verfahren eingeleitet. Das bischöfliche Gericht in Speyer plädierte jedoch unerwartet für Reuchlin auf Freispruch. Andererseits liessen mehrere Universitäten Reuchlinsche Schriften verbrennen. Die ganze Prominenz des Humanismus setzte sich für den Gelehrten ein: Erasmus, Pirckheimer, Peutinger, Oekolampad, Hutten, Mutianus, Eoban Hesse, sogar Luther und Melanchthon. Ganze 53 Städte veröffentlichten pro-reuchlinsche Erklärungen.

1515, im Jahr der Schlacht von Marignano, gaben drei Humanisten ein sensationelles Buch heraus: Die *Dunkelmännerbriefe*. Sie gingen in die Literaturgeschichte der Satire ein, ein brillantes Briefwerk. Die Gelehrten Europas lachten sich fast tot, als sie diese fingierten Briefe lasen. Das Buch war eine Art Bestseller. Briefe, die Eoban Hesse, Crotus Rubeanus und Ulrich von Hutten an die reaktionären Theologen in Köln geschrieben haben, in denen die Argumentation zum Schreien war, in einem leicht verblödeten Latein, in geschraubter Scholastik, in dämlichem Stil, inhaltlich die Hauptthemen der Reformation betreffend: Reliquien, der Papst, der Ablasshandel. Nun verbot Leo X. dieses Buch, verurteilte Reuchlin, 65-jährig, zum Tragen der gesamten Kosten. Er verschwand aus der Öffentlichkeit.

Es gab noch eine weitere sehr wichtige Veränderung: die Rolle der Ritter in der Gesellschaft. In der neuen Welt war kein Platz mehr für sie, diese Schicht wurde aus der Gesellschaft herausgespült, und zwar sang- und klanglos. Der grosse und mächtige Ritter Franz von Sickingen und der jüngere Ulrich von Hutten waren eigentlich lebendige Anachronismen. Die Ritterschaft war untergegangen, aufgrund von wirtschaftlichen und sozialen Veränderungen. Der Boden hatte aufgehört, der entscheidende Besitz zu sein. An seine Stelle trat der bewegliche Besitz: das Geld.

In diesem europäischen Umfeld also bewegte sich der junge Zwingli. Er war noch keine 22 Jahre alt, da bewarb sich die Gemeinde Glarus, deren Pfarrer gestorben war, um seine Dienste. Man kann annehmen, dass die Empfehlung von Weesen ausgegangen war, dass Onkel Bartholomäus und der frühere Basler Lehrer Gregor Bünzli den jungen Theologen vorgeschlagen hatten. Zwingli hielt in Rapperswil seine Probepredigt, die zur Zufriedenheit ausfiel, er wanderte – oder ritt – im Sommer 1506 nach Konstanz und liess sich dort vom Bischof zum Priester weihen. So kam der Toggenburger also zu seiner ersten Pfarrstelle. Und da sollte er denn zehn Jahre bleiben.

Er musste bei den Glarnern Geld aufnehmen, um die Pfründen des üblen Schmarotzers und Römergünstlings Heinrich Göldli abzugelten. Die Summe war so horrend, dass er die ganzen zehn Glarner Jahre brauchte, um die Schuld abzutragen. Er schrieb an Balthasar Stapfer in Schwyz, ohne Datum, doch es muss sich um die Zeit handeln, als er von Glarus nach Einsiedeln wechselte: «Ich habe so friedlich und freundlich bei meinen Herren in Glarus geweilt, dass ich mit ihnen nie einen Streit hatte, und ich stand drum bei meinem Wegzug in solcher Gunst bei ihnen, dass sie mir die Pfrund noch zwei Jahre lang weiter überliessen, indem sie hofften, ich werde wieder zu ihnen zurückkehren, was ich auch gern getan hätte, wenn ich dann nicht nach Zürich gekommen wäre; und

PFARREI
IN
GLARUS

als ich dann die Stelle aufgab, haben sie mir die 20 Gulden geschenkt, die ich wegen der Pfrund noch schuldig war, sie hatte mich nämlich viel über 100 Gulden gekostet. In Einsiedeln bin ich noch heute dem Herrn Verwalter und der Bevölkerung lieb und wert, und das alles beweist doch, dass ich nicht ein hässiger Mensch bin.»

Der Pfründenreiter aus Zürich machte dem jungen Toggenburger das Leben schwer, denn der liess sich von Zwingli die Stelle für viel Geld abkaufen. Er war zwar von Rom, aber weder von der Gemeinde und noch vom Bischof dafür bestellt. Zwingli zahlte die ganzen zehn Jahre an diesen Heinrich Göldli seinen Obolus. Auch das gehörte zum schmerzhaften Anschauungsunterricht über die Kirchenverhältnisse unseres jungen Geistlichen.

Das gab ihm aber auch Einsicht in die kommerzialisierten Strukturen der Organisation sämtlicher Kirchenämter. Der junge Zwingli hat am eigenen Leib erfahren, wie ein Günstling der Kurie die gesamte Kirchenorganisation ausser Kraft setzen konnte. Die Glarner wollten ihn, der zuständige Bischof hatte ihn geweiht, doch Rom und die Kurie kümmerten sich nicht einen Deut darum. Die Verkündigung von Gottes Wort war ein Geschäft.

Die Glarner erwiesen sich allerdings als grosszügig, nicht ganz so entgegenkommend waren sie mit dem Pfarrhaus, denn ihnen waren die Mängel des Hauses wohlbekannt. Doch als Zwingli 1516 seine Entlassung beantragte, boten sie ihm an, ein neues Pfarrhaus zu bauen, damit er bleibe. Der junge Seelsorger hatte zeitweise drei bis vier Kapläne, die ihn entlasteten. Die beiden Kirchen St. Fridolin und St. Hilarien wurden von ihm abwechslungsweise mit Predigten versorgt. Zwingli war darin begabt, eine Volksnähe zu praktizieren, obwohl er zeit seines Lebens ein Studiosus und ein intellektuell vielseitig interessierter Gelehrter war, dazu künstlerisch begabt in der Musikausübung auf verschiedenen Instrumenten.

Die Glarner Pfarrei umfasste mehrere Ortschaften, neben Glarus waren das Riedern, Netstal, Ennenda und Mitlödi. Der Hauptort Glarus umfasste rund 1300 Bewohner. Wir wissen sehr wenig über Zwinglis Tätigkeit. Es ist bei ihm kaum Kritik an der Kirche erkennbar. Noch immer las er die Messe und erteilte die Absolution. Von grösster Bedeutung ist aber die Tatsache, dass der junge Zwingli an den Italien-Feldzügen der Glarner für den Papst gegen die Franzosen in der Lombardei teilnahm.

Im Laufe der Zeit lernte er wohl seine Kirchenmitglieder kennen. Er übernahm geistliche Patenschaften für mehrere Kinder. In den zehn Jahren, die er in Glarus verbracht hat, diesem schmalen, voralpinen Tal, das durch die Produktion von Ziger von sich reden machte, bildete sich der junge Theologe intensiv weiter. Mit grossem Eifer studierte er die antiken Klassiker sowie die Kirchenväter. Da begegnete er zum Beispiel dem grossen Römer Seneca, dem Lehrer von Nero, einem reichen Mann und genialen Schreiber. Er las diese wunderlichen Sätze in der Schrift *Die Kürze des Lebens* von Seneca: «Jeder überstürzt sein Leben und leidet an der Sehnsucht nach dem Kommenden. Der hingegen, der jeden Augenblick zu seinem Nutzen verwendet, der jeden Tag so einteilt, als wäre er sein Leben, sehnt sich nicht nach dem folgenden Tag und fürchtet sich nicht davor. Alles ist bekannt, alles bis zur Sättigung genossen. Über das andere mag das Glück nach Belieben verfügen. Das Leben ist schon in Sicherheit. Diesem Menschen kann man noch etwas dazu geben, wegnehmen nichts.» Welch wunderbare stoische Haltung!

1513 begann Zwingli Griechisch zu lernen, konnte dann bald den Urtext des Neuen Testaments lesen, den Erasmus von Rotterdam im Jahre 1516 herausbrachte. Durch Erasmus lernte der Lernbegierige einen neuen Sinn in den biblischen Texten zu finden. Das eröffnete ihm einen neuen befreienden Zugang zur Bibel. Denn trotz der Stille des Glarner Bergtals korrespondierte Zwingli mit den gelehrten Häuptern seiner Zeit, er war bestens unterrichtet über das Erscheinen neuer Bücher. Am Ende seiner Glarner Jahre besass er als intellektueller Kopf die erstaunliche Zahl von weit über 100 Büchern. Und in seinem Nachlass umfasste seine Bibliothek 210 theologische und etwa 100 philosophische Werke.

Eines ist wohl sicher: Zwingli war stets bestrebt, sein Wissen weiterzugeben. Auf seine Initiative hin stimmte die Landsgemeinde im Jahr 1510 der Gründung einer Lateinschule zu. Man stelle sich das vor: im Jahre 1510 eine Lateinschule in Glarus! Zwingli wurde Lateinlehrer. So kam es, dass der spätere bedeutende Chronist der Eidgenossenschaft, Aegidius Tschudi, Zwinglis Schüler wurde. Wir wissen ungefähr, was Zwingli in seinen zehn Glarner Jahren gelesen und was er etwa mit seinen Schülern durchgenommen hat, es reicht von Titus Livius zu Plutarch, von Sueton zu Herodian, von Plinius zu Caesar. Und wir ahnen, dass Zwingli ein Prediger war, der aus den römischen Klassikern schöpfte für seine Predigten, obwohl wir sonst über diese Predigten herzlich wenig wissen.

Der Toggenburger war noch nicht 20-jährig, als er sich schon didaktisch und pädagogisch betätigt hatte. Später sind mehrere Briefe von Schülern an Zwingli oder über Zwingli an uns gekommen. Es sind samt und sonders bewundernde, begeisterte und dankbare Zeugnisse von späteren Studenten. Zwingli war zwischen 22 und 32 Jahre alt, da wird ihm «väterliches Wohlwollen» bescheinigt, «weise und gütig» sei er ihnen «mit Rat und Tat zur Seite gestanden», habe auch «bei ihren Eltern als verständnisvoller Mittelsmann ihre Anliegen vertreten». Aus dem Jahr 1515 finden wir am Rand eines Erasmus-Buches folgende schöne Handnotiz von Zwingli: «Lass die Bursten, das heftige Dreinfahren! Damit bringt man die Kinder bloss zum Heulen». Immer wieder kommt uns das Bild des gütigen Lehrmeisters entgegen in den ungezählten Briefen von späteren Studenten. Was für Liebesbezeugungen! «Nie habe ich etwas so hoch geschätzt, als die Freundschaft eines solch gelehrten und gütigen Mannes geniessen zu dürfen.» Oder: «Du bist der teuerste der Lehrer und der Liebenswerteste unter den Teuersten.» Oder: «Mein ganzes Glück und all mein Wissen verdanke ich dir, und mein Schicksal hängt völlig von dir ab.» Und im Kreise seiner humanistischen Freunde galt er als führende Gestalt unter den Schweizer Humanisten, seine Brieffreunde sprachen ihn an als Humanisten, als Philosophen oder aber als Philosophen und Theologen.

Zu Beginn des 16. Jahrhunderts wurde in der eidgenössischen Politik darüber gestritten, ob die Zusammenarbeit des Papstes mit dem Kaiser oder mit den Franzosen gesucht werden sollte. In wessen Dienste sollen die Glarner Söldner sich stellen? Zwingli votierte für den Papst, worauf sich dieser mit einer stattlichen Pension von 50 Gulden bedankte.

Zwingli hatte sehr viel zu tun mit Witwen und Waisen und Eltern und Geschwistern. Da kam von 1600 Teilnehmern an italienischen Feldzügen ein Viertel gar nicht mehr nach Hause, und etliche kamen als Krüppel zurück, von seelischer Verwahrlosung gar nicht zu reden.

Doch im Oktober 1515, unmittelbar nach der Schlacht von Marignano, war es aus mit der schweizerischen Grossmachtpolitik, vor allem durch die vernichtende Niederlage gegen die Franzosen. Zwingli votierte gegen den französischen Friedensschluss und für den Papst in Rom. Die Stimmung in der Eidgenossenschaft und auch in Glarus schlug zugunsten der Franzosen um. Zwinglis politische Haltung wurde unhaltbar. Er hatte zwar grossen Rückhalt in der Bevölkerung, war jedoch politisch isoliert.

Er hatte in seiner Glarner Zeit die einheimischen Söldner zweimal als Feldprediger nach Oberitalien begleitet, wo der deutsche Kaiser, der französische König und der Papst mit militärischen Mitteln um Einfluss und Macht rangen. Mal standen Schweizer auf der einen, dann auf der anderen und manchmal gar auf beiden Seiten einander feindlich gegenüber.

Das wurde für Zwingli zu seiner paradigmatischen Erfahrung und führte zu seiner ersten grundsätzlichen Einmischung in die Politik. Gerade diese Erfahrung formte den jungen Priester, Prediger und Lehrer zum eidgenössischen Patrioten.

Ja, die kriegerischen Erfolge der Schweizer waren ihre sicht- und spürbare Stärke, aber gleichzeitig auch ihre Schwäche, da halb Europa ihre Söldner begehrte. Man gewann zwar das Tessin und das Veltlin. In den südlichen Gebieten des Heiligen Römischen Reichs wurden die Schweizer für ihre Freiheit beneidet. Dort hatten die «Freiheitskriege» enorme Wirkung. Andererseits hatte der Schweizer den Ruf des unbezähmbaren, anarchischen Kriegers. Die Wehrpflicht wurde zum Vorbild, doch die Reisläuferei war vornehmlich von Abenteuerlust und Habgier geprägt. Vor allem führten die zahlreichen Soldbündnisse und Soldverträge, die den Schweizer Räten fette Geldzuflüsse bescherten, schliesslich zur faktischen

Abhängigkeit von ausländischen Mächten, vor allem vom französischen König und vom Papst. Die Eidgenossenschaft war weit offen für Korruption. Die Tagsatzung erliess 1503 ein Verbot für Einzelpersonen, fremdes Geld wie auch fremde Kriegsdienste anzunehmen. Sie versuchte so, das ausufernde Pensionen- und Solddienstwesen unter obrigkeitliche Kontrolle zu bringen. Durchgesetzt hat sich der Versuch nicht. Erst die Zwinglische Reformation hat für Zürich und die reformierten Stände die dringlichen Massnahmen durchgesetzt.

Für diese Entwicklung haben wir ein Zeugnis von ungeahnter Strahlkraft aus dem Jahr 1510, eine starke poetische Leistung: «Uolrich Zwingli, Priesters fabelisch Gedicht von eim Ochsen und etlichen Tieren, ietz louffender Dinge begriffich» (was heissen soll, sich mit gegenwärtigen Vorkommnissen befassend). Also eine hochaktuelle Dichtung zu grundsätzlichen Fragen der Zeit und der Eidgenossenschaft. Natürlich praktizierte der junge Geistliche hier eine Fähigkeit, die er in der Ausbildung sowohl in Wien als auch in Bern bei Lupulus gelernt hatte.

Das Fabelgedicht von 184 Zeilen in Deutsch kursierte auch in lateinischer Fassung, in 99 Zeilen. Der Autor schickte das Gedicht seinem Freund Glarean nach Köln zur Begutachtung. Der erwiderte mit vielen Komplimenten über die «Eleganz deines feinen Lateins» und fügte hinzu: «Auch andere gelehrte Männer haben deine Schrift zu sehen bekommen und ihr mit mir Beifall gezollt.» Es ist zu vermuten, dass Zwingli an einen Druck des Gedichtes dachte, denn er wollte vor allem sein Volk vor der lauernden Gefahr warnen mit seinem Kassandraruf. Der Autor schien sich dann vor einer Veröffentlichung zu scheuen, er wurde vorsichtig, denn die Tendenz des Werkes war klar, ja sie war in einigen Passagen scharf. Vermutlich haben ihn einige Bekannte gewarnt, als Pfarrer in Glarus mit einem solchen Pamphlet an die Öffentlichkeit zu gehen, es könnte Missfallen und Ablehnung auslösen. Er beschränkte sich also darauf, seine Fabel ausschliess-

DER
PATRIOT

lich in geschlossenen Kreisen vorzulesen und sonst in Abschriften unter Freunden zirkulieren zu lassen. Damit aber verzichtete er auf eine breite Wirkung, er nahm dem Kassandraruf gleich selbst die ganze Kraft und Wucht und Schärfe. Sein Thema war: Die Eidgenossenschaft gehört den Eidgenossen. Jene Herren, die das Land in Kriege anderer Länder hineinziehen, die junge Männer gegen fette Pensionen an fremde Mächte verkaufen, die schaden dem Vaterland. Darum Hände weg vom Blutgeld der Pensionen! Die Reisläuferei junger Schweizer, vor allem Innerschweizer, trieb dem Höhepunkt entgegen. Die Schweizer Krieger galten seit einigen Jahrzehnten als unbesiegbar, sie wurden vom Papst, vom französischen König und vom deutschen Kaiser schmeichelnd umworben. Im Jahr 1510 machte der Papst mit der eidgenössischen Tagsatzung sogar eine Art Freundschaftspakt.

Im August 1510 zogen 6000 junge Schweizer über den Gotthard in die Lombardei, dabei waren auch 458 Glarner, sie alle waren aufgebrochen, um dem Pontifex zu Hilfe zu eilen. Doch kaum waren sie südlich der Alpen, brachten sie in Erfahrung, dass es nicht um den Schutz des Heiligen Vaters ging, sondern darum, die französischen Truppen aus Norditalien zu vertreiben. Also ein äusserst schwieriger Krieg. Denn die Schweizer Herrenklasse kassierte von den Franzosen in allen Landesteilen grosszügige Pensionen, die französischen Gulden flossen reichlich in die Alpentäler zu den geldgierigen Herren. Das war ein widersprüchliches und schmerzhaftes Kriegstreiben. Weder mit dem Papst noch mit dem französischen König durfte man es sich verderben! Die Schweizer waren in der Klemme. Zogen sie sich zurück, war das ein Vertragsbruch gegenüber dem Papst, befolgten sie den Wunsch des Heiligen Vaters, verdarben sie es sich mit ihren französischen Geldgebern.

Zwingli befasste sich mit dem Hauptübel, der verbreiteten Korruption. Durch sie waren die Schweizer Landesherren auf Gedeih und Verderb an die Franzosen gebunden. In seiner Fabel ist der Löwe der Kaiser, mit dem Leoparden meint er Frankreich, das Füchslein ist Venedig und der prächtige Muni steht für die kraftstrotzende Schweiz. Da gibt es aber noch die schweizerischen Anhänger der

Franzosenpartei, die Geldbezüger, dargestellt als schlaue Katzen. Der Papst ist in seiner Fabel der Hirte. Sich selbst, den wachsamen Prediger, sieht er als Hofhund, der über das Wohl des Volkes wacht. Mit dem Hüter meint er die Tagsatzung und mit dem Geissbock schliesslich die Bürger im Lande, die wahren Patrioten, die sich weigern, von fremden Herren Pensionen anzunehmen, denn Pensionengelder untergraben die Freiheit.

Ende 1499 schmiedete die Tagsatzung mit dem französischen König ein Soldbündnis. Schweizer Söldner marschierten in die Lombardei ein und unterstützten Ludwig XII. bei der Einnahme von Mailand. Als Lohn bekam die Eidgenossenschaft die Herrschaft Bellinzona. Doch weit gewichtiger als dieser Lohn war der Verlust an Menschen; Tausende lagen auf den Schlachtfeldern, nach Hause kamen Krüppel, Seuchen und sittliche Verwahrlosung überzogen das Land. Die Tagsatzung verbat plötzlich die Teilnahme an Soldkriegen. Doch für wie lange? So zeichnete Zwingli in seinem Fabelgedicht die gesamte europäische Politik:

Garten des Friedens, du Alphof,
von dir will ich singen und sagen.
Wache dir halten hier stotzige Berge,
dort rauschende Bäche.
Und in dem Grünklee stapft
grasend der braunrote Jungstier,
breit das Gehörn, kraushaarig die Stirn
und vom Kinn und vom Halse
niederhangend zur prallen Brust
die fettschweren Wammen –
Bild der wonnig genugsamen Kraft!
Und wenn Durst ihn dann ankam,
schlürfte schnaubend
das Tier vom eiskalten Rinnsal.
Doch heimlich bittere Galle ins Süsse zu mengen
gefiel dem Vergönner,
welcher beargwöhnt jedweden und hasst,
der vom Glücke geliebt ist.
Und so gibt er ihm bei gar pfiffigen Hütern,

die sollten anreisen helfen und fertig es bringen,
was jener erlistet.

Schritt auf Schritt aber folgte dem Stier
der wachsame Hofhund,
wittert den Anschlag der Feinde
und kündet ihn ihm,
seinem Freunde:
«Siehst du den Zugriff der wendigen Bestien
kommen?
So stampfen sie wuchtig zusammen!
Wir dürfen des Beistandes derer gewiss sein,
welche als schützende Geister
um unsere Heimat sich sorgen.
Ihnen soll man aufs Neue sich weihen
mit gläubigem Herzen.»

Brüllend, dass man erzittert,
so brechen ins Twing nun die Leuen,
ihrer gleich mehr als nur einer
ihr Glück zu versuchen verlangt sie.
Aber blutige Köpfe sie tragen nach Hause,
und also unüberwindlich erhebt sich
der sieghafte Stier über alle.
Da sie denn weder mit Wort
noch mit Anhieb etwas erzwecken,
legt man sich jetzt auf heimliche Kniffe
und ködert den Meuder.
Fetteste Braten versprechen sie ihm, schau,
Fisch und Geflügel!
Locken damit den Stier,
den steinigen Hof zu verlassen:
«Komm doch auf fremdes Erdreich und hol'dir
dort grössere Ehre!»
Schleicht nun zuerst mit viel Schmeicheln
der scheckige Parder zur Stelle,
ködernd die Katzen alsbald
mit Miet und Gaben gar reichlich.
Dawider bellet der Hund
und kanns doch mit allen nicht wehren.
Sind schon die Katzen im Garn,

so umgarnt das Geld auch den Jungstier.
Und mit schädlicher List wird jetzt
und mit heimlichem Raunen,
wie und wohin der Schlächter ihn will,
der Muni gezogen.
Diesem war voll der Bauch von der ungewohnten
Speise kackte er dann den gewaltigen Mist,
so liess man ihn liegen.
«Lasst doch, ihr Katzen, vom hochfeinen Frass!
Wer mag denn ertragen euer Geschiss,
das widerlich stinkt wie gewendeter Rosskot!»

Nein, sie mögens nicht lassen, der Gier verfallen,
und listig narrt dann den Stier, dass er schweige,
der pfiffige Wächter, wirft im geheimen
den Mist in die Grube, und weg der Gestank ist.
Schimpft nur über den Frass –
wenn der Stier bloss
nachher wie vorher ziehn und verführen sich lässt
in sein Elend, mitten in Schlachten!
Schwerter verschluckt er
und duldet sämtliche Proben,
damit er hundertfach schlau
den Panther kann rühmen,
die Schlange kann nähren.

Nachdem der Kaiser und der Franzose sich überworfen
haben, rüstet Maximilian ein Heer auf, um gegen Ludwig
XII. vorzugehen. Er versucht, die Eidgenossen von dem
Bündnis mit Frankreich zu trennen, hat jedoch zu wenig Finanzmittel, den Schweizern materiellen Ersatz zu
bieten.

Sieht das der Leu und mag
dem Betörer den Zuzug
nicht gönnen, zieht jetzt den Schwanz ein
und glättet die Mähne und schleicht zu dem Stiere,
flehend ihn an,
mit ihm ins heilige Bündnis zu treten.

Aber der Meuder sich sträubt,
auf dieses Werben zu hören,
mag nicht verlieren die Gaben des Panthers,
so schüttelt den Kopf er:
«Nein doch! Gefährlich es würde,
dem Mägerling Glauben zu schenken!
Ist er auch König und oberster Kaiser
wie kann er uns stillen Hunger und Gier,
wenn er selber nichts hat
und uns nur wird verheeren?»

Zeigt sich gefügig der Stier solchem Warnen,
verschmäht denn also Werben und Freundschaft
des Leuen, und leer trollt sich dieser von hinnen,
wütet im heimlichen Busen:
«Wart, falscher Bursche, dir will ich!»

Die Ereignisse folgen sich fast stündlich. Maximilian und
Ludwig sehen sich wieder in einem Boot. Venedig mischt
sich machtlüstern ein, kriecht dann aber vor dem Papst
zu Kreuze. Der Papst, im Gedicht als Hirte, sichert sich
nun den Beistand der Eidgenossen, denn das Bündnis
mit Frankreich war vertraglich am Ende.

Und gleich rennt nun der Leu
zur Höhle des Panthers,
von welchem eben noch hundertfach Unrecht,
Verachtung und Schändung er hatte.
Grosses Bedauern und Klagen
und Feilschen um kräftige Hilfe!
Und es gelingt,
dass der Leu und der scheckige Panther
nun schliessen stahlharten Bund
zum Entsetzen und Zittern für alle die Stolzen.

Ohne Verzug berennen sie jetzt
das ängstliche Füchslein,
beissen es, setzen ihm zu
und wollen zur Grube es stürzen.

In der Verzweiflung indes und übel zerrissen
dann kriecht es auf dreien Beinen zum Nachbarn,
dem Hirten, und zeigt ihm die Wunden,
zeigt ihm den blutigen Kopf
und erbittet listig die Hilfe.

Alsbald, verspricht es beteuernd, soll rückerstattet
nun werden, was es an Hühnern jemals geraubt.
Das jammert den Hirten.
Mag übertölpelt der Fuchs
ihn auch haben, er wills jetzt vergessen,
leistet ihm Beistand und – macht nun den Stier
zum dritten im Bunde.

In der Eidgenossenschaft übernimmt der Walliser Kardinal Schiner die leidenschaftliche und listige Vertretung
der politischen Interessen der Kurie. Der Papst sei in Gefahr, so argumentiert Schiner an der Tagsatzung. In Wirklichkeit richtet sich das Bemühen des Papstes einzig und
allein gegen den französischen König Ludwig XII., den er
aus Italien vertreiben will. Die Eidgenossenschaft ist hinters Licht geführt.

«Wohlbekannt dürfte dir sein»,
so sprach der Hirt zum Stiere,
«wie viel biedere Treue mir deine Väter erwiesen.
Denke an sie, sei gewarnt,
dass ich dich entartet nicht finde!
Weisst du doch, hast es erfahren,
wie greulich der Leu
und der Panther
mir meine Herde zerfetzen, die Schafe
mir plündern und kläglich schlachten, zerreissen
und heimlich mir rauben.
Ein argloses Lamm nur wollen sie scheinen.
Wohlan, solcher Tücke mich zu erwehren,
will ich die fletschenden Zähne,
wenn du willst mittun, erstumpfen!»,
schmeichelt den kläffenden Schmeichlern

der Hofhund
und rät voller Freude:
«Nimmermehr lasse den Stier seinen Freund,
den Hirten, im Stiche!
Führt nur er das Gespann,
so haben die Feinde das Murren.»

Die Schweizer Söldner sind inzwischen in Chiasso angelangt. Die Franzosen verbauen im Verbund mit den
kaiserlichen Kräften den Schweizern den Weiterzug und
drohen mit Krieg. Es wird endlich klar, um was es geht.

Aber den Katzen ist solches
im Grund und Herzen zuwider;
rückwärts sie lauern
zum Schläuling, dem Panther,
und sinnen nach Ausflucht.
Stutzt jetzt der Stier und schielt auf die Seite,
doch nur eine Weile, schreitet dann weiter,
vom Stachel des Hirten getrieben.
Sehens der Panther und Löwe, die heiteren Brüder,
und alsbald stürmen sie mächtig heran
und drohen mit knirschenden Zähnen:
Schreckhafter Krieg sei dem Stiere gewiss,
wenn er bleibe im Bündnis
und er vom Hirten nicht lasse.
So steht es mit dem Stier jetzt – was machen?

Die Moral von der Geschichte: Man mische sich nicht in
fremde Händel! Der Stier beziehungsweise Muni gehört
auf seine Weide, er gehört weder dem französischen König noch dem Deutschen Kaiser, auch nicht dem Papst.
Also bleibe im Lande und nähre dich redlich!

Da war ein Geissbock zur Stelle, der sprach
zu sich selber die Worte:
«Wunder nimmt es mich nur,

ob jetzt der Stier nicht –
O Jammer! – Prügel bekommt.
Oder wird der Stab des Hirten ihn schirmen?
Werden der Leu und der Panther
die Treue sich halten gar lange?
Wird der Gefleckte uns wieder beschenken?
Dann hast du vom Hirten Zorn und Verachtung.
Wohin du nur siehst, gespannt sind die Netze
bloss noch die Waffe blutigen Krieges
wird sie durchhauen.
Lasst mich in Frieden!
Ich grase den Grünklee, verschmähe die Gaben.
Nehmt nur Geschenke – ihr werdet erfahren:
das Leben verwahrlost!»

Der junge Zwingli hat nicht nur ein fundiertes Wissen über die Zusammenhänge der politischen Mächte, wie sie funktionieren, was ihre Interessen sind, und wie sie sich zur Schweiz verhalten. Er durchschaut die Hintergründe, die Winkelzüge, die «Bestechungen» durch Pensionen sowie die verborgenen politischen Lügen der grossen Herren, denen die Schweizer nicht nur einmal zum Opfer fielen. Er muss als Leutpriester in Glarus jede Möglichkeit ausgenutzt haben, zu Informationen sowie zu Geschichten zu kommen, sei es durch reisende Kaufleute, durch heimkehrende Reisläufer oder vor allem durch Teilnehmer an den Tagsatzungen. Es gab ja keine Bulletins, keine Zeitungen, keine Agenturen. Wer sich mit den Vorgängen und Problemen der Zeit auseinandersetzen wollte, der musste alles ausschöpfen, was ihm an mündlichen Berichten zur Verfügung stand.
Verblüffend ist ebenso, wie früh und engagiert Ulrich Zwingli sich mit dem Zustand seines Vaterlandes befasste, wie klar seine Haltung und Position zu den haarsträubenden Problemen des Landes sich geformt haben, obwohl er noch immer ein Anhänger des Papstes war und sich seine Katholizität noch in keiner Weise aufgeweicht hat. Die Tagsatzung hat mehrmals über die Jahre den Solddienst verboten, davon war der Papst aber immer ausgenommen, ohne dass sich Zwingli daran gestört hätte.

Er gibt dem Hofhund in seinem vaterländischen Gedicht eine äusserst wichtige Rolle, der Hund nimmt die Rolle des Geistlichen ein, der wachsam ist, der bellt, wenn Gefahr in Sicht ist. Er hat also schon da, 26-jährig, vom Amt des Geistlichen eine Auffassung und Haltung, die es ihm verbietet, zu schweigen, sich zu ducken, sich zu verdrücken, wenn Verführer sich im Land ausbreiten. Dieser Mann ist schon ganz früh nicht nur ein äusserst kritischer Geist mit fundierter Bildung, er ist ein politischer Zeitgenosse, ein politischer Kopf, und es drängt ihn, die Vorgänge zu analysieren und seine Analyse seiner Umwelt mitzuteilen. Wir können davon ausgehen, dass er die Haltungen und Ansichten auch in seine Kanzelreden eingeflochten hat.

Auffallend ist vor allem auch, dass in dem grossen Fabelgedicht nicht der geringste konfessionelle Ton oder Gedanke angeschlagen wird. Selbst in der Moral von der Geschichte am Ende kommt nichts Derartiges auf.

Doch Zwingli befasst sich zwei Jahre später, in einem grösseren Feldzugsbericht 1512, wieder mit der Reisläuferei der Eidgenossen in die Lombardei. Es ist nicht klar, ob das Dokument ein Erlebnisbericht ist, das heisst, die Zwingli-Forschung streitet, ob der Autor dabei war als Feldprediger oder ob er wiedergibt, was ihm erzählt wurde. Allerdings ist die Reportage so detailliert, so anschaulich und teilnehmend geschildert, dass kaum daran zu zweifeln ist, so kann nur ein Zeuge berichten.

Jedenfalls, der Papst hatte sich inzwischen mit Spanien und Venedig in der Heiligen Liga zusammengeschlossen, um nach wie vor die Franzosen aus Italien zu vertreiben. Der Bericht von Zwingli ist farbig, teils geradezu lustig. Eine grundlegende kritische Haltung im Geiste seiner Fabel ist hier kaum vorhanden, wohl weil der Verfasser die Taten seiner Eidgenossen im Interesse des Papstes begriff. Der Wortführer für die Sache Roms ist der Walliser Kardinal Schiner, der den Dienst am Christentum gegen den französischen König ins Zentrum rückte. Nach Schiner ging es um die Angelegenheiten der Kirche und um die Ordnung in Italien. Das war natürlich eine Verschleierung der politischen Realität.

Von Schiners umsichtigem politischen Interesse im Lande erzählt der Autor Emanuel Stickelberger: wie Kardinal

Schiner Zwingli in Glarus besuchte, wie er vorher in der Wirtschaft die Bauern und Handwerker mit Bewunderung von Zwingli sprechen hörte, wie er ihn aufsuchte, im Garten bei einer Musikprobe aufstöberte, wie er dann ein abendliches intensives Gespräch unter Humanisten mit dem Landpfarrer führte, über die Kirche, über Gott und die Welt, über den Papst, die Franzosen und die Kronenfresser, die Glarner Pensionäre, über die griechischen und lateinischen Dichter und Philosophen. Der Papstfreund Schiner warb um den aussergewöhnlichen Geistlichen, wollte ihn für die päpstlichen Interessen gewinnen, als Werkzeug für die Pläne des Heiligen Stuhles in Rom.

Seit mehr als 100 Jahren waren die Eidgenossen auf der ganzen Linie siegreich, wo sie an einem Krieg teilnahmen. Sie galten in Europa als Musterkrieger. Der Zwingli-Biograf Oskar Farner spricht in diesem Fall von «Kriegs-Theologie in fragwürdigem Sinne». Denn der Glarner Kirchherr sei «völlig hineingerissen in das Kraftgefühl der Grossmachtpolitik, wie sie die Eidgenossen nunmehr eingeschlagen haben». Vergessen schienen das grosse kritische Gedicht über die Mächte in Europa und sein Aufruf nach Bescheidenheit der Eidgenossenschaft. Natürlich, der Kurie war die Parteinahme des Glarner Kirchherrn hoch willkommen, sie belohnte den jungen Geistlichen mit einer päpstlichen Pension. Der Hauptmann des Glarner Haufens bot ihm in Pavia ein Landgut an, in welches er sich ein Jahr oder länger hätte zurückziehen können. Zwingli dachte aber nicht daran, sein Hirtenamt zu verlassen. Auch die Franzosen boten ihm ein Jahrgeld an, doch hat er es ausgeschlagen. Die päpstliche Pension schlug Zwingli erst 1520 definitiv aus, als er bereits in Zürich war.

Nun, Geschenke des Kaisers und des Papstes waren nach allgemeiner Sitte erlaubte ehrenvolle Auszeichnungen. Darum betrafen die Verbote von Pensionsgeldern nur solche von Fürsten. Zwingli selbst sagte darum 1526, er sei sein Leben lang von Pensionsgeldern unbefleckt geblieben, ausser von päpstlichen. Deswegen fühlte er sich nicht zur Entschuldigung ermahnt.

Eigenartig ist, dass nach dieser Vorgeschichte von Zwinglis Beschäftigung mit der eidgenössischen Politik ein so gewaltiges Ereignis wie die Schlacht von Marignano in seinem Leben kaum Erwähnung fand. War er nun als Feldprediger in Marignano dabei? Hat er seine Glarner Kämpfer tatsächlich begleitet? Es gibt von ihm keine persönliche Erwähnung dieses so wichtigen, ja schwerwiegenden Falles, es gibt keine Briefzeile darüber, jedenfalls ist keine erhalten. Nie geht Zwingli auf diese gigantische, schmählich verlorene Schlacht ein. Man muss doch annehmen, dass sie einem Teilnehmer, und sei er nur Beobachter gewesen, als traumatisches Erlebnis stets in Erinnerung geblieben ist. Oder war er gar nicht Beobachter der Schlacht?

Der französische König wollte Mailand zurückerobern, mit Schweizer Söldnern, und der Papst wollte es wieder befreien, auch mit Schweizer Söldnern. Mailand war eine Stadt, die 100000 Einwohner zählte. Die einwohnerstärkste Stadt auf Schweizer Boden war damals Basel mit 10000 Bewohnern.

Am 6.September 1515 kamen die Schweizer Truppen in Lonza an. Zwei Tage später predigte Zwingli seinen Glarner Landsleuten auf dem Marktplatz in Lonza kurz vor der vernichtenden Niederlage, ermahnte sie zur Einigkeit und zur Treue zum päpstlichen Bündnis. Es gibt einige Zeugen für Zwinglis Anwesenheit in Marignano. Doch von ihm selbst ist kein Wort aufzufinden.

Da die Tagsatzung, die damalige Zusammenkunft der führenden Männer der eidgenössichen Orte, das Söldnerproblem nie in den Griff bekam, war es möglich, dass im französischen Heer eine stattliche Zahl Schweizer Söldner gegen die eigenen Landsleute kämpfte. Dem jungen König Frankreichs mit Namen Franz gelang es, das eidgenössische Heer zu spalten. Er bot den Schweizern 700000 Kronen, wenn sie ihm das Herzogtum Mailand überliessen. Daraufhin zogen rund 10000 Mann aus Bern, Solothurn, Freiburg und dem Wallis ab und kehrten nach Hause zurück, was durchaus ein Verrat an der Eidgenössischen Tagsatzung war. Doch diese reagierte nicht.

Nun waren die Franzosen zahlenmässig in noch weit stärkerer Übermacht. Die Gegner hatten viel mehr Artillerie, also Kanonen, und weit mehr Krieger. Die Eidgenossen verloren in der folgenden Schlacht mehrere Tausend Mann. Die eidgenössischen Krieger setzten auf die falschen Kriegsmittel, sie waren mit ihren Hellebarden waffentechnisch unterlegen und wurden zudem taktisch übertölpelt. Aber sie hatten auch keine Einigkeit, keine Moral, keine Disziplin, noch konnten sie sich auf ihre übliche Schlagkraft verlassen. Das föderalistische System der Eidgenossenschaft, das muss man so sagen, war Nährboden für Gespaltenheit. Die Gier nach Eroberungen und nach Beute der Krieger lockte sie zu militärischen Ausschweifungen nach Oberitalien. Sie wurden grossmachtsüchtig und sie rannten fast blind ins Verderben. Unter den Schweizer Söldnern drohte sogar ein Bruderkrieg.

Zwingli hatte wohl gegen die Spaltung des eidgenössischen Heeres gepredigt, wie der Zuger Ammann Werner Steiner als Chronist festhielt. Hätte man auf Zwingli gehört, wäre diese Katastrophe nicht über die Schweizer hereingebrochen, meinte der Chronist.

1516 unterzeichneten die Eidgenossenschaft und Frankreich in Freiburg einen Friedensschluss. Franz I. warb weiterhin Schweizer Söldner an. Nur der Stand Zürich machte bei dem Bündnis mit Frankreich nicht mit. Zwar war die Expansionspolitik der Tagsatzung mit der Niederlage in Marignano zu Ende. Aber die Soldbündnisse, die Söldnerei, die Reisläuferei nahmen ihren Fortgang vor allem für die französischen Könige. Einheitliche Positionen waren allein schon durch die Reformation in der Eidgenossenschaft nicht mehr möglich, denn es gab fortan eine katholische und eine reformierte Schweiz und weit und breit keine Einheit.

Die Erfahrungen in der furchtbaren Schlacht bei Marignano als den Beginn der Neutralitätspolitik der Eidgenossenschaft zu sehen, ist eine heuchlerische, unschöne Mär. Die Soldbündnisse mit dem französischen Staat hielten an, die Reisläuferei junger Schweizer Männer ging noch lange weiter, die Abhängigkeit von der Kurie in Rom wie von Frankreich reichte bis zu Napoleons Zeiten. Da ist nirgends ein Hauch von Neutralität. Eigentlich sind Zwingli und dann durch ihn der Stand Zürich die ersten und lange die Einzigen, die diesem Geschwür der fremden Dienste und der fremden Gelder konsequent den Kampf ansagten. Zwingli sah den Blutzoll, das Elend und die Verrohung seiner Landsleute. Es dauerte noch mindestens bis zum Jahr 1648, dem Westfälischen Frieden nach dem Dreissigjährigen Krieg im Heiligen Römischen Reich, bis die Vision einer Neutralität in der Schweiz Form anzunehmen begann. Und erst 1815 durch die Resultate des Wiener Kongresses wurde sie vollends konkret.

Vor der Schlacht in Marignano tauchte im Lager der Schweizer der Walliser Kardinal Schiner auf, der zur allgemeinen Verunsicherung unter seinen Landsleuten gehörig beitrug. Zwingli hatte ja bereits jahrelange Erfahrung mit dem fremden Solddienst, er beobachtete und kommentierte schon lange die Grossmachtpolitik der Schweizer und ihre Dienste bei fremden Mächten. Er wird auch hier in dieser Predigt, unmittelbar vor der Schlächterei, nicht mit klaren Worten gespart haben. Und hinterher, nach dem grossen Gemetzel, verabscheute er für immer den Solddienst, gegen den er jahrelang einen Kampf geführt hat. Er sprach von «Kriegsgurgeln, von Blutkrämern, von schandbarem Schacher [...] die den Schweizer mit jungem Blut treiben liessen, für den schnöden Mammon». Für Ludwig XII. seien 5000 Schweizer in Neapel umgekommen. In Novara seien 1500 gefallen. In Marignano seien über 6000 liegen geblieben. Die Schweizer seien in ihren eigenen kriegerischen Auseinandersetzungen immer siegreich geblieben, in fremden Diensten aber oft sieglos. Die Vorfahren hätten sich für Freiheit geschlagen. Bei den fremden Herren gehe es nur um Geld. Unter dem Eindruck der Katastrophe von Marignano hat Zwingli 1516 begonnen, das Evangelium zu predigen. Schon Jahre vorher hat er eingesehen, dass «Kriegführen im Sold fremder Herren unmenschlich, schamlos und sündhaft sei».

Es erstaunt immer wieder bei der Lektüre von Zwinglis Texten, wie es dieser fertigbrachte, unreligiös zu schreiben, vor allem in seinen geschichtswissenschaftlichen

Studien. Es gibt kaum Sätze, die auf einen Prediger hinweisen würden. In seiner Glarner Zeit bedient sich Zwingli fast ausschliesslich einer Sprache, die einem umfassend gebildeten humanistischen Gelehrten entsprach. Genau das entzückte den Glarner Humanisten Glarean, der gerade in Köln seinen Magister machte und im Sommer 1510 dem Pfarrherrn nach Glarus folgenden begeisterten Brief sandte: «Welch willkommenes Geschenk sind mir die Briefe von dir, du fein gebildeter humanissime Mann! Nichts sehe ich lieber, nichts ersehne ich mehr; sprudeln und strömen und überfliessen sie doch so unendlich reich allüberall von jeder Zier, jeglicher Anmut und Würze. Lese ich sie, so könnte ich in Verzückung geraten und in Traumbildern schwelgen. Denn hier leuchtet so viel gewichtiger Inhalt auf, hier bricht so viel rednerischer Schmuck hervor und streichelt einem dann wieder derartige Klangschönheit das Ohr, dass man wirklich nicht weiss, wem von ihnen die Palme zu reichen ist.»

Und am 18. April 1511 schrieb Glarean aus Köln, er wolle zur Glarner Kirchweih in seine Heimat kommen. Den lateinisch geschriebenen Brief beendete er deutsch mit den Worten: «Wenn ich kum, so wollen wir guter Dinge syn.» Der Besuch fand wirklich statt, denn noch im gleichen Jahr schwärmte Glarean von den herrlichen Stunden, die er mit und bei Zwingli verbracht habe. Sie hatten so vieles gemeinsam: ihre Herkunft, ihre Liebe zur Musik und zu den antiken Autoren.

Und zudem war dieser Kirchherr in Glarus ein stattlicher Mann, wie ihn Zeitgenossen beschrieben, «sein Angesicht freundlich und rotfarben». Er hatte eine melodische Stimme, nicht allzu kräftig, aber fesselnd für die Gemeinde. Im Nu waren die Zuhörer in seinem Bann.

Der Lesehunger Zwinglis war trotz starker Inanspruchnahme durch sein Amt beinahe unersättlich. Vadian, der St. Galler Gelehrte und Freund, nannte ihn einen «eifrigen Liebhaber der guten Literatur». Mehrere der gelehrten Männer der Zeit, mit denen Zwingli in Briefverkehr stand, rühmen ihn für seine Briefe. Er stand mit den Offizinen von Froben in Basel, Lachner und Furter, in ständiger geschäftlicher Verbindung, denn er lebte ja etwas abseits der gelehrten Zentren Basel, Zürich, Köln und Frankfurt.

Er entwickelte eine Schau vom Heil erwählter Heiden, die Schilderung vom himmlischen Gastmahl, an dem alle Heiligen, Weisen, Gläubigen, Standhaften, Tapferen, Tüchtigen teilnehmen, die es seit Erschaffung der Welt gab: das heisst neben den Patriarchen, Aposteln und Heiligen des alten und neuen Bundes auch Herkules, Theseus, Sokrates, Aristides, Antigonus, Numa, Camillus, die Catonen, die Scipionen oder die französischen Könige. Diese Vision hatte schon das Entsetzen Luthers ausgelöst. Theologisch ist sie jedoch nicht «ein Einbruch in die Ausschliesslichkeit christlichen Heilsbewusstseins, den Menschen wertend, ein Stück Wiederbelebung des klassischen Altertums».

Nun bewegte sich Zwingli langsam von seiner festgefügten Katholizität weg. Er begann immer stärker an der katholischen Heilslehre zu zweifeln.

Er kam auch noch Jahre später mehrmals auf seine Entwicklung zu sprechen, bei diesen Bekenntnissen bezeichnete er das Jahr 1516 als den entscheidenden Auslöser zu seiner religiösen Wende, also noch ein Jahr vor Luthers Thesenanschlag. In einer Schrift geht er dann auch später darauf ein und hält fest, er habe die Lehre Christi aus ihrem eigenen Ursprung zur Kenntnis genommen und verinnerlicht, und zwar zu einer Zeit, als ihm Luther noch gar nicht bekannt gewesen sei. Das ist eine wichtige Äusserung zu seiner religiös-reformatorischen Eigenständigkeit. Und ein andermal schreibt er: «Ich habe angefangen das Evangelium zu predigen im Jahr 1516.» Also hat er noch in Glarus diese Wende geschaffen, die neue Art zu predigen hatte wohl hineingepasst in seinen bevorstehenden Wechsel nach Einsiedeln. Und bereits im Frühjahr 1516 erkundigte er sich in Basel nach dem dort erschienenen griechischen Neuen Testament des Erasmus. Nach seinem eigenen Verständnis war Zwingli also im Jahr 1516 wie neu geboren. Sein Erlebnis des Evangeliums muss gewaltig gewesen sein. Ihm öffnete sich eine ganz neue innere Welt: das Neue Testament. Von nun an war das für ihn das Zentrum. Es gab nichts Vergleichbares für ihn. Er trieb Politik, er machte Musik, er befasste sich mit den Griechen und Römern. Aber was das Evangelium ihm bedeutete, das war für ihn von einer Kraft und Ausstrahlung, dass er nicht anders konnte, als alles für diese Entdeckung zu verlangen, was er überhaupt nur verlangen und geben konnte. Er war ausserstande zu begreifen, dass die Innerschweizer Orte sich weigerten, sich dem Evangelium anzuschliessen. Darin ist Zwinglis Mission für die ganze Eidgenossenschaft zu begründen. Das ist der Kern für Zwinglis Bereitschaft zu dem Satz: «Denn schlägt er nicht, so wird er geschlagen.» Zwingli konnte gar nicht anders, als loszuschlagen für das Evangelium. Doch es ging noch ein paar Jahre, er musste sich noch gedulden.

Zwingli war schon nach Einsiedeln übergesiedelt, da bittet ihn der bereits erwähnte Aegidius Tschudi, ob er von Basel aus wieder zu ihm zurückkehren dürfe, da er bei ihm lieber sein würde als an der Universität Basel, das wieder zu verlernen in Gefahr stehe, was er bei ihm gelernt habe. Und dessen Vetter Valentin Tschudi bezeugt ihm, dass er unter seinen späteren Universitätslehrern keinen gefunden habe, der ihm an Gelehrsamkeit und an Verständnis der alten Schriftsteller ebenbürtig wäre. Andere Schüler schildern ihm die Erbärmlichkeiten der in Paris gelehrten bestialischen Sophistereien.

In Glarus, als junger Priester, hatte er auch ein sexuelles Liebesverhältnis mit einer jungen Frau, vollkommen geheim, nicht so unverschämt offen und fast selbstverständlich, wie die meisten Geistlichen es betrieben. «Bei diesen Dingen», sagte er später einmal, «hielt mich das Schamgefühl stets in Schranken, sodass ich, als ich in Glarus war und mich in dieser Hinsicht verging, es aber so im Geheimen tat, dass selbst meine Nächsten kaum etwas davon merkten». Er habe sich immer gehütet, ehrbaren Frauen zu nahe zu treten. Sein Grundsatz sei immer gewesen, keine Ehe zu verletzen, keine Jungfrau zu schänden und keine Nonne zu entweihen. Jedenfalls, das priesterliche Keuschheitsgelübde machte ihm arg zu schaffen, diesem lebensprallen, sinnlichen Mann. Wer weiss, wie stark der Anteil dieser erotischen Seite Zwinglis an der Entwicklung des reformatorischen Prozesses war?

Das Jahr 1516 scheint also der Zeitpunkt der grossen Wende in der Entwicklung Zwinglis zu sein, obwohl er sich bereits ein paar Jahre vorher ans Griechische gemacht und die Bücher von Erasmus gelesen hatte. Die humanistische Bildung und das literarische Programm der griechischen und römischen Antike haben ihn schon ein paar Jahre zuvor total besetzt, eigentlich seit der Studentenzeit. Das Erasmus-Erlebnis jetzt erschütterte ihn, gab ihm die Grundrichtung. Seine neue Kirchenlehre in Gestalt der Evangelien-Lesung nahm langsam Form an.

ERASMUS VON ROTTER- DAM

Wir sind uns einig: Es gab noch keine Epoche, in der ein Gelehrter so überragend, so turmhoch in der Landschaft stand wie Erasmus im 16. Jahrhundert. Alle anderen Geistesarbeiter nahmen ihn so wahr. Es gab niemanden, der diese Grösse in Zweifel zog. Erasmus schrieb rund 150 umfassendere und kleinere Bücher, er korrespondierte mit den Grössen der Zeit, war von der Elite in Europa hoch geachtet. Das hat wohl auch dazu beigetragen, dass er sich für keine neue Richtung des Christentums entscheiden konnte und der katholischen Kirche für immer treu blieb.

In einem Brief von Glarean aus Köln an seinen Freund Zwingli heisst es: «Was Erasmus geschrieben hat, ist in den Händen aller. Er ist schon hoch betagt [er war tatsächlich 54] und möchte seine Ruhe haben, aber jede Partei möchte ihn auf ihre Seite ziehen. Er will sich aber auf keinen Fall in die Parteibildungen einmischen. Er sieht klar, wen er zu meiden hat, aber nicht in gleichem Masse, an wen er sich halten soll. Alles, was er geschrieben hat, atmet christlichen Geist, und es ist wahrscheinlicher, dass Luther durch die Arbeiten des Erasmus unterstützt wurde als etwa Erasmus durch Luthers Arbeiten. In seiner zurückhaltenden Art ist er furchtsam. Man hört von ihm nie etwas, das unchristlich wäre. Als Mensch hat er durchaus feste Meinungen.» Das war eine dezidierte Meinung über den grossen Mann.

Im Frühjahr 1516 reiste Zwingli nach Basel. Er hatte das Bedürfnis, seine ehemaligen Studienkollegen und aktuellen Brieffreunde zu treffen, mit ihnen über die drängenden Fragen der Eidgenossenschaft und über aktuelle Probleme der Religion oder Entwicklungen in der Religionsphilosophie zu diskutieren. Er hatte kurz zuvor eine Schrift herausgebracht, in welcher er zum «Kern und Stern des Evangeliums» seinen Wissensstand festhielt, auf den er sich oft zu stützen und zu erinnern versuchte; diese Schrift ist aber leider verschollen. Beim Besuch in Basel ging es ihm insbesondere darum, den grossen «Humanistenfürsten» zu treffen, damit dieser grösste Lehrer der Zeit seine, Zwinglis Arbeit, die doch an die des Erasmus anknüpfte, einem Urteil unterziehen konnte. Die Zusammenkunft war vom gemeinsamen Freund Glarean arrangiert worden. Wie verschwiegen diese Herrschaften des europäischen Humanismus waren, müssen wir nun mit Bedauern zur Kenntnis nehmen: Es ist eine schlichte Tatsache, dass von keiner einzigen Feder der Teilnehmer des Treffens ein Wort festgehalten worden ist. Immerhin trafen sich Zwingli und Erasmus jetzt persönlich. Unsere Neugier ist heute noch immens, des Fürsten Urteil zu hören über seinen geistigen Nachfahren. Heute bleibt uns ein nachkommender Brief Zwinglis von Glarus nach Basel an den Fürsten, dem wir wenigstens entnehmen können, dass das persönliche und das geistige Erlebnis für den Glarner Kilchherrn beglückend gewesen sein muss. Denn Zwingli schwärmte geradezu von dieser Begegnung. Erasmus muss sich lobend über seine Schrift und seine Geisteshaltung geäussert haben. Zwingli sendet also Erasmus einen schwelgerischen Brief. Er spricht darin von «deiner überaus liebenswürdigen Freundlichkeit, die du mir erzeigtest [...] Ja, nun glaube ich mir etwas darauf einbilden und mich dessen rühmen zu dürfen, dass ich den Erasmus gesehen habe, den um die Literatur und die Geheimnisse der Heiligen Schrift verdientesten Mann, den Mann, der so brennende Liebe zu Gott und den Menschen hat, dass er, was man für die literarische Bildung leistet, wie eine ihm persönlich erwiesene Leistung ansieht, und für den alle ernstlich beten sollen, dass ihn der höchste und beste Gott gesund erhalte, damit die ihn aus der Barbarei und Sophistik erlöste heilige Literatur erstarke und sich vervollkommne und nicht in ihrem Aufkeimen eines solchen Vaters beraubt werde und dann wieder einer unfreundlichen und harten Pflege anheimfalle.» Und Zwingli fügt hinzu:

«Dass ich mich sonst nie jemandem gegeben habe noch einem andern geben werde.»

Natürlich, der Brief ist überschwänglich in der Einschätzung des Empfängers sowie in der Verehrung, und zwar dermassen, dass der Briefschreiber sogar verschweigt, welcher Art die geistig-literarische Verpflichtung und Verbindung ist, was er dem hochgelehrten Erasmus an Einsichten und Entdeckungen zu verdanken hat. Es scheint, Zwingli konzentrierte sich voll und ganz auf die erhaltene Ehre, von Erasmus eine Audienz erhalten zu haben. Natürlich präsentierte er sich nicht als Erasmianer, dazu war er einerseits zu bescheiden und andererseits zu eigenständig. Möglich, dass der Fürst des Humanismus im Rahmen des Treffens eine Schrift von Zwingli lobte. Dass Zwingli dann in seinem Brief dieses Erasmus-Lob nicht erwähnte, selbst seine Arbeit keines Wortes würdigte und sich gänzlich auf die Person des Humanistenfürsten beschränkte, war seinem Erlebnis der Begegnung angemessen.

Dennoch ist zu beachten, dass der Glarner Kirchherr all die Jahre stets jede Zeile von Erasmus hellwach und kritisch gelesen hat, von Anfang an. An manchen Stellen schreibt er kurze, scharfe Kommentare an den Seitenrand, beispielsweise zu einer vorschnellen Lobeshymne für Papst Leo X., «welcher der Welt den Frieden geschenkt hat», wie Erasmus schreibt. Einmal notiert Ulrich Zwingli sogar: «Hast Du nicht gemerkt, dass Du das hättest sagen müssen, gelehrtester Erasmus? [...] Dass nämlich nicht der Papst der Welt den Frieden geschenkt hat, sondern die Gemeinde dafür verantwortlich war.»

Nein, Zwingli war nie im Schlepptau des Erasmus. Er war zu selbstständig, zu autonom. Er hatte die Gabe, auf dem Papier Gelerntes, Gelesenes in die praktische Umsetzung zu treiben. Das nannte er selbst «einen frohen Eifer». Er nahm von ihm, was ihm einleuchtete, was er brauchen konnte – das war ziemlich viel und trieb dann die theoretischen Grundlagen weiter. Erasmus lieferte die Grundgedanken, die den jungen Zwingli in seiner Glarner Studierstube elektrisiert haben, aber daraus machte dieser eine handhabbare Praxis. Erasmus ist in der Entwicklung Zwinglis eine verehrungswürdige Persönlichkeit. Geistige Erlebnisse und Einsichten haben Zwingli den Weg aufgezeigt.

Was Luther angeht, so war Zwingli diesem gegenüber noch unabhängiger, er hatte von Luther noch nichts gehört, da hat er bereits das Neue Testament in Griechisch und Latein gelesen. Der St. Galler Reformator, Stadtarzt und Bürgermeister Vadian schreibt: «Bis auf das Jahr 1518 hat Gott durch drei Männer, nämlich Doktor Erasmus von Rotterdam, Doktor Martin Luther in Sachsen und Huldrich Zwingli in der Eidgenossenschaft die Kraft seines Wortes an den Tag kommen lassen.» Es gibt einige Briefe von Erasmus an Zwingli, adressiert «an den vorzüglichen Herrn Huldrych Zwingli, den hervorragend gebildeten Philosophen und Theologen, den Freund, den ich wie einen Bruder liebe, in Glarus.» Aber dennoch, die zwei, die sich geistig so nah gekommen sind, wurden nie Freunde. Zwingli gehörte nicht zu Erasmus' Kreis in Basel. Ihr Briefwechsel blieb dürftig. Ein einziger Brief von Zwingli blieb erhalten. Und auch der ist voller Hochachtung, voll Freundlichkeit, aber darüber hinaus geht er nicht. «Dass meine Nachtarbeiten Deinen, eines so bewährten Mannes Beifall finden, freut mich mächtig», äusserte Erasmus.

Zwingli verschärfte seine Art der Verkündigung, das kostete ihn letztlich die schöne Stelle im Schatten des Glärnisch. Zehn Jahre war er in Glarus. Sein Abschied zog sich in die Länge, er hatte schon einige Zeit zuvor dem Administrator des Klosters Einsiedeln die Zusage als Leutpriester im Klosterdorf gegeben, weil für ihn der Glarner Boden zu heiss wurde. Es gibt im Berufsleben Zwinglis keine überlieferten Äusserungen von Vorgesetzten des Leutpriesters, die ihm klarmachten, dass seine kritischen Ansichten zur Reisläuferei und zur Franzosenpartei ihn als Prediger in Glarus unmöglich gemacht haben. Seine kirchlichen Oberen versprachen ihm, das Pfarrhaus in Stand zu setzen, wenn er bliebe. Und sie rüsteten ihn

ABSCHIED VON GLARUS

grosszügig mit einer Pfründe aus, die zwei Jahre gültig war. Sie waren bereit, so lange auf ihn zu warten. Gleichwohl sind über seine Übersiedlung nach Einsiedeln noch im 18. Jahrhundert von Katholiken bösartige Unterstellungen gemacht worden: Er sei entlassen worden, man habe sich entzweit und so weiter. Nichts davon ist wahr, im Gegenteil. Die Gemeinde traf mit ihm eine Vereinbarung, dass er einstweilen wegziehen könne, weil die politische Konstellation für ihn zu heiss wurde. Man einigte sich mit Zwingli auf einen Urlaub von drei Jahren.

In einem Brief an Vadian aus dem Jahr 1517 ging Ulrich Zwingli auf die heisse Erde ein, die ihm das Leben in Glarus schwer machte: «Ich habe die Stelle vertauscht, weder zum Vergnügen noch um mehr zu verdienen, sondern die Ränke der Franzosenpartei haben mich dazu veranlasst. Was für eine Schlappe mir schliesslich die Franzosenpartei eingetragen hat, wird euch der Wind des Gerüchtes doch schon zugeblasen haben [...] Ich bin halt auch in die Kriegshändel hinein verwickelt worden und habe dabei mancherlei Ungemach erduldet oder zu erdulden gelernt.»

Franz I. gelang es nämlich, mit Geld einen Umschwung der aussenpolitischen Haltung der Glarner herbeizuführen. Die Honoratioren in Glarus verwandelten sich zu Französlingen, der Mammon hatte sie weich geklopft. Da Zwingli offen und klar gegen diese Soldbündnisse predigte, geriet er mehr und mehr in eine Isolierung. Darum und weil seine Vorgesetzten hinter ihm standen und er beim grössten Teil der Bevölkerung noch immer Rückhalt hatte, glaubte er, sich einige Zeit zurückziehen zu können, bis die politischen Verhältnisse sich gewendet hätten. Liebäugeln mit den Franzosen dagegen war ihm verhasst. Unter diesen Umständen hat die Gemeinde ihm diese ungewöhnliche Vereinbarung angeboten. Sie bezahlte ihm zwei Jahre den Lohn, denn sie rechneten mit seiner Rückkehr.

Im November 1516 betrat Zwingli in Einsiedeln seine Pfarrei.

Der Wallfahrtsort der wunderwirkenden schwarzen Madonna war weiterhum im Gespräch und wurde fleissig aufgesucht. Einsiedeln war einer der grössten Pilgerorte Europas. Zwingli stand hier im Dienste des Klosters, das ihn sowohl wählte wie auch die Verantwortung über sein Amt behielt. Der Bischof von Konstanz hatte mehrmals gegen diese Sonderregelung protestiert. Doch das Kloster Einsiedeln war eine alte Macht, da war sogar der Bischof lahmgelegt. Zwingli hatte zu predigen, die Messe zu lesen, Sakramente zu spenden. Er musste aber auch den Pilgern dienen. Er bewohnte ein Pfarrhaus im Klosterkomplex, bezog vom Abt eine Barbesoldung und von den Pfarrei-mitgliedern einen Teil ihres Zehnten.

In Einsiedeln befasste sich Zwingli mit der eigenhändigen Abschrift der Paulus-Briefe im erasmischen Neuen Testament in der griechischen Fassung. Er schrieb die Briefe ab, prägte sie sich ein und rüstete sie für den praktischen Gebrauch. Die Seiten sprechen von einem intensiven und tiefen Umgang, er las auch den danebenstehenden Kommentar und fügte diesem Randbemerkungen zu. Er befasste sich in seinem Kloster-Pfarrhaus mit den Römer-briefen, den Kolosserbriefen, den Epheserbriefen, den Hebräerbriefen und den Korintherbriefen. Aus seinem Alltag ist von Zwingli in den zwei Jahren in Einsiedeln wenig zu hören. Einzelne genaue Hinhörer aber nahmen die Stimme dieses neuen Predigers, der das Evangelium verkündete, gleichwohl wahr, selbst in Zürich.

Zwingli vertiefte sich nun in die Literatur der Kirchenvä-ter, vor allem in den Traktat von Augustin. In der Klos-terbibliothek lag ja alles schön für ihn bereit. Er las die berühmten *Dunkelmännerbriefe*, jenes witzige Werk, das in der Zeit unter den Gelehrten Europas Furore machte.

Wie gesagt, Zwingli blieb sein Leben lang Humanist, darf aber nicht als Erasmianer bezeichnet werden. Er beweg-te sich in den kommenden Jahren von Erasmus sachte und unausgesprochen weg, denn er war radikaler als sein grosser Lehrer. Dass zwischen den beiden keine Freund-schaft entstand, war eine Folge von Erasmus' Aura, wohl aber vor allem auch die Folge von Zwinglis Radikalisie-rung, die sich in allen Belangen vollzog. Es war das lo-gische Resultat von Erasmus' Unentschlossenheit und gewiss auch von Zwinglis Selbstbewusstsein und Unabhängigkeit im Denken.

Erasmus und Luther führten in den ersten reformatorischen Jahren einen intensiven Briefverkehr, dann aber zerstritten sich die sehr ungleichen geistigen Giganten. Doch der dritte Gigant, Zwingli, hielt sich so still und fern von Erasmus wie jener vom Wirkungskreis seines stillen Verehrers in Einsiedeln und dann in der Limmatstadt. Die Kluft zu Zwingli war bei Erasmus lange nicht so tief wie die zu Luther. Zurückgezogen aus dem reformatorischen Feld hat sich zunächst der Rotterdamer. Er blieb beim alten Glauben, allerdings eher fern von der katholischen Kirche. Doch es kam immer wieder zu Berührungspunkten zwischen Zürich und Basel.

Im Herbst 1517 suchte Zwingli das Felsbad in Pfäfers auf, jene etwas grausige Szenerie in der Taminaschlucht, deren Heilbad vom Kloster Pfäfers betrieben wurde, wo die Kurgäste in Körben in die tiefe Schlucht abgeseilt wurden. Der Abt Johann Jakob Russinger, eine Art Renaissancefürst im geistlichen Gewand, empfing den aufstrebenden Leutpriester aus Einsiedeln wohl mit Ehren. Denn inzwischen hat Zwingli von sich reden gemacht. Er wird nun da und dort in der vordersten Reihe der Erneuerer von Politik und Kirche genannt. Der Basler Humanist Beatus Rhenanus schreibt zu der Zeit, den Schweizern sei der Sinn für den Frieden erwacht, und sie würden den Krieg als etwas Verderbliches und eines Christen Unwürdiges zu verfluchen beginnen, wozu sie namentlich durch Männer wie Zwingli, Thomas Wyttenbach, Konrad Bünzli und Heinrich Lupulus und andere Lehrer der evangelischen Wahrheit ermahnt würden.

Der junge Pfarrer Erasmus Schmied in Stein am Rhein berichtet in einem Brief vom 12. Juni 1518, an Zwingli gerichtet, er habe in der Dorfbuchhandlung das Werk *Einführung in die Dichtkunst* «von unserem Glarean» gefunden. «Dann las ich, dass diese Elegien einem gewissen Zwingli gewidmet sind, von dem ich damals rein gar nichts wusste. Ich suchte eiligst meinen liebsten Zechkumpan Johannes Oechsli, Pfarrer im benachbarten Burg bei Stein am Rhein, auf. Ob er den Mann kenne? – Der ist es, von dem ich dir hundertfältig reden wollte. Der ist es, der zuerst im

Kreise seiner Freunde die Wissenschaft pflegte, ganz hervorragend an Gelehrsamkeit und Charakter. Ich fürchtete wahrhaftig, wie der Ochs am Berg vor dir zu erscheinen und habe lange stark geschwankt, wie ich die Freundschaft mit dir anknüpfen könnte. Schliesslich habe ich auf Anraten von Johannes Oechsli, der aufrichtig dein Lob ausposaunt, einen Anhaltspunkt ergriffen [...] Leb wohl, du Glanz und strahlendste Zier unseres Vaterlandes!»
Zwinglis Profil formte sich in der Übergangszeit von Glarus nach Einsiedeln, wohl sogar schon ab 1515. Rhenanus schrieb an Zwingli, er zähle ihn jetzt nicht mehr zu den vulgären Priestern, die von der Papstgewalt, von Ablässen, vom Fegefeuer, von erdichteten Heiligenwundern und anderen Nichtigkeiten faseln. Und über des Wildhausers Predigtanlage und Wirkung äussert sich der Basler Theologe Kaspar Hedio über seinen Besuch an Pfingsten im Jahr 1518: «Schon längst war es mein Wunsch, zu deinen Freunden zählen zu dürfen, und wenn es auch nur in der hintersten Reihe wäre [...] Denn so mächtig hat mich jene schöne, gescheite, gewichtige geistvolle und evangelische Predigt zu dir hingezogen, die du am Pfingstfeiertag im Gotteshaus der Hl. Jungfrau zu Einsiedeln über den Gichtbrüchigen bei Lukas im 5. Kapitel hieltest; in ihr lebte geradezu die Kraft der Kirchenväter auf. Diese Predigt hat mich dermassen zum Glühen gebracht, dass ich dich, Zwingli, also gleich aufs Innigste lieb zu gewinnen, zu verehren und zu bewundern begann [...] und deiner von Tag zu Tag wachsenden Berühmtheit inne geworden bin [...] gerne möchte ich mich Deiner Führung und Männern deiner Art anvertrauen.»
Natürlich hatte sich Zwingli schon dort voll Ingrimm und Spott und Sarkasmus mit dem Ablassverbreiter Samson beschäftigt. Denn im Sommer 1518 kam dieser Samson in die Eidgenossenschaft, über den Gotthard gegen Uri, anfangs mit kleiner Pracht, hernach aber, als er gegen Zürich kam, führte er wie ein Fürst Diener und Essen und Köstlichkeiten mit sich. Als der Mönch in Schwyz war und seine Geschäfte mit dem Ablass betrieb, predigte Zwingli gegen den Ablasskrämer in Einsiedeln.
Beatus Rhenanus schrieb am 6. Dezember 1518: «Wir haben reichlich gelacht über den Ablasskrämer, von dem du

in deinem Brief ein so beredtes Bild entworfen hast [...] Nein, denke ich, das ist nicht zum Lachen, sondern schon eher zum Weinen. Denn nichts schmerzt mich mehr, als wenn ich sehen muss, wie das Christenvolk allenthalben mit Zeremonien, die nicht zur Sache gehören, ja mit blossen Ammenmärchen beladen wird. Und ich sehe keinen Grund dafür, dass die durch sophistische Theologen irregeführten Priester eben nur Heiden- oder Judenlehre vortragen.»

Es scheint, dass das Interesse der römischen Kurie für Zwingli während seiner Einsiedlerzeit besonders aktiv war. Kardinal Schiner kam mehrmals nach Einsiedeln, predigte dort. Der römische Legat Pucci schreibt in einem Brief am 18.Oktober 1517: «Glarus hat von mir die öffentlichen Pensionen empfangen und die privaten durch die Hände des Herrn Franz Zink. Ich wüsste daselbst niemanden, der speziell der Unsrige wäre, ausser dem dortigen Pfarrer», – eben Zwingli – «der ein rechtschaffener und gelehrter Mann und ein guter Priester ist; gegenwärtig weilt er allerdings in Einsiedeln, nicht weit von Glarus».

War Zwingli im Sommer 1517 noch ein katholischer Priester, der die Messe las und die Beichte abnahm? Seine Entwicklung war doch bereits so weit, dass er eher in all dem, was er gesehen und erlebt hatte, seine Reife wie auch sein evangelisches Glaubensprogramm immer wieder bestätigt bekam.

Dieser Zwingli wurde nun immer mal wieder ins Auge gefasst, wenn irgendwo im Lande eine Pfarreivakanz neu zu besetzen war. Er hatte noch Rücksicht zu nehmen auf seine Absprachen mit Glarus. Auch in Winterthur und Zürich wurden massgebliche Leute auf Zwingli aufmerksam. Der Luzerner Myconius war ein Briefpartner von ihm und lehrte in Zürich am Grossmünsterstift. Kardinal Schiner kannte Zwingli von Einsiedeln oder noch früher von Glarus und hatte ein Interesse, den Anti-Franzosen für Zürich zu unterstützen, gegen einen schwäbischen Konkurrenten. Myconius meinte beruhigend: «Wenn ich recht unterrichtet bin, so wird jener Herr Mär eine Mär bleiben, haben doch unsere Herren vernommen, dass jener Geistliche Vater von sechs Kindern und im Netz von wer weiss wie vielen Benefizien verstrickt ist [...] Glaub mir: Nichts ersehne ich inniger für dich, als dass du zu einem Posten emporkämst, der deiner würdig ist.» Sein Konkurrent lebte im Konkubinat und hatte sechs Kinder. Das Spiel war demnach einfach für Zwingli.

Bereits im Sommer 1518 schrieb der Junker Konrad Grebel an Zwingli voller Begeisterung: «Ich möchte, du kämst auch, so könnte ich am Anblick des Triumvirates Myconius-Zwingli-Vadian eine Zeitlang mich erquicken [...] diesen götterähnlichen Königen! Ich wüsste keinen sonst, den ich aus der ganzen Schweiz lieber in Zürich hätte als Zwingli.»

Der Zürcher Chorherr Heinrich Utinger, zum Kreis der Schweizer Humanisten gehörend, war sehr an Zwinglis Berufung interessiert. Und schiesslich hatte der Einsiedler Leutpriester das Vertrauen einer starken Fraktion von Zürcher Zünftlern, die am Gegner der französischen Pensionsaristokraten vitales Interesse hatten. Der Bürgermeister Markus Röist, in Marignano Feldhauptmann gewesen, war fasziniert von Zwinglis Gelehrsamkeit. Zwingli war ein glühender und kritischer Patriot, war Humanist, hatte eine kraftstrotzende reformatorische Pranke, predigte bereits das Evangelium, versprach also auch eine gewisse prospektive Unabhängigkeit von der Kurie und vom Bischof in Konstanz. Nicht dass die Zürcher Chorherren eine Ahnung gehabt hätten von Zwinglis Schriftprinzip, auch ahnten sie nicht, was Zwingli wirklich vorgehabt hatte. Sogar für Zwingli selbst war wohl der zukünftige Umfang seiner Praktiken und Reformen im Jahr 1518 nicht vorauszusehen.

Doch das ganze Wahlprozedere vermischte und verkomplizierte sich in vielfältiger Weise. Felix Frey wurde mit der Propsteistelle betraut, ein Mann, der mit Dürer bekannt war und der die Künste und die Wissenschaften förderte. Die Konstellation schien also günstig. Zwingli war begehrt, seine wissenschaftliche Bildung war überragend, seine vaterländische Haltung war einwandfrei und gefiel. Nun kam aber eine sittliche Verfehlung Zwinglis zur Sprache. Myconius teilte Zwingli in einem Brief mit: «Du hast hier wohl Gönner, aber du hast auch Tadler, der letztern immerhin nur wenige, der erstern viele und vortreffliche, und niemand allerdings, der deine Gelehrsamkeit nicht zum Himmel erhöbe [...] Bei etlichen schadet dir deine musikalische Liebhaberei; man nennt dich um dessentwillen vergnügungssüchtig und ein Weltkind, wie sie dem sagen. Dann machen dir gewisse Leute deinen bisherigen Lebenswandel zum Vorwurf: du seiest mit Genusssüchtigen zu intim gewesen [...] Da nun war soeben ein Mann bei mir, der mir hinterbrachte, er [Zwingli] habe jüngst mit einem Ammann, weil er dessen Tochter verführt habe, ein Geheimabkommen getroffen [...] Die Rede ist von einer geschändeten Jungfrau [...].»

Das Gerücht erwies sich als begründet. An einer Barbierstochter habe sich Zwingli in seinem letzten Jahr in Einsiedeln vergangen. Er ging ohne Vertuschungsversuch furchtlos auf die Verfehlung ein in einem Beichtbrief an den Chorherrn Heinrich Utinger. Der Brief ist datiert vom 5. Dezember 1518: «Ach! Da bin ich gefallen und dem Hund gleich geworden, der sich zu seinem Auswurf wendet, wie der Apostel Petrus sagt. Oh, mit tiefer Beschämung hole ich dies jetzt wieder aus den Tiefen meines Herzens herauf [...] Es handelt sich um eine seit zwei Jahren übel beleumdete Person. Wenn man in Zürich Mädchen, die mit so vielen Männern Umgang gehabt haben, noch Jungfrauen nennt, wem wird man dann schliesslich Frau oder Hure sagen?» Er schien nicht zu merken, dass die zweifelhafte Tochter seine eigene Moralität infrage stellte. Sein offenes Bekenntnis liess den Schatten kleiner werden. In jener Zeit lebten die Priester durchwegs im Konkubinat, trotz Zölibatbekenntnis. Der Umgang mit sittlichem Gebaren war sorglos. Die Mehrheit der Wahlbehörde ging grosszügig mit dem Beichtbrief um. Die Bedenken hielten die Herren nicht hin.

Zwingli schrieb an Leo Jud nach St. Pilt im Elsass am 17. Dezember 1518: «Neulich haben mich also die Zürcher zu ihrem Pfarrer gewählt, nachdem mir bisher die Herde Christi zu Einsiedeln anvertraut gewesen war, wo sich eine in hohem Ansehen stehende, altehrwürdige und aus ganz Deutschland vielbesuchte Kirche der Mutter Gottes befindet.»

Am 11. Dezember 1518 wurde Zwingli von den Chorherren mit 17 gegen 7 Stimmen zum Leutpriester des Grossmünsters gewählt. Sein Vorgänger rückte zum Chorherrn auf, in die vorgesetzte Behörde also.

Am Sonntag, 1. Januar 1519 bestieg Ulrich Zwingli die Kanzel des Grossmünsters und verkündete, er wolle das Heilige Evangelium des Matthäus auslegen, «durch und durch mit göttlicher Wahrheit und nicht nach Menschenhand». Hier wurde ein reformatorisches Programm mitgeteilt, Predigt nach Schriftprinzip, verstanden als Geistprinzip. Natürlich hatte Zwingli Propst und Kapitel seinen Plan vorher angezeigt und erklärt, «mit der Schrift und nicht nach Menschen Gutdünken [...] Zum rechten Heil der Seelen und zu frommer biederer Leute Unterrichtung». An Weihnachten hielt er in Einsiedeln die Abschiedspredigt. Am 27. Dezember wurde er in Zürich empfangen, stieg im Einsiedlerhof ab, bezog später mit einer Haushälterin seine Amtswohnung «Zur Leutpriesterei» am Grossmünsterplatz.

Glarean schrieb am 13. Januar 1519 euphorisch an Zwingli: «Alle Schweizer jauchzten vor Freude, als sie Deine Beförderung vernahmen.» Am 25. März des gleichen Jahres setzte er hinzu: «Ich billige vollkommen, dass Du nach Zürich gegangen bist, denn ich sehe voraus, dass durch Dich der Christenglaube daselbst nicht wenig gefödert wird.» Glarean wäre zu dem Zeitpunkt selbst gerne nach Zürich gezogen, denn er bewarb sich um eine Chorherrenstelle und hoffte dabei auf die Unterstützung seines Freundes Zwingli. Doch diese Pläne liessen sich nicht verwirklichen. Glarean heuerte 1522 in Basel an. Und ihre Freundschaft kühlte ab und versiegte schliesslich. Glarean stand ganz im Banne von Erasmus, bewunderte und liebte allerdings auch Zwingli.

Zwingli legte das Schwergewicht vom Sakrament auf die Predigt. Er liess sich von der Ehre Gottes leiten, es ging ihm um das Heil der Seelen, und er betonte das Leben der Gemeinde. Er predigte fast täglich, sozusagen am laufenden Band. Er vermittelte der Gemeinde reformatorische Einsicht und Erziehung. Er predigte das Evangelium Mat-

75

thäus, die Apostelgeschichte, Timotheus, Galater, Petrus, Hebräer.

Mit dem Chorherrn Konrad Hofmann focht Zwingli manchen Strauss aus. Der ältere Monsieur hatte dem Bewerber seine Stimme gegeben, aber kaum hatte Zwingli das Schriftprinzip angekündigt, warnte Hofmann ziemlich giftig. Die kommenden drei Jahre sammelte der Chorherr belastendes Material gegen Zwingli. Als Hochmut legte Hofmann dem Leutpriester die Betonung des Schriftprinzips aus. Hergebrachte Satzungen und Ordnungen der Kirche seien unnütz, töricht und kraftlos. Unkeuschheit und Habsucht der Geistlichen würden rücksichtslos ans Licht gezerrt. Die Fürbitte der Heiligen und das Fegefeuer hätten keinen Grund in der Schrift. Der Kirchenbann als Machtmittel der Hierarchie sei verwerflich.

In öffentlicher Rede, in Latein, bestritt der neue Leutpriester auf das Entschiedenste das göttliche Recht des Zehnten, was er ein paar Jahre später zurücknehmen sollte.

Zürich war die lebendigste Stadt der Schweiz. Der Zulauf war ziemlich bald gewaltig, die Debatte war lebhaft und gespannt. In den ersten drei bis vier Jahren entfaltete der Leutpriester aus dem Toggenburg ein ausgreifendes Reformationsprogramm. Nur die Apokalypse überging er, die sagte ihm wenig zu. Die Mystik, ein elementarer Zug in Luthers Charakter, war ihm fast gänzlich fremd.

Zwingli verpflichtete sich zur Verantwortung, engagierte sich für die Auslegung der Schrift, horchte auf die seelsorgerische, soziale und politische Stadtgemeinde. Zürich, ein kleiner hübscher Fleck mit rund 8000 Stadtbewohnern, war nun politische und religiöse Avantgarde. Was hier geschaffen wurde, war bezüglich Tempo und Gründlichkeit gigantisch. Zwingli war voller Tatendrang.

Bereits in den ersten Monaten hatte Zwingli gegen den Ablassverkäufer gewettert. Im Frühjahr 1519 nannte er Rom gleich zum ersten Mal die «grosse Hure», dann auch den Makler der Bischöfe bei Pfründenverträgen. Schon in den ersten Wochen wettert er gegen die Marienverehrung und gegen die Anrufung der Heiligen.

Basler Verleger und Buchhändler brachten jetzt
Luther-Schriften auf den Markt, sie druckten sie selbst
nach, die Humanisten legten sich ins Zeug und förderten
die Werke mit fröhlichem Treiben. Auch Zwingli stimmte nun ein. So wie die Genossen leidenschaftlich Luther
frönten, so mochte sogar Zwingli für den Helden alles
bereiten. Vielleicht waren es ein Dutzend Bewegte, die
mit grosser Entschiedenheit dem Mönch die Aufwartung
machten. Zwingli war ein lebendiger Schweizer Aktivist,
zuverlässig und treu, nichts interessierte ihn mehr als alles Evangelische.
Ins Grossmünster kamen immer mehr Zuhörer und füll-
ten die Kirche. Zwingli wusste noch wenig vom kühnen
Mann in Wittenberg, man wusste jedoch bereits, dass der
Berserker schon seine Thesen an die Pforte geschlagen
und einige Schriften in Umlauf gebracht hatte. Luther ist
im deutschen Bewusstsein seither ein unerreichter Gigant. Er misstraute von Anfang an dem Dialog zwischen
Humanisten, Christen und Juden, den im Gegensatz dazu
Zwingli mit grösstem Interesse verfolgte. Der Mönch rang
um Gott und darum auch mit Tod und Teufel. Gott habe
ihn in das alles hineingeführt «wie einen blinden Gaul».
1510 war Luther nach Rom zu Verhandlungen über Ordensangelegenheiten gereist. 1511 hatte er einen theologischen Lehrstuhl in Wittenberg übernommen. Luther
hatte in seinen frühen Jahren einige sehr schwere Prü-
fungen zu bestehen und hat vor allem durch seine Uner-
schrockenheit und seinen Mut die Menschen fasziniert.
Am 13. Januar 1521 erschien die Bannbulle *Decet Roma-*
num Pontificem. Am 6. März 1521 wurde Luther nach
Worms eingeladen. Er trat vor dem Reichstag in Worms
auf und verweigerte den Widerruf seiner Lehre, verteidigte seine Schriften und seine religiösen Erkenntnisse. An
diesem Wormser Reichstag wurden die Reichsacht und
das Verbot seiner Lehre beschlossen. Danach begann
sein Aufenthalt auf der Wartburg in Eisenach als Junker
Jörg. Luther verstand sich selbst als Prophet, er hatte nach
seiner Überzeugung die Gnade Gottes.
Zwingli war da noch bescheidener. Er war Ende des Jahres 1518 nach Zürich gekommen. Die Basler Freunde
hatten Luther im Kopf und versuchten Zwingli aufzurüs-

ten. Rhenanus schrieb ihm nach Zürich: «Ich freue mich mächtig, mein Zwingli, so oft ich sehe, wie die Welt zur Vernunft kommt und die Träume der Schwätzer abschüttelt und nach der festen Lehre strebt.»

So berichtete am 18. Februar 1519 Capito aus Basel nach Wittenberg: «Die Schweiz und das Rheinland sind Luther wohlgesinnt». Und Rhenanus schreibt: «Veranlasse ihn bitte, den Lucius, dass er Luther-Schriften, vor allem die Auslegung des Unservaters, für das Volk herausgebe, von Stadt zu Stadt, von Gemeinde zu Gemeinde, von Dorf zu Dorf, ja von Haus zu Haus in der Schweiz kolportiere [...] Sorge dafür, dass Martin Luthers Unservater allüberall beim einfachen Volk wie bei den Geistlichen, hauptsächlich auf dem Lande zum Kauf angetragen werde; in Zürich selbst wird ja jedermann auf deine Empfehlung hin kaufen.» Auch Myconius betreibt die Verbreitung der Luther-Schriften, sie seien ja jetzt in allen Händen.

Welchen Einfluss Luthers Schriften auf Zwingli hatten, lässt sich nicht schlüssig beantworten. Natürlich bestärkte Zwingli trotz aller Luther-Bewunderung immer wieder den Tatbestand, dass er vor seinem Bekanntwerden mit Luther den entscheidenden Schritt getan hat und mit der evangelischen Verkündigung begonnen hatte. Zwingli vermisste schon recht früh Besonnenheit und Masshalten an Luther, sein Kopf sei oft zu schnell fertig, er hingegen wolle nicht überstürzt vorgehen. Da sich die katholische Opposition um den Chorherrn Konrad Hofmann zu regen begann, bemühte sich Zwingli um Mässigung im Gemeindegang. Gerade da Hofmann kein dunkler Scholastiker war, sondern eher ein Erasmianer, musste man vorsichtig sein.

Etwa in der Zeit, als Zwingli nach Zürich kam, schlich sich die Pest in die Stadt und setzte sich heimtückisch fest. In Basel waren 2000 Tote zu verzeichnen, bei etwa 10000 Bewohnern, in Schaffhausen 3000 Tote bei 4000 Bewohnern, in Zürich 2500 Tote bei 8000 Bewohnern, in Konstanz waren es 4000 Opfer. Man begrub die Toten in Massengrä-

DIE PEST
1519

bern. An manchen Orten kam man mit dem Wegschaffen der Leichen nicht mehr nach. Auf dem Land verkrochen sich reiche Bürger in den Weinbergen.

In Zürich brach das grosse Sterben im August 1519 aus, in Zwinglis erstem Jahr. Der Pesttag ist vielerorts genau dokumentiert, es ist der 10. August 1519. Ungefähr ein Viertel der Bevölkerung fiel von August 1519 bis Februar 1520 der Seuche zum Opfer. Ende Juli oder Anfang August reiste Zwingli ins Felsbad Pfäfers. Und nach ein paar Tagen brach er seinen Kuraufenthalt ab und kehrte zu seiner Gemeinde zurück, was ihm als vorbildlich ausgelegt wurde.

Eine Weisung der damaligen Zeit hielt fest, dass beim Auftritt einer Pestilenz der Leutpriester seinen Amtsbruder nicht verlassen und sich von seiner Gemeinde oder der Stadt Zürich nicht entfernen dürfe. Zwingli war besonders gewissenhaft und unerschrocken. Noch am 22. September war der Leutpriester noch wohlauf, aber unablässig im Dienste der Kranken. Offenbar ist er etwa Mitte September von der Seuche gepackt worden. Der päpstliche Legat gab dem mit dem Tode Ringenden seinen Arzt als Hilfestellung.

Man weiss, dass Zwingli allerhand Pulver schlucken musste und dass er die Pestbeulen mit Wunden und Pflaster verbunden hat. Er kämpfte einige Wochen gegen die Krankheit. Am 23. November schrieb ihm der hochberühmte Humanist Willibald Pirckheimer aus Nürnberg: «Dein Brief, bester Zwingli, war mir eine grosse Freude, nicht nur, weil ich daraus ersah, dass du meiner gedenkst, sondern auch, weil ich nun, bevor ich von deiner Erkrankung wusste, von deiner Genesung erfuhr. Wäre ich also wegen deiner erschütterten Gesundheit in Betrübnis gewesen, so freue ich mich nun um so mehr über die Wiederkehr deiner Kräfte, und ich wünsche, dass sie nachhaltig und andauernd sein möge. Lasst uns Gott danken, dass er schlägt und heilt, tötet und wieder lebendig macht und dass er deine Seele hart vom Rande des Grabes zurückgebracht hat.»

Am 30. November schreibt Zwingli Myconius nach Luzern: «Ich hab dir nichts zu berichten, was dich besonders interessieren würde, ausser dass nun hoffentlich die

Pest ihre Fangarme in Zürich zurückziehen wird.» Und an Silvester schreibt er ihm erneut: «Es geht mir gut; gestern habe ich endlich das letzte Pflaster vom Pestgeschwür entfernt. Mir tut der Kopf weh vom Schreiben in später Nacht [...] Ich habe inzwischen viele Arzneien gegessen und getrunken, um das Fieber wegzubringen [...] Vom Fieber erhole ich mich zusehends.» Am 4. Mai schrieb er seinem Freund Vadian, dem St. Galler Stadtarzt: «Wegen meiner Gesundheit hätte ich dich sehr gern ins Vertrauen gezogen; denn was mir unsere Ärzte sagen, scheint mir nichts Vernünftiges zu sein. Doch lege ich für diesmal alles zurück, um es dir dann mündlich auseinanderzusetzen.»

Rund zwei Monate lag Zwingli fiebrig, heiss und kalt auf dem Schragen. Doch er konnte sich retten. Die Szenerie war gespenstisch in der Stadt. Von September bis November hat seine Krankengeschichte angehalten. Danach legte er noch eine Kur ein. Es grenzt an ein Wunder, dass Zwingli sich aus der Pest heraus aufraffen konnte. Er verarbeitete seine Erlebnisse im Pestlied.

Hilf, Herr Gott,
hilf in dieser Not!
Mir scheint, der Tod steht an der Tür,
Christus, stell dich entgegen ihm,
denn du hast ihn überwunden.
Zu dir schreie ich.
Ist es dein Wille,
so zieh heraus den Pfeil,
der mich verdirbt,
der nicht eine Stunde lässt
mich haben Ruh und Rast.

Willst du denn doch
mich haben tot
inmitten meiner Tage,
so willige ich gerne ein.
Tu, wie du willst;

DAS PEST-
LIED

nichts halte ich für unannehmbar.
Dein Gefäss bin ich;
stelle es wieder her oder zerbrich es.
Denn, wenn du meinen Geist wegnimmst
von dieser Erde,
tust du es, damit er nicht schlechter werde
oder anderen Menschen nicht
ihre rechtschaffene Lebensführung beschmutze.
Steh bei, Herr Gott, steh bei!
Die Krankheit wird schlimmer;
Schmerz und Beengung erfassen
meine Seele und meinen Leib.
Darum komm zu mir,
einzige Hilfe, mit der Gnade,
die gewiss von den Fesseln löst
jeden, der sein herzliches Verlangen
und seine Hoffnung setzt auf dich,
und dem darum gleichgültig sind
Gewinn und Verlust in diesem Leben.

Nun ist zuende;
meine Zunge ist stumm,
vermag kein Wort mehr zu sagen;
meine Sinne sind alle verdorrt.
Darum ist es Zeit,
dass du meinen Kampf fortan führst,
denn ich bin nicht so stark,
dass ich wirksam Widerstand leisten könnte
dem Fallstrick und frechen Zugriff des Teufels.
Jedoch wird meine Seele dir treu bleiben,
wie immer es auch wüte,
gesund, Herr Gott, gesund!

Mir scheint, ich kehre
unversehrt wieder zurück.
Ja, wenn du der Ansicht bist,
dass der Sünde Glut
mich auf Erden nicht mehr beherrschen wird,
so muss mein Mund
dein Lob und deine Lehre
verkünden mehr als je zuvor,

wie immer möglich ist,
unbefangen ohn jede Arglist.

Wiewohl ich die Strafe des Todes
einmal werde erleiden müssen
– vermutlich mit grösserer Qual,
als es jetzt geschehen wäre;
besser (werde ich dann sterben),
da ich ohnehin schon fast gestorben bin –
so will ich doch Widerstand und Gewalt
in dieser Welt ohne Furcht ertragen
um spätern Lohn mit deiner Hilfe,
du, ohne den nichts vollkommen sein kann.

Heinrich Bullinger hat später dieses Zwingli-Lied umge-
dichtet, um es an Sterbebetten vortragen zu können. Es
gab dann schliesslich mehrere Pestlied-Fassungen, doch
die erste und die überzeugendste Fassung war die von
Zwingli. Es ist ein ergreifendes Gebet, das Gebet eines
stammelnden Mundes, die starke Empfindung, die noch
im hohen Fieber zu Form und Gestalt findet. Nicht von
ungefähr wird Zwinglis Pestlied das erste evangelische
Glaubenslied genannt. Dass Zwingli in der aufopferungs-
vollen Hingabe der Pflege der Pestkranken selbst von der
Seuche ergriffen, dann gerettet wurde, die Seuche über-
standen hat, das hat grossen, langanhaltenden Eindruck
gemacht, bis heute. Sicher wurde Zwingli durch das Pest-
erlebnis irgendwie geläutert.
Es gibt neben dem Pestlied zwei weitere Lieder von
Zwingli, die wir besitzen: das Kappelerlied und der 69.
Psalm.

Trotz der Pest zeigte Zwinglis reformatorische Arbeit bereits in seinem ersten Jahr in Zürich grosse Wirkung. Er
predigte von der Kanzel des Grossmünsters und gewann
fast im Nu die Mehrheit der Bevölkerung. Es hiess bald,
der neue Leutpriester habe grossen Zulauf und sein

BEGINN
IN
ZÜRICH

Einfluss in der Gemeinde nehme zu. Ferne prominente Geister wie der eben erwähnte Humanist Pirckheimer und Albrecht Dürer sandten ihm Glückwünsche. Der Büchsengiesser Hans Füssli, aus dem gewichtigen Zürcher Geschlecht, soll gesagt haben, Zwingli sei ein rechter Prediger der Wahrheit, der sage, wie die Sachen stünden. Die Humanisten, die naturgemäss besonders genau das Geschehen um den neuen Grossmünsterpfarrer beobachteten, meinten, er verkünde Christus unerschrocken standhaft, gerade wie ein Mann des apostolischen Zeitalters.

Zürich hatte im Jahr 1489 seinen damaligen Bürgermeister Hans Waldmann aufs Schafott geschickt; das war wohl ein revolutionäres Zürich gewesen. Eine alte Rechtsordnung war aufgelöst worden. Den Anlass hatte das eigenmächtige Vorgehen des Bürgermeisters Waldmann gegen die Landschaft sowie sein Kampf gegen das einträgliche Geschäft der Truppenlieferung gegeben, das heisst das Reislaufen, das in den Händen einer herrschenden kleinen Oberschicht monopolisiert war. Das war der Grund des Waldmann-Handels, demokratisch gesinnte Bevölkerungsschichten wehrten sich gegen Ansätze zur oligarchischen Regierungsform. Man soll sich deshalb nicht wundern, dass Zwingli anders auftritt als Luther, dessen Reformation gewissermassen eine «Fürstenreformation» war. Denn die Reformation einer Stadtgemeinde vollzog sich als Gemeindebeschluss, nach einer Diskussion der Bürger.

Bisher waren meist auswärtige Kleriker ans Grossmünster geholt worden. Die Stelle eines Leutpriesters galt für einflussreiche Zürcher als wenig attraktiv. Sie stellte hohe Ansprüche, setzte rednerische Fähigkeiten voraus und forderte Hingabe an die seelsorgerliche Pflicht. Und zudem war man öffentlicher Kritik ausgesetzt.

Bereits im Jahr 1521 wurde Zwingli zum Chorherrn befördert, blieb aber weiterhin mit den Aufgaben des Leutpriesters betraut. Sein Gehalt war nicht gerade üppig. Ein Chorherr trat zurück und machte Platz für ihn; so wurde sein Einkommen etwas höher, es betrug 60 Gulden, eingeschlossen einige Naturalzulagen. Die päpstliche Pension von früher betrug 50 Gulden und war also fast so hoch wie das Jahressalär. Im gleichen Jahr war Zwingli so gefestigt und reif, dass er nun die päpstliche Pension ablehnte. Natürlich fehlte ihm dieses päpstliche Geschenk jetzt spürbar. Als man ihm einmal übertriebenen Aufwand vorhielt, spottete er über den Lohn, er sei ein reicher Herr und habe jährlich nicht so viel zu verbrauchen wie ein Wachsoldat.

Da dieser Zuschuss ihn bekümmerte, erklärte er dem päpstlichen Legaten sehr direkt, er werde «von des Gelds wegen päpstlichen Handlungen keine Förderung geben». Er brach aber keineswegs alle seine Brücken ab. Er unterhielt mit dem Walliser Kardinal Schiner, Würdenträger der Kurie, mit dessen Sekretär Sander und auch mit dem Konstanzer Generalvikar Faber noch immer freundschaftlichen Kontakt. Noch im September 1521 nennt der Grossmünsterpfarrer Zwingli den Generalvikar Faber seinen Freund.

Zwingli, so dürfen wir annehmen, traf keine vorschnellen Entscheidugen. Womöglich geprägt von seiner Herkunft als Toggenburger Bauernsohn hat er eine beherzte Nüchternheit, eine gewisse bäuerliche Verschwiegenheit. Er mag stets überlegt haben, wie es weitergeht, wie es weitergehen kann, mag prospektive Überlegungen angestellt, strategisch gedacht haben – und dass es wahrscheinlich verschiedene Wege geben kann oder geben wird, so offen war er. Doch die Zustände der Papstkirche waren sichtbar und hörbar katastrophal, und beinahe all jene, die in diesen Zuständen steckten und darunter zu leiden hatten, hofften auf eine rigorose Änderung, sodass Zwinglis Entschluss immer mehr der Reife entgegensteuerte.

Mit seiner Korrespondenz ist Zwingli im Jahr 1519 vor allem nach Basel ausgerichtet. In Basel sass eine Gruppe von humanistisch gesinnten Leuten, die ihn mit neuen Drucksachen belieferten. Basel war damals die einzige Schweizer Stadt, die eine Universität besass. Diese war Mitte des 15. Jahrhunderts im Rahmen des Konzils gegründet worden und Basel hatte daher den Ruf einer Gelehrtenstadt, doch war die Universität akademisch an die Kirche gebunden.

Zeitweise ging es in den Briefen Zwinglis um neue Werke des jungen Humanisten Ulrich von Hutten. Dieser galt in jenen Jahren als rabiater Gegner der Papstkirche und war ein Star der Zeit. Aber dann habe er, Zwingli, «fast mit Schmerzen die griechischen Bücher herbeigesehnt». An Beatus Rhenanus schrieb er: «Wenn es Dir passt, so siedle zu uns über. Ich habe ein Haus, mit dem im Notfall ein Bewohner Spartas zufrieden sein könnte. Alles steht dir zur Verfügung, und zu allem hinzu auch noch meine Person.» Der selbstbewusste Zwingli schrieb an Rhenanus von einem Mönch, der ihn öffentlich einen falschen Propheten und Messias genannt habe, «wobei es ihn besonders ärgerte, dass ich auch nicht mit Schimpfen vor der Gemeinde je auf ihn zu reden komme [...] Meine Gemeinde-Zuhörerschaft setzt sich zum grössten Teil aus den brävsten Leuten zusammen. Meine Neider aber sind entweder allgemein als schlecht bekannt, oder sie sind zwar äusserlich übertüncht, innerlich aber derart voll wüstem Gestank, dass es keine besonders feine Nase braucht, um sie schon auf grosse Entfernung ganz gut riechen zu können».

Wenn er Grüsse nach Basel sendet, dann immer an den Angeschriebenen, in diesem Fall Rhenanus, sowie sehr ausführlich an die ganze Gruppe, und er erwähnt mit «meinen Grüssen den Froben, Amerbach, Capito, ferner Simon». In einem weiteren Brief an Rhenanus schreibt er: «Unser Probst hat mich mit der Zürcher Jugend in der Griechischen Literatur weiter arbeiten lassen. Doch wie schnell verleiden die, wenn sie nicht durch die dazutretende Behandlung eines grossen Schriftstellers gewürzt werden.»

Am 4. Januar 1520 schrieb Zwingli, wie er Myconius mitteilte, dass er mit Rom schon fertig sei. Mit den Zürcher Chorherren allerdings hatte er noch einen Konflikt auszutragen, nämlich, ob das Recht des Zehnten ein göttliches Recht sei, was Zwingli zu diesem Zeitpunkt bestritten hat. Diese Konflikte sind in diesen Zeiten noch nicht gravierend. Der Luzerner Freund Myconius lässt ihn am 10. Juni 1520 ein schönes Wort eines Freundes vernehmen: «Du jedenfalls bist glücklich zu preisen: nicht nur den Deinen (in Zürich), sondern dem ganzen Schweizer Land bist du zum Nutzen. Jedermann schaut bewundernd zu dir auf. So geht es den Sternen zu.»

Im Mai 1521 lehnte der Stand Zürich auf Anraten Zwinglis
die Soldbündnisse mit Frankreich ab, übrigens mit einer
Volksbefragung, in welcher die meisten Zürcher Gemeinden ablehnten; die übrigen eidgenössischen Stände tra-
ten aber dem Bündnis bei. Man befand sich jedoch mitten in einer Wirtschaftskrise, es war wagemutig, auf die
Einkünfte zu verzichten. Zürich erlitt einen Rückschlag:
Am 17. August 1521 mussten die Zürcher, beauftragt von
der Tagsatzung, die in der Limmatstadt abgehalten wurde, aufgrund eines alten Bündnisses von 1515 dem Papst
noch einmal militärische Hilfe gewähren. Die Zürcher
eroberten für den Papst die Städte Parma und Piacenza.
Wie wohl es ihnen dabei war, schien nach aussen nicht
erkennbar zu sein. Dann aber war das Ende der fremden
Dienste endgültig.

Im Frühjahr 1519, nach wenigen Monaten, die er in Zürich
war, hat Zwingli auf der Kanzel das Thema Heiligenverehrung behandelt und in dieser Angelegenheit als Prediger eine Anleitung gegeben: «Die Anbetung der Heiligen
habe ich verboten, die Anrufung der Heiligen hingegen
wollte ich nicht gerade mit Stumpf und Stiel ausrotten,
sondern habe sie einstweilen noch erlaubt.»

Der neue Leutpriester ist voller Vernunft in der Massgabe
der Verbote, der Schandbarmachung, und er nimmt immer wieder Rücksicht auf alte Gebote und liebgewordene
Gebetspraktiken.

In den ersten Jahren als Leutpriester machte der Chorherr Konrad Hofmann Zwingli mit einer umfangreichen
Klageschrift zu schaffen. Hofmann war eine angesehene, einflussreiche Persönlichkeit und sein Angriff eine
regelrechte Beschwerdeakte. Das Memorandum stand
in starkem Gegensatz zum höchst erfolgreichen Wirken
des Predigers, seinem gewaltigen Zuspruch durch die
Bevölkerung. In einem Brief vom Mai 1522 geht der An-
gegriffene darauf ein: «Schau, da fällt mich von der andern Seite der kleine alte Schwätzer Konrad an, mit einer
gross aufgezogenen, aber getarnten und erlogenen List.»
Die Anklagen enthalten 26 Manuskriptseiten. Hofmann
nimmt Zwinglis Art der Predigt auseinander. Zwingli lasse in seiner Kanzelverkündigung Bescheidenheit und
Mässigung vermissen. Der Leutpriester habe ferner auf

der Kanzel keine Sünden, Laster und Ungebührlichkeiten auszubreiten; Gassen, Trinkstuben, Wirtshäuser und Klöster gehörten nicht auf die Kanzel, mahnt Hofmann. Es wird Zwinglis Diktion bemängelt, er solle langsamer sprechen. Er dürfe keine Schimpfwörter, keine Anzüglichkeiten verwenden, er erwecke sonst beim Volk den Eindruck, er könne wie irgendein Kunz in der Predigt Ernst und Scherz treiben. Hofmann fragt, wohin das führen müsse, wenn Zwingli kleine Sachen so hart bestrafe wie grosse Sünden und Laster. Man habe das Gefühl, er strafe mehr aus Ungeduld, Lust oder Gewohnheit. Man werde den Eindruck nicht los, dass Zwingli sich selbst für gelehrter und weiser halte als andere Prediger und Lehrer. Er möchte vom Volk geachtet werden und sei ein ehrgeiziger Prahler. Es sei schändlich, die heilige Kirche, die heiligen Altväter, die Konzilien, den Papst, die Kardinäle und die Bischöfe zu verspotten, das sei Ungehorsam gegen die Obrigkeit, Uneinigkeit, Ketzerei, Minderung des Glaubens. Auch der Verbreitung des lutherischen Glaubens sollte man sich enthalten.

Natürlich war das eine persönliche Meinung über den von der überwiegenden Mehrheit in der Stadt hoch geschätzten Prediger, der sogar bewundert wurde für seine Gelehrsamkeit und Rhetorik. Zwingli unterliess es, seine Predigten schriftlich festzuhalten, es gibt von ihm keine geschriebenen Predigten, keine Manuskripte, weshalb es schwierig ist, dieses Sündenregister zu überprüfen. Sein Freund Leo Jud, der Leutpriester in der Pfarrei St. Peter in Zürich, hat erst 1539, also acht Jahre nach Zwinglis Tod, beim grossen Zürcher Reformationsdrucker Froschauer die Auslegung des Matthäus-Evangeliums in Druck gegeben.

Über dem Hauptportal des Grossmünsters prangte im Jahr 1523 folgende Inschrift: Die Reformation Huldrych Zwingli nahm am 1. Januar 1519 hier ihren Anfang. Nach den bisherigen Ausführungen ist diese Verkündigung kaum zu bestreiten.

Beginnt die Zwinglische Reformation mit dem Antritt
des Predigers am 1. Januar 1519, da er sich anschickte, das
Evangelium auszulegen? Ist der Beginn der Reformation
mit Zwinglis Zurückweisung des päpstlichen Soldes zu
bestimmen? Oder sind die erste Disputation und deren
Resultat, die Beschlussfassung des Rats, dass Zwingli so
fortfahren kann, entscheidend? Sicher ist, dass sich die
Zürcher Gemeinde ab dem 1. Januar 1519 auf eine wirklich neue, revolutionäre Kraft einzustellen hatte. So vieles
war neu, vom Prediger bis zum Inhalt der Predigt, vom
Wesen des Gottesdienstes bis zu seiner Organisation.

Am 24. Juli 1520 richtet Zwingli an Myconius in Luzern ein
kapitales Schreiben, das seine Überlegungen und seine
Empfindungen kundtut. «Es drückt dich, liebster Myconius, der Gedanke, wohin es mit unserer Zeit wohl noch
kommen wird; ist doch jetzt ein allgemeines Drunter und
Drüber und überall ein solches Durcheinander, dass man
von nichts mehr die ursprüngliche Gestalt zu erkennen
vermag. Ja, es herrscht allenthalben solche Verwirrung,
dass sich nichts hervorwagen darf, ohne dass von der andern Seite das gerade Gegenteil dazu auftauchen würde.
Und mag auch ein scharfsichtigerer Geist neue Hoffnungen fassen, so schwebt ihm doch die damit verbundene
Furcht vor den Augen. Schon längst ist bei allen, die den
Glanz der Bildung lieben, die Hoffnung erwacht, dass
jene gelehrten Zeiten wiederkehren werden, da, wie man
vermuten darf, fast alle insgesamt gelehrt gewesen sind.
Aber diese Hoffnung wird andererseits zunichte gemacht
durch die hartnäckige Unwissenheit, um nicht zu sagen
Unverschämtheit gewisser Leute, die eher alles leiden
wollen, als dass sie einer Spur Gelehrsamkeit und Fein-
heit Zutritt gestatten – natürlich!»
Es wird klar, um was es Zwingli geht, welche seine Feinde und seine Hoffnungen sind. Es ist ein grundsätzlicher,
ernsthafter, analytischer Brief über die Vorgänge, die man
am Beginn der Reformation nicht ernst genug nehmen
kann. Das ist ein Bekenntnis Zwinglis, ausgesprochen
noch bevor er hart herausgefordert wird, in welchem er
in lockerer Briefform eine bewundernswerte Gelehrtheit
und Voraussicht erweist. Er fährt fort: «Wenn du drum
von jenen belästigt wirst, so sag dir nur im Stillen: das

sind die Stechmücken Ägyptens, das die Kananiter, die Pheresiter, die Amoriter, die Hethiter, die Jebusiter, die dich auf ihre Seite hinüberziehen möchten; das sind die, die dir die Krone zu verdienen geben, wenn du gegen sie kämpfst. Ein Kriegsdienst ist des Menschen Leben auf Erden. Mit den von Paulus genannten Waffen ausgerüstet muss drum im scharfen Treffen tapfer kämpfen, wer sich den Ruhm erringen will, diese Welt, die sich wie ein Goliath hoch aufrichtet, mit drei klaren und lautern Steinen zu Boden zu strecken. Und wenn du einwendest und fragst: Was sollen wir denn die unserer Obhut Anvertrauten lehren, wenn wir sehen, dass alle Liebesmüh umsonst ist, da ja doch niemand oder nur ganz Wenige dem Evangelium oder der apostolischen Lehre Gehör schenken?, so antworte ich: Umso eifriger musst du dir Mühe geben, jene köstliche Perle, die von den meisten verschmäht oder verachtet wird und die doch in ihrer eigenartigen Schönheit glänzt, möglichst vielen zu zeigen, damit sie diese lieb gewinnen, alles verkaufen und sie sich erwerben.»

Eigenartig, dass Zwingli in dieser bedrängten Situation des reformatorischen Prozesses seinem Freund Myconius einen derart grundsätzlichen Brief schreibt. Allein schon der Umfang von mehr als sieben Buchseiten muss verwundern bei der Arbeitsbelastung des Leutpriesters. Und das theoretische Niveau der locker geäusserten, ernsthaften brieflichen Bemerkungen ist eindrücklich. Der Brief fährt wie folgt fort: «So werden alle, die auf diesen Felsen gebaut sind, das heisst die für seine und nicht für ihre eigene Ehre kämpfen, ewiglich unverletzt bleiben; weder Tod noch Leben noch Schwert und was sonst der Apostel aufzählt, können sie von seiner Liebe scheiden; sie sind es ja, die Christus ermahnt, seinem Triumphe nachzueifern, wenn er sagt: ‹Seid getrost, ich habe die Welt überwunden.› Was heisst das: ‹Ich habe die Welt überwunden?› Habe ich sie deswegen auch überwunden? Ja, in ihm haben wir überwunden, weil er überwunden hat; aber nur in ihm überwinden wir. Denn wir sind nicht imstande, etwas aus uns selbst zu denken usw.; darum sagte der, der wahrhaftig ist: ‹Seid getrost!›, als wollte er sagen: Wenn ihr alle Zuversicht auf mich werfet, werdet auch ihr überwinden, gleichwie ich überwunden habe; darum seid getrost! [...] Denn auch das will ich dir offen sagen: Ich glaube, wie die Kirche durch Blut zum Leben kam, so kann sie auch bloss durch Blut erneuert werden, nicht anders [...] Was mich betrifft, so bin ich nachgerade völlig gefasst auf alles Böse von allen, Geistlichen und Laien; ich flehe nur um das *eine:* dass Christus mir verleihe, alles mit einem mannhaften Herzen zu tragen, und dass er mich, sein Geschirr, zerbreche oder festmache, wie es ihm wohlgefällig sei [...] Du musst mit dem Durcheinander dieses Briefes gnädig umgehen; denn um mein Haus hat sich ein solcher Lärm zu erheben begonnen, dass ich oft kaum mehr weiss, wo mir der Kopf steht und ob ich nicht anderswohin ausziehen soll, es wäre mir gleich, wo immer hin, wenn ich nur ungestörter Briefe schreiben könnte! Doch behalte dies bitte für dich! Leb wohl in Christus!»

Die letzte Bemerkung verrät uns, wie schwer es Zwingli schon in den ersten Wochen und Monaten in Zürich hatte. Seine moralische und geistige Last muss gewaltig gewesen sein. Er war sich bewusst, vor welcher gigantischen gesellschaftlichen Änderung er stand, er war sich der Widerstände bewusst, er muss gespürt haben, dass vielen die Bequemlichkeiten der alten Verhältnisse ganz genehm waren. Obwohl er als Prediger einen grossen Erfolg hatte, wusste er, dass zwischen dem Anhören einer verbalen Verkündigung auf der Kanzel und der grundsätzlichen praktischen Veränderung eines jeden Einzelnen in seinem Leben ein gewaltiger Unterschied ist. Dass er schon so früh nicht mehr weiss, wo ihm der Kopf steht, dass er sich überlegt, ob er nicht lieber anderswohin ausziehen soll, wo er ungestört Briefe schreiben kann, das ist ein für den heutigen Leser geradezu unerwartet wunderliches, aber auch betroffen machendes Geständnis.

Kirchlich und gesellschaftlich war der moralische Zerfall in der Stadt, vorsichtig gesagt, bedenklich. Die Stadtgemeinde hatte zu Zwinglis Zeiten vielleicht gegen 8000 Bewohner. Erst 1519 hatte sie rund 2000 Bewohner durch

DER MORALISCHE ZERFALL

die Pest verloren. Die Stadt war auf beiden Seiten an den Fluss, die Limmat, gebaut, rechts mit Oberdorf und Niederdorf, zwischen dem heutigen Bellevue und dem Central etwas bevölkerungsreicher als links der Limmat. Die eigentliche Altstadt war jedoch die linke Seite mit der einst römischen Siedlung und dem römischen Kastell, dem heutigen Lindenhof. Was für eine Siedlung! Ein See, zwei Flüsse, Limmat und Sihl, grüne Hügel im Norden und Süden, grosse Wälder, ja auf allen Seiten der Stadt, eine Pracht, diese Stadt-Landschaft und der Stolz der Zürcher.

Dass Zwingli, der sich seit Jahren mit dem von Erasmus herausgegebenen Evangelium befasst hat, an die gesellschaftliche Wirklichkeit andere Massstäbe anlegte als irgendein Stadtbürger, ist einzusehen. Es gibt in seinen Briefen, in seinen Schriften, auch in seinem Wirken zahlreiche Beispiele, die seine unorthodoxe Haltung belegen, ihn deshalb als Fundamentalist zu bezeichnen, würde zu weit gehen. Seine Richtung war das Evangelium, mit welchem doch die alte, die bisherige Kirche und ihre Apparate, ihre Instrumente und ihre Vertreter vergleichsweise wenig zu tun hatten. Das war Zwinglis Handlungsmuster, das war sein Kompass.

Der innerschweizerischen Aristokratie ging es aus Geschäftsinteresse darum, die Pensionen zu verteidigen. Das war wirtschaftlich so bitter notwendig, dass der Zürcher Leutpriester mit seinen Neuerungen für sie eine grosse Gefahr darstellte. Kaum ein Mensch in der gesamten Innerschweiz konnte sich auch nur in Ansätzen vorstellen, auf die Pensionen zu verzichten, etwas an der alten Kirche zu ändern, auf den Schutz des Heiligen Vaters verzichten zu wollen. Es wäre wohl der Einsturz des gesamten wirtschaftlichen Gebäudes der Inneren Orte gewesen.

Andererseits hat die eidgenössische Tagsatzung in den letzten 20 Jahren regelmässig in Zürich stattgefunden. Die ausländischen Gesandtschaften installierten immer häufiger ihren Sitz in der Limmatstadt, so etwa der Walliser Kardinal Schiner oder der päpstliche Nuntius mit seinen Schreibern. Zürich war zu der Zeit die drittgrösste Stadt auf Schweizer Boden, hinter Basel und Genf. Die

Mehrheit der Bevölkerung war Handwerker. Die feine Gesellschaft bildeten die Junker, die Rechtsprechenden, die Grossgrundbesitzer, samt und sonders Mitglieder der Constaffel. Die Basis des neuen Leutpriesters waren die Zünfter, sie waren organisiert in der Stadt, auf sie konnte sich der Leutpriester verlassen. Zwingli selbst war öfters in den Zunftstuben der Schmiede und der Schwertfeger, der Spengler und Waffenschmiede, der Bäcker und Müller, der Weinschenker und Winzer, der Zimmerleute, Maurer, Wagner und Drechsler, der Tuchscherer, Schneider und Kürschner, der Schuhmacher, der Gärtner und Trödler, der Metzger und Viehhändler, der Wollweber und Hutmacher, der Fischer und Schifferleute, der Färber und auch der Krämer. Im Jahr 1489 war die Republikverfassung zugunsten der Handwerker verändert worden, das war die werktätige Bevölkerung, eine, wie sich herausstellte, äusserst günstige Voraussetzung für die Durchsetzung der Reformation. Auch im Grossen und Kleinen Rat sassen mehrheitlich Handwerkermeister, mit denen verstand sich Zwingli gut. Die 200 Ratsmitglieder wurden von den Zünften gewählt. Dann gab es 48 Mitglieder des Kleinen Rats und zwei Bürgermeister. Die Bürgermeister wechselten sich halbjährlich an der Spitze ab. So konnte keiner zu mächtig werden, je nur die eine Hälfte des Kleinen Rats übernahm die politische Führung, die andere Hälfte sass derweil im Wartsaal. Diese Struktur hielt bis 1798. Spannungen blieben aus, auch zwischen dem Leutpriester und den Ratsherren. Selbstverständlich waren im reformatorischen Prozess Entscheidungen von grosser Tragweite zu treffen, da war ihnen der Reformator ein geradezu genialer Ratgeber.

Zürich gehörte kirchlich zum Bistum Konstanz, dieses reichte vom Bodensee bis zur Aare. Bischof war der vornehme, meist friedliebende Hugo von Hohenlandenberg. Er war ursprünglich Gönner von Erasmus und Bewunderer Luthers gewesen, wurde dann aber zu einem entschiedenen Gegner der Reformation. Der als Gegner Zwinglis hervortretende Generalvikar Dr. iur. Johannes Faber aus dem Allgäu focht manchen Strauss aus mit dem Zürcher Leutpriester, ohne ihm je standhalten zu können. Es war die Zeit, in welcher die weltliche Gewalt sich von der geistlichen zu emanzipieren begann, man zog nun Kleriker vor weltliche Gerichte, man besteuerte sie, man verschaffte sich die Oberhoheit über die Pfründe von Klerikern. Auf Stadtboden gab es um 1519 rund 200 geistliche Personen, hier hausten die Dominikaner, die Franziskaner, die Augustiner. Die Frauenklöster waren besser besetzt, ausgenommen das Fraumünster. Überhaupt herrschte in Zürich ein reger kirchlicher Betrieb, Wallfahrten nach Santiago de Compostela, auch nach Rom standen oft auf dem Programm.

Über den moralischen Zustand sind widersprüchliche Einschätzungen im Umlauf. Zürich habe von jeher Mass, habe einen unbefleckten Namen gehalten, meinte Zwingli. Dann wieder zeichnet Heinrich Bullinger in der Nach-Zwingli-Zeit das Bild von Klein-Paris, wo «viel Huren-Volcks und Leichtfertigkeit sich produzieren konnte», also erstaunlicherweise nach den Reformationsjahren. Man dürfe, so Bullinger, sich nicht wundern, woher die Verlotterung komme: vom Reislaufen und von der Pensionenwirtschaft und von den Einflüssen der Fremdenindustrie. Vor 20 Jahren sei in Zürich gut Tagen gewesen, sei viel Freud gewesen, Trinken, Spielen und Hofieren, und die Fürsten und Herren hätten alles bezahlt. Den Zürchern sei der Ruf nachgegangen, sie seien der Trunksucht, der Völlerei, der Rauflust verfallen, es habe kaum eine Ratssitzung gegeben, an welcher es keine Händel gegeben habe. Das Wohlleben gewisser Herren habe in der Vorreformationszeit Hochkonjunktur gehabt. Gegen die gewerblich geübte Unzucht sei niemand eingeschritten. Dirnen und Frauenhäuser seien geduldet worden, der Strassenbettel sei in Blüte gestanden. In den Klöstern habe das Bild einer kläglichen Verwahrlosung geherrscht. Wilde Ehen der Priester seien lange Zeit vor 1519 üblich gewesen. Ein Schweizer Bischof habe für jedes von seinen Priestern gezeugte Kind vier Gulden verlangt und in einem Jahr 1520 Gulden einkassiert. Gleichzeitig habe sich dieser über die vielen Geistlichen beklagt, die in den Wirtshäusern hockten, oder in anderen Kaschemmen Glücksspiele spielten.

Eine witzige und lustvolle, tragikomische Tat war das Wurstessen in der Druckerei von Christoph Froschauer am 9. März 1522. Zwei Wochen später hielt Zwingli eine Predigt, die entschieden belegte, dass die Kirche nicht die kleinste Legitimierung vorbringen konnte, dass es Vorschriften für das Volksleben gebe, weder für Fastengebote noch für ähnliche Verbote. Am 16. April erschien die erweiterte Predigt unter dem Titel «Von Erkiesen und Freiheit der Spysen». «Eine alle Christen vertretende Versammlung der Kirche kann für sich selbst einzelne Festtage und zeitlich befristete Speiseverbote erlassen, sie darf sie aber nicht als allgemeinverbindliches, zeitlos gültiges Gesetz aufstellen.» Es war Zwinglis erste Veröffentlichung. Und sie markierte den Beginn der öffentlichen Auseinandersetzungen in sämtlichen Fragen des Glaubens. Zugleich war das der Ausgangspunkt von Froschauers reger Tätigkeit als Drucker der Zürcher Reformation.

Am Wurstessen nahmen etwa ein Dutzend Personen teil. Man übertrat bewusst die Fastenordnung und die Magd von Froschauer kochte zwei geräucherte Würste. Der Drucker zerschnitt sie in genügend kleine Scheiben und verteilte sie unter den Anwesenden. Es mag zufällig sein, dass Tageszeit, Teilnehmerzahl und Art der Verabreichung an das Abendmahl erinnerte. Unter den Anwesenden befand sich auch Zwingli selbst, der als einziger keine Wurst ass. Zudem gesellten sich auch zwei Geistliche zur Runde, darunter Leo Jud, der wenig später zum Leutpriester der Pfarrei St. Peter gewählt wurde. Es herrschte eine hitzige und fröhliche Stimmung. Der Rat sah sich nun gezwungen, gegen den Festschmaus einzuschreiten.

Zwingli hielt sich zurück, weil ihm bewusst war, dass ein Nachspiel fällig gewesen wäre. Hier kamen sein taktisches Gespür und seine Klugheit zum Ausdruck. Der Bischof in Konstanz forderte eine Untersuchung. Vergeblich! Zwingli schrieb an Myconius im Frühjahr 1522: «Der Bischof von Konstanz hatte einen Weihbischof geschickt und einen Doktor der Theologie, [...] dass sie die Tragikomödie der Fleischfresser aufspielen sollten. Auf niemandes Kopf hatten sie es indes so hasserfüllt abgesehen wie auf meinen.»

Der Reformator rechtfertigte seine Veröffentlichung mit dem Hinweis auf seine Verantwortung als Seelsorger. In einer Zeit, da sich verschiedene Haltungen gegenüber der Fastenfrage herausgebildet hätten, sei es seine Pflicht, die Meinung der Bibel zu Gehör zu bringen. Zwingli stellte fest, dass ein Christ alle Speisen essen dürfe, weil sie für sich genommen weder gut noch schlecht seien. Das gemütliche Wurstessen wurde zur Provokation. Es war eine geradezu geniale Inszenierung. Kleine Rädchen von geräucherter Wurst, aber voller Bedeutung, vollgepackt mit stellvertretenden handfesten Zeichen und Symbolen. Eine Komödie, für jeden verständlich. Und wenn sie als Angriff auf die Fasterei gedacht war – sie blieb folgenlos. Im Grunde brachte Zwingli mit diesem Kleintheater die Kirchenhoheit jetzt schon in die Hand der Stadt Zürich. Der Bischof war bereits ausgeschaltet. Umso mehr, als der Leutpriester seit Anfang des Jahres mit seiner Geliebten Anna Reinhart im Konkubinat zusammenlebte. Um die Provokation nicht zu weit zu treiben wurde die sanktionierte Heirat vorderhand noch um zwei weitere Frühjahre verschoben.

Zwingli war der Überzeugung, dass im ganzen Bistum die Lehre Jesu nirgends so wie in Zürich gelebt werde, in der ganzen zerrissenen Eidgenossenschaft blühe der innere Friede nirgends so herrlich wie in Zürich. Im Prozess der Reformation stellte sich der Zusammenhang von reichsstädtischem Bemühen und politischem Freiheitsbewusstsein klar zur Schau. Die Räte verstanden oft die Reformationsprozesse, die durch ihre Entscheidungen beschlossen wurden, nicht oder erst später.

Kurze Zeit darauf reichte Zwingli mit zehn Mitunterzeichnern beim Bischof in Konstanz eine Bittschrift um Freigabe der Priesterehe ein. Auch diese Anfrage oder Bitte blieb unbeantwortet. Und gleichzeitig schickte er eine «Freundliche Bitte und Ermahnung an die Tagsatzung der Eidgenossen» mit dem gleichen Inhalt. In dem Schreiben wies er nach, dass das Zölibat nirgends in der Bibel zu finden sei. Ehe oder Ehelosigkeit müsse jeder Priester für sich frei entscheiden. So hatte denn Zwingli sich bereits Ende 1522 heimlich mit der schönen Anna Reinhart verlobt, 1524 vollzogen die beiden den Schritt nun auch öffentlich. Anna Reinhart war die Witwe des 1517 verstorbenen Junkers Hans Meyer von Knonau. Sie brachte drei Kinder mit in die Ehe und gebar Zwingli vier weitere Kinder. Man blieb höflich und fragte beim netten Bischof an, auch bei der Tagsatzung, aber man war längst selbstständig und so selbstbewusst, dass man wusste, was man wollte und keine Bewilligung brauchte.

Noch war aber die Auseinandersetzung um den Fastenbruch nicht ausgestanden. Konstanz entsandte eine Kommission, die sich vom 7. bis 9. April in Zürich aufhielt und mit den Organen der Stadt Beratungen abhielt. Der Grosse Rat setzte jedoch durch, dass der Leutpriester bei den Verhandlungen aktiv anwesend war. Somit bekam Zwingli die Gelegenheit, vor den politischen Behörden und als Antipode der bischöflichen Vertreter seine Meinung zum Gegenstand zu entwickeln. Die endgültige Entscheidung zur Fastenfrage wurde vertagt. Es war aber nur noch eine Formsache. Zwingli machte einen weiteren Schritt zur Festigung seiner Position. Die bischöfliche Delegation kehrte mit leeren Händen an den Bodensee zurück. Aber schliesslich machte die schöne Botschaft die Runde, Freunde der Innerschweiz wollten den Leutpriester entführen. Bürgermeister und Kleiner Rat der Limmatstadt nahmen die Zügel straffer in die Hand. Die Rolle des Bistums blieb jedoch diffus. Entscheidend war wohl, dass Zwinglis Blick immer auf die Gemeinde gerichtet war.

In Zürich beaufsichtigte der Rat die Klöster. Diese waren somit ein Teil der Gesellschaft und die Mönche gesellschaftlich von Bedeutung. Was gerade geschehen war im Namen des Evangeliums und was auch von den Mönchen genau verfolgt wurde, das wurde in Konstanz und in Rom als Angriff auf die Autorität der Kurie verstanden, und zwar rechtlich oder politisch und auch kirchendogmatisch.

Der alte Herr Konrad Hofmann führte seine Polemik punktgenau gegen die Person Zwingli. Er bot eine Dis-

KAMPF MIT DEM MÖNCHS-WESEN

putation an zum Thema «Schriftprinzip oder Traditions-
prinzip?». Zwingli ging nicht darauf ein. Hofmann hoffte,
es gelänge ihm zu erreichen, dass der Grosse Rat Zwingli
absetzen würde. Er sprach von böhmischer Ketzerei –
womit der Grossketzer Jan Hus gemeint war –, einer scho-
ckierenden Änderung der Kirche und des Kultes. Man lud
ein paar der radikalsten Anhänger des Leutpriesters vor,
stellvertretend und erliess ein Verbot, gegen die Mönche
zu predigen, doch das schien niemanden zu kümmern.
Zwingli hielt nicht viel von den Mönchen, die Mehrzahl
der Priester und Mönche sei faul, ungebildet und geldgie-
rig, die kirchlichen Festtage vom Geiz der Priester erfunden, der Papst sei nichts als ein weltlicher Fürst.

Konrad Grebel und einige weitere Heisssporne unterbra-
chen und störten Predigten von Ordensangehörigen. Bet-
telordensmitglieder hatten im Sommer 1522 mehrmals
zu Zwinglis Kritik an der Heiligenverehrung Stellung genommen und teils dagegen polemisiert. Man versuchte
so den Rat endlich zu ermuntern, für Zwinglis Haltungen
Partei zu ergreifen. Vor der Disputation setzte man eine
zusätzliche Disputation an, bei der es um den Predigtin-
halt der Bettelmönche gehen sollte. Der Rat verpflichtete
die Orden dazu, ihre Predigt schriftgemäss zu halten. Sie
sollten von nun an das Evangelium verkündigen und die
Scholastiker draussen lassen.

Ein Ratsausschuss hatte nun erstmals in einer theologischen Angelegenheit die Richterfunktion übernommen.
Die Ordensleute hatten schon seit über 100 Jahren immer
strengere Kontrollen der Behörden zu spüren bekommen. Sie waren im Griff der Zweihundert.

In diesem Sommer 1522 betrat der Barfüssermönch
François Lambert aus Avignon die Zürcher Bühne. Im
Fraumünster hielt der des Deutschen Nichtkundige vier
Predigten in Latein und hatte grossen Zulauf. Er hatte einen prominenten Zuhörer, und dieser liess sich als Leutpriester die Gelegenheit nicht entgehen, Lambert zu unterbrechen mit den Worten: «Bruder, da irrst du!» Danach
kam es am 17. Juli zu einer Disputation, die geschlagene
vier Stunden dauerte. Zwingli brachte das Alte und das
Neue Testament in lateinischer und griechischer Sprache
vor. Am Ende war Lambert fromm und zahm, hielt seine

Hände demütig zusammen. Bei den Marburger Streitgesprächen über die Abendmahlslehre zwischen Luther und Zwingli im Jahr 1529 wandte sich der inzwischen evangelisch gewordene Lambert ganz dem Zürcher Leutpriester zu. Unter Zwinglis Einfluss hatte er 1523 seinen Barfüsserorden verlassen. Er studierte dann in Wittenberg, heiratete und wurde Professor an der Universität Marburg.

Mit den Nonnen im Kloster Oetenbach beschäftigte sich der Reformator in seiner Schrift *Von Klarheit und Gewissheit oder Untrüglichkeit des Wortes Gottes.* «Siehe, wer ist jemals grösser auch in der Welt, als Christus? Alexander und Julius Cäsar sind gross gewesen, und doch hat keiner von beiden auch nur den halben Umkreis der Welt unter sich gehabt, oder wenigstens der eine kaum den halben, und zu Christus sind sie gekommen vom Aufgang und Niedergang der Sonne, die an ihn geglaubt haben. Ja, die ganze Weite der Welt hat an ihn geglaubt und hat ihn als den Sohn des Höchsten gerühmt und erkannt, und sein Reich hat kein Ende.»

Mit den anderen Orden setzte er sich in der Form eines Streitgesprächs vor dem Rat auseinander. Der Grosse Rat sprach sich jetzt zum ersten Mal öffentlich für das von Zwingli vertretene Schriftprinzip aus. Jetzt war auch die Zeit reif für eine grundsätzliche Auseinandersetzung mit der kirchlichen Behörde. Als Bischof Hugo von Hohenlandenberg am 24. Mai eine «Ermahnung» an das Stiftskapitel geschickt hatte, antwortete Zwingli mit einer Verteidigungsschrift unter dem Titel *Apologeticus Archeteles,* die von hoher Schlüssigkeit und argumentativ von grosser Überzeugungskraft war. Er hielt am 14. September 1522 in seiner ehemaligen Gemeinde Einsiedeln die Festpredigt, wohl zum letzten Mal in der Innerschweiz. Das hatte er nur seinem freundschaftlichen Verhältnis zum Verwalter des Klosters zu verdanken.

Im August 1522 wertete der Rat die Stellung seines Leutpriesters auf. Zwingli wurde vom Lesen der Messe und dem Abnehmen der Beichte entbunden, also vom alten katholischen Teil seiner Arbeit, und wurde alsdann vor allem für Predigten eingesetzt. Der Rat forderte ihn sogar auf, im Kloster Oetenbach zu predigen, dabei war doch dieses Amt dem Predigerorden vorbehalten. Das Jahr 1522 hat enorm viel geklärt im Rahmen des reformatorischen Prozesses: die Fastenordnung, die Heiligenverehrung, die Stellung zu den Mönchsorden und die Priesterehe. Noch vor dem neuen Jahr unternahm Zwingli einen ziemlich kühnen Vorstoss bei den Behörden der Eidgenossenschaft. Er machte den Versuch, sie für seine Kirchenpolitik zu gewinnen. Das kreuzte sich mit den Ergebnissen rund um die fremden Solddienste, vor allem mit der besonders hohen, verlustreichen Niederlage der Innerschweizer Söldner im französischen Dienst gegen die Kaiserlichen in Bicocca. Zwingli erliess eine dringende Mahnung: «An die ältesten Eidgenossen zu Schwyz, dass sie sich vor fremden Herren hüten [...] Unsere Vorfahren haben nicht um Lohn Christenleute totgeschlagen, sondern allein um der Freiheit Willen gestritten. Das Reislaufen stammt nur vom Eigennutz, es führt den Zorn Gottes herauf, bringt Korruption, Hass, Sittenlosigkeit und Abhängigkeit. Das alles ist belegt mit zahlreichen Stellen aus der bussfertig evangelisch verstandenen Heiligen Schrift und reich illustriert mit Beispielen aus der griechisch-römischen und der Schweizer Geschichte.» Die Landsgemeinde in Schwyz lehnte daraufhin die fremden Bündnisse überraschend ab. Aber nur ein paar Wochen später wurde das Verbot wieder aufgehoben.

Im Rahmen dieser Zeiten des Umbruchs gilt es auch, über den Generalvikar Johannes Faber ein Wort zu verlieren, der aus Rom zurückgekehrt war und nun für einen weit härteren Umgang mit Zürich sorgen sollte. Wie Kardinal Schiner hatte er ursprünglich zum freimütigen Humanistenkreis gehört. Er hatte um Zwinglis Freundschaft geworben, ihn im Frühling 1520 in Zürich aufgesucht, wollte ihn als Begutachter seiner Schrift gegen die Wittenberger Luther und Karlstadt einsetzen, schickte ihm auch seine Predigtsammlung. Zwingli ging nicht auf ihn ein, misstraute ihm. In Rom wurde er zum gegenreformatorischen Vorkämpfer. Nun war er zum Hauptfeind Zwinglis avanciert. Seine Lieblingsvokabeln waren Zucht, Ketzerei, Disziplin, Einheit der Kirche, Seelenverderbnis, Gottlosigkeit, kirchenschänderische Untaten. Es konnte nicht mehr lange dauern, da war Zwingli seinen scharfen Hund los.

Zwingli hatte selbst beim Rat die Disputation vorgeschlagen oder verlangt. Die Bevölkerung der freien Reichsstadt
Zürich war äusserst empfindlich gegen Verketzerung,
auch gegen Beleidigungen, Verdächtigungen und Verleumdungen. Zwingli hatte ein feines Sensorium, er spürte, dass er in die legale Offensive gehen musste, um diesem Missstand der Lügen und Angriffe Herr zu werden.
Und der Rat hatte das Bedürfnis, das Klima der Feindse-
ligkeit, der Beschuldigungen einzudämmen. Er hatte den
Stadtfrieden zu wahren.

Am 3. Januar 1523 machten Bürgermeister, Kleiner und
Grosser Rat die Ausschreibung zur Disputation. Aufgebo-
ten, am 29. Januar 1523 ins Rathaus zu kommen, war die
gesamte Geistlichkeit aller Gebiete und Pfründen auf zür-
cherischem Boden. Der gnädige Herr Bischof von Konstanz war sogenannt angezeigt, und er möge sich eventuell
vertreten lassen: Die Disputation werde deutsch geführt,
denn es handle sich nicht um eine akademische Disputation, sondern um ein bürgerliches Rechtsverfahren, und
sein Zweck sei, dem unsicheren Gerede ein Ende zu bereiten und dafür jedermann die offene Gelegenheit zu geben, den evangelischen Predigern ihre Irrlehren nachzuweisen. Dies aber müsse mit «wahrhafter und göttlicher
Geschrift geschehen». Rechtlich bezeichnet sich der Rat
für beide Parteien und für jedermann als Schiedsrichter, das sei die gemeinsame Grundlage. Theologisch war
das Schriftprinzip aber grundsätzlich klar, das war die
Grundvoraussetzung, denn es ging doch um die Streit-
frage: Gottes Wort oder menschliche Tradition. Die einladende Behörde wolle dann zusammen mit einigen Gelehrten über das weitere Vorgehen entscheiden. Das war
eine einladende Programmation.

Tatsächlich, diese Disputation ist ein grossartiges Vorgehen, nicht hoch genug einzuschätzen, ein demokrati-
scher Akt sondergleichen, auch wenn es nicht wirklich
demokratisch zu und her gegangen ist, dafür war Zwingli
zu überlegen und die meisten Geistlichen zu schwach. Im
Zürcher Rathaus also sassen 240 Ratsmitglieder und rund
400 Geistliche, dazu eine Viererdelegation aus Konstanz
unter der Leitung von Generalvikar Faber, ausserdem einige weitere ausländische Gäste. Bürgermeister Markus

Röist sagte in der Eröffnungsansprache, dass der Disput sich nicht allein um allgemein aktuelle Glaubensfragen drehen solle, sondern im Besonderen auch um Zwinglis Predigt. Und er fügte hinzu, weil Zwingli sich immer wieder bereit erklärt habe, Rechenschaft abzulegen, hätten ihm Bürgermeister und Rat diese Disputation bewilligt. Wer etwas gegen Zwingli vorzubringen habe, der könne und müsse das hier und jetzt mit der Bibel tun. Damit war Zwinglis Lehre eindeutig als Grundlage fixiert und zudem als Gesprächsgegenstand festgehalten.

«Wenn ihr denn behaupten wollt, wir lehrten die evangelische Lehre nicht recht, so versucht das nicht mit Drohungen, Schmeicheleien, Hinterlist, Gewalt, sondern in offenem Kampf der Heiligen Schrift und in öffentlicher Versammlung», hatte Zwingli dem Bischof geschrieben. Zwingli verfasste 67 Thesen, auch Schlussreden genannt, auf den letzten Drücker. Eine Art Religionsprogramm, Kultus und Sitte in einem, ein Entwurf zum Aufbau des Schriftprinzips, man könnte auch sagen, es sei der Entwurf eines Staatsmanns, der mit dem Prediger eins ist, gedacht für die Gemeinschaft, für den Kultus und verbindlich für die Gesellschaftsordnung. Oder, anders gesagt, ein grosser Freiheitsbrief: Freiheit von Ablassbriefen, Wallfahrten, von Fasten, Feiertagen, Weihwasser, Orden, vom Zölibat, ein Votum für die Priesterehe.

Zwingli sass an einem besonderen Tisch im Rathaus, vor sich die Bibeln aufgeschlagen in lateinischer, griechischer und hebräischer Sprache. Er hat eine Art Einleitungsreferat gehalten. Die Versammlung war überfordert, das geistliche Personal war schlecht gebildet, die Debatte matt. Es entstand eine lange Pause, niemand begehrte, das Wort zu ergreifen. Sowohl der Bürgermeister wie auch Zwingli ermunterten die Anwesenden. Da meldete sich ein Pfarrer mit einer Anbetung der Maria. Zwingli griff sogleich in die Debatte ein über die Heiligenverehrung. Aber es kamen keine gewichtigen Voten. Der Priester von Schlieren rief in den Saal: «Ich bin zu arm, mir eine Bibel zu kaufen.» Man stelle sich das vor, diese Geistlichen hatten meist nicht einmal eine Bibel.

Die Versammlung staunte über Zwinglis Wissen und Dialektik, blieb aber beinahe stumm. Niemand nahm zu den 67 Thesen Stellung. Auch Faber nahm weder zur Grundsatzkritik noch zu den vielen Einzelgeboten wie Priesterehe, Kultus oder Predigt kritisch Stellung. Nein, es wurde keine neue Kirche gegründet. Was hier im Rathaus geschah, war ein tiefgreifendes Gemeinschaftserlebnis mit Genossenschaftscharakter.

Zwingli führte seine 67 Thesen mit den Worten und folgenden ersten beiden Artikeln ein: «Ich, Huldrych Zwingli, bekenne, dass ich diese nachher angeführten Artikel und Meinungen in der löblichen Stadt Zürich gepredigt habe, auf Grund der heiligen Schrift, die theopneustos – d.h. von Gott inspiriert – heisst, und ich anerbiete mich, gemäss der heiligen Schrift diese Artikel zu verteidigen und mich, falls ich die heilige Schrift nicht recht verstünde, eines Andern belehren zu lassen, doch nur aus der heiligen Schrift.

1. Alle, die sagen, das Evangelium gelte nichts ohne die Bestätigung der Kirche, irren und schmähen Gott.

2. Summe des Evangeliums ist, dass unser Herr Christus Jesus, wahrer Gottessohn, uns den Willen seines himmlischen Vaters kundgetan und uns mit seiner Unschuld vom Tode erlöst und mit Gott versöhnt hat.»

Die weiteren Themen, welche Zwingli in seinen Thesen behandelt, sind: Von der Messe. Von der Fürbitte der Heiligen. Von den guten Werken. Vom Gut der Geistlichen. Vom Speiseverbot. Von den Feiertagen und Wallfahrten. Von Kutten, Kleidung und Abzeichen. Von Orden und Sekten. Von der Ehe der Geistlichen. Vom Gelübde der Keuschheit. Von dem Bann. Von unrechtmässigem Gut. Von der Obrigkeit. Vom Gebet. Vom Ärgernisgeben. Vom Vergeben der Sünde. Vom Fegfeuer. Von der Priesterschaft. Vom Abstellen von Missbräuchen.

Am Mittag gab der Bürgermeister kund: «Meine Herren sind müde, zu sitzen.» Man blies zur Mittagspause. Schiesslich liess sich zur Wiedereröffnung nach Tisch der Bürgermeister mit folgender schwerwiegenden Botschaft hören: «Bürgermeister, Grosser und Kleiner Rat der Stadt Zürich erkennen sich, das Volk erkennt sich und ist ihr ernstlich Meinung, dass Meister Ulrich Zwingli fortfahren und hinfür wie bisher das Heilige Evangelium und die rechte göttliche Schrift nach dem Geist Gottes seines

Vermögens verkünde.» Alles Schmähen und Verketzern wurde bei Strafe untersagt.

Generalvikar Faber machte nochmals einen Versuch. Vergeblich. Er sprach der Versammlung die Rechtmässigkeit und Kompetenz ab, nahm aber dennoch, wenn auch matt, an der Debatte teil. Faber wich aus, verschanzte sich, er habe Zwinglis 67 Thesen nicht gelesen. Zum Zölibat sagte er, seit 1200 Jahren habe man in der Kirche den Geistlichen keine Ehefrau gestattet. Zwischenruf eines Ratsherrn: «Aber Huoren hat man wohl erlaubt!» Ja, Generalvikar Faber weigerte sich, auf einzelne Punkte einzugehen und erklärte, das sei Sache grosser Universitäten oder eines Kirchenkonzils. Zwingli widersprach, das Neue Testament liege jetzt in den Volkssprachen vor, alle besässen jetzt Gottes Wort, deshalb seien sie nun in der Lage, über diese wichtigen Streitfragen zu entscheiden. Die altgläubige Delegation hatte nichts mehr vorzubringen, sie kehrte nach Konstanz zurück. Zwingli hatte einen vollendeten Triumph errungen. Das war der Durchbruch.

Rat, Leutpriester und Chorherren wuchsen zusammen. Die Veranstaltung hatte den Charakter eines Konzils, oder es war vielleicht die Gründungsveranstaltung der evangelischen Kirche in Zürich, oder die erste evangelische Generalsynode. Für die Katholiken bedeutete sie jedenfalls eine eigentliche Revolution. Zwingli war als Reformator absolut unabhängig von Luther. Mehrmals gab Zwingli zu Protokoll, er habe im Jahr 1516 das Evangelium zu predigen begonnen, da habe in der Eidgenossenschaft noch niemand von einem Martin Luther gehört. Und im Jahr 1525, im Jahr des Deutschen Bauernkriegs, schied sich Martin Luther von der humanistischen Bewegung.

Der Pfarrer von Crailsheim, Adam Weiss, hatte Grund, Zwingli zum Ehrentag des Stadtstaats des Zürcher Volkes zu beglückwünschen: «O du Glücklicher, dem ein solches Volk und Land beschieden ist!» Die Entscheidung der grossen Versammlung für die Reformation erregte Aufsehen über die Schweiz hinaus.

Am 14. Januar schrieb Zwingli an den Basler Johannes Oekolampad: «Wenn du willst, wird dir der Überbringer des Briefes mündlich über unser Turnier [die Disputation] berichten, das durch Ratsbeschluss angesagt ist.

Man gab das Gerücht herum, der Konstanzer Vikar werde erscheinen. Gebe Gott, dass er nicht daran verhindert wird, damit Rom und Konstanz nicht um die gewohnten Siege kommen, die sie nämlich bisher davon zu tragen pflegten.»

Was sich da eben abgespielt hatte, war von grösster Tragweite für die Stadt, für Zwingli und für die Geistlichen, die in ihrer Hilflosigkeit auf der Versammlung beinahe allesamt schwiegen. Schiedsrichter waren die Räte, entschieden haben sie im Namen der Stadtgemeinde. Es wird wohl schwer sein, deren Einschwenken auf ihren geistlichen Führer ganz zu verstehen. Das Ausmass der Konsequenz wird den Räten wohl nicht vollständig klar gewesen sein.

Bisher hatte in der Kirchengeschichte die Predigt eigentlich kaum Gewicht. Das Zeremonielle überwog bei Weitem. Erst Zwingli machte die Predigt zum Kern des Gottesdienstes. Zwingli war vor allem am Wort interessiert, dem Wort Gottes. Nicht einmal Musik konnte er in seiner Radikalität dulden, er, der Musikliebhaber war.

DER PREDIGER

Von weit über tausend Predigten von Zwingli haben sich nur gerade acht erhalten. Und keine einzige ist so erhalten geblieben, wie der Prediger sie gehalten hat. Denn Zwingli predigte immer frei, er schrieb lange keine einzige Predigt als Vorlage auf. Er schien die Predigt als gedankliche Meditation gebaut zu haben. Bat jemand um die Vorlage zu einer Predigt, so antwortete er, er habe nie seine Predigten zu Papier gebracht, worüber sich nur derjenige wundern könne, der nichts von seiner Arbeit wisse.

Zwingli war in der Bibelkenntnis so sattelfest, dass er die Predigten leichtfüssig und logisch formte. Berchtold Haller in Bern verlangte von ihm seine Predigten zum Matthäus-Evangelium und bekam von Zwingli den Bescheid, er wolle versuchen, seinen Wünschen gerecht zu werden. Das konnte er nur, indem er seine Rede aus der Erinnerung rekonstruierte. Und als der Landgraf von Hessen, ein Anhänger Zwinglis, um eine nachträgliche Niederschrift seiner Predigt in Marburg bat, antwortete der Reformator, er hoffe, sein Gedächtnis lasse ihn nicht im Stich.

Am 5. März 1522 hörte ein unbekannter Innerschweizer im Grossmünster eine Predigt von Ulrich Zwingli, die ihm so tiefen Eindruck machte, dass er sie anhand von Notizen nachträglich aus dem Gedächtnis niederschrieb. Zwingli arbeitete einige seiner thematisch wichtigsten Predigten im Nachhinein zu mehr oder weniger umfangreichen Schriften aus. Nie betrieb er das umgekehrte Verfahren. So nahmen denn meist seine Schriften eine plastische, mehr oder weniger rhetorische Form an. Kanzelwort und Wort des Autors Zwingli wurden so nie zwei unterschiedliche Angelegenheiten.

Er hatte eine Abneigung gegen gekünstelte Formen. Er pflegte inhaltliche Klarheit, Verständlichkeit und eine gewisse Volkstümlichkeit der Sprachbilder, Reichtum in den Gleichnissen, er holte sie mit grosser Leichtigkeit aus seiner Beobachtung wie auch aus der klassischen Literatur. Ausserdem fügte er aktuelle Beispiele und witzige Bemerkungen an. Einmal hatte er sich versprochen und führte Zeus statt Gott an. Das war wohl auf seine humanistische Altertumsbildung zurückzuführen. Für das Paradies führte er ein andermal den Olymp an.

Das Messkleid war ihm als Pfarrer absolut fremd. Die Zeiten der Verkleidung seien vorbei, meinte er. Zwingli tat seinen Dienst in der Kirche in gewöhnlichem Mantel, einer Art Gelehrtenmantel, der ihn doch vom gewöhnlichen Bürger unterschied. Schlichtheit und Nüchternheit waren auch im Gottesdienst angemessen, Geschraubtes war ihm verpönt. Einer seiner regelmässigen Zuhörer berichtete, dass Zwingli zunächst die letzte Predigt rekapituliert habe, worauf er dann den Text zum neuen Thema der aktuellen Predigt vortrug. Gelegentlich habe der Prediger eine Disposition vorausgeschickt. Er meinte, es werde allzu reichlich doziert. Es gehe aber darum, in aller Nüchternheit den eigentlichen Sinn zu ergründen und die dunklen Stellen der Schrift aufzuhellen.

Zwingli verfasste seine Bücher in oberdeutscher Schriftsprache, so sicher bediente er sich auch mündlich in der Predigt dieses Schriftdeutschen. Er nahm gelegentlich einen träfen Dialektausdruck in den Mund. Aber seine

Predigt war nicht in gelehrtem Theologenjargon. Was die Veranschaulichung anging, so waren seine Sätze prall gefüllt mit plastischen Proben von herrlichen Redewendungen. Man trifft etwa auf die Wendung: «Hier liegt der Schalck hinter dem Hag.» Oder: «Man hat dem Teufel in die Karten geschaut.»

Von Anfang an fiel den Zürchern auf, wie direkt die Predigt klang. Zwingli beleuchtete die konkreten Zustände mit Scheinwerfern. Auf der Kanzel nahm er auf niemanden Rücksicht, weder auf Papst, Kaiser noch König, weder auf Herzöge oder Fürsten noch auf Herren der Eidgenossenschaft, schon gar nicht auf Pensionsbezüger. Man hörte von Zwingli scharfe Worte gegen die Laster, namentlich auf die Pensionäre, die Unterdrücker der Armen, die Verschwender und Müssiggänger. Grössere Beschwernis sei selten auf die Menschen gekommen als durch den grossen Haufen der Geistlichen, auf Pfaffen, Mönche und Nonnen. – Und da hätte man in der Predigt nicht ganz deutlich werden dürfen?

Er hatte ausgesprochenen Sinn für Humor und mochte witzige Bemerkungen und lustige Intermezzi sowie eine entspannte Stimmung in der Kirche. Natürlich gab es immer wieder Hörer, die solches Scherzen auf der Kanzel ungehörig fanden. Chorherr Konrad Hofmann hat genau das auch vorgebracht in seiner Klage: Dem Prediger gezieme es nicht, seine ernste Rede mit Possen, Scherzen und Witzchen zu garnieren. Zwingli aber fand, es sei mehr als positiv, wenn dann und wann in der Kirche ein Schmunzeln über die Gesichter husche. Einem Pfarrer, der sich schwer vom Sakrament der letzten Ölung trennen mochte, sagte er, er soll doch das Öl für den Salat verwenden oder sich damit salben, wenn er Gliederschmerzen habe. Über die vom Papst versprochene Reform an Haupt und Gliedern machte er sarkastische Bemerkungen: Auf dem Konzil zu Basel haben sie dem Kaiser und den Fürsten folgendes versprochen: «Der Geistliche darf kein kurzes Kleid tragen und keine weiten Ärmel. Ein Kardinal darf nicht mehr als dreissig Leben haben. Ein Träger eines geistlichen Amtes darf keine Konkubine haben. Die Haare und den Bart soll er einmal pro Monat scheren. Aber die Lehre Christi soll er nur kurz oder gar nie erwähnen.» Zwingli schloss mit dem scharfen Satz: «Und derlei Altweiber-Geschichten wagen sie eine Reformation der Kirche zu nennen!» Über die Wahrsager und Sterndeuter machte er sich in den Predigten lustig: «Sie sind bisher tüchtig neben der Sache gefahren: sagten sie kalt, so musste man vor Hitze ersticken, sagten sie warm, so musste man am Feuer verbrennen.»

Am 21. Mai 1519, in seinem ersten Jahr in Zürich, gab Zwingli in einem Brief zum Besten, welchen Eindruck er als Prediger auf die Zürcher machte: «Die Sache lässt sich so übel nicht an. Ins Gesicht schmähen mich nur wenige, abgesehen von dem einen Mönch, der mich öffentlich einen falschen Propheten und Messias nannte, weil ihn das besonders ärgerte, dass ich nie auf ihn zu reden kommen wollte vor der Gemeinde, das heisst in der Predigt, und wenn es doch nur mit einem Schimpfwort wäre!»

Der Chorherr Konrad Hofmann fand, der Prediger halte auf der Kanzel zu wenig Mass. Er stichle zu viel. Er werde zu persönlich. Er rede zu viel über Sünden und zu wenig von Besserung. Er bringe seine eigenen Sachen vor. Er kritisiere in abstossender Weise Begebenheiten des Alltagslebens der Stadt. Er spreche zu schnell und scherze zu viel. Er unterscheide nicht zwischen grossen und kleinen Sünden. Er beklage sich, er dürfe die Wahrheit nicht predigen. Er sei überheblich gegen andere Lehrmeinungen. Er äussere sich gegen Papst, Kardinäle und Bischöfe mit Verachtung und voller Spott. Seine Predigt sei dem Ansehen des Grossmünsterstifts abträglich. Er stelle Missbräuche des Klosterlebens allzu unverhohlen an den Pranger. Er mache die Priester bei den Laien verhasst. Er halte nichts vom Zehnten.

Kaum hat Zwingli jedoch seine Predigt-Tätigkeit am Grossmünster aufgenommen, da war ein unübersehbarer Zulauf von allerlei Menschen festzustellen. Die Kritik blieb auf einem kleinen Fleck. Der Kassandraruf gegen den Ablasskrämer Samson machte gewaltigen Eindruck. Gerühmt wurde Zwinglis Beharrlichkeit. Der Kustos des Grossmünsterstifts, Heinrich Utinger, schrieb ihm, «wie tapfer du bist bei deinem Christus-Verkündigen». Dass seine Verkündigung nicht ins Leere ging, sondern offene

Ohren fand, und wohl im Sinn behalten wurde, schien allen klar zu werden, als der Bischof von Konstanz in Zürich erschien und eine Lehrstunde von Zwinglis Predigtkraft mitbekam. Gelegentlich wurden sogar Gegner von der Wucht seiner Darlegungen überwältigt. Der Luzerner Probst Ratzenhofer besuchte im Herbst 1522 Zwinglis Festpredigt in Einsiedeln und war dermassen beeindruckt, dass er voll des Lobes gestand: «Noch nie habe ich auf der Kanzel einen Mann predigen gesehen, dessen Gebärden ansprechender gewesen wären, und noch nie habe ich einen gehört, der alles mutig heraus gesagt hätte.» Etliche Freiherren und Adlige waren ebenfalls höchst erbaut, als sie von Zürich in ihre deutsche Heimat zurückkehrten.

Von einem eindrücklichen Predigterlebnis berichtete auch der berühmte Walliser Mediziner Thomas Plattner, ehemals Hirtenjunge, fahrender Schüler, in Zürich Buchdruckergeselle, in Basel später Schuldirektor und weithin bekannt: «Ich bin sechsmal von Zürich in Einsiedeln gewesen mit Prozessionen und habe fleissig gebeichtet. Ich habe mit meinen Gesellen für das Papsttum gekämpft, bis einst Magister Ulrich Zwingli über das Evangelium Johannis: *Ich bin ein guter Hirte* predigte. Das legte er so streng aus, dass ich wähnte, es zöge mich einer bei den Haaren in die Höhe; und er zeigte an, wie Gott das Blut der verlorenen Schäflein fordern würde von den Händen der Hirten, die an ihrem Verderben schuldig waren.» An anderer Stelle berichtet der gleiche Chronist: «Es ging wider die Pensionen, der Reformator hat vom Kriegführen der Eidgenossen gesprochen und zwar mit solchem Ernst, dass viele Menschen weinten und seufzten, doch werden es nicht bloss sentimentale Tränen gewesen sein, sondern es hat sich vielmehr um eine durch den Strafernst ausgelöste Bestürzung gehandelt, die durch die Kirchenbänke ging.»

Nach der Disputation kehrte in die kirchlichen Verhältnisse mehr oder weniger Ruhe ein. Die Behörden von Zürich haben die Streitfälle auf der Landschaft zwischen Geistlichen an sich gezogen. Im Grossmünster wurde im Sommer 1523 eine liturgische Ordnung in deutscher Sprache verwendet. Was die Zwinglianer Götzen nannten, die Kirchenbilder, Heiligenstatuen und dergleichen, wurde langsam und meist geordnet aus den Kirchen entfernt. Aus Schwyz traf im Oktober 1522 ein Brief ein, der «liebliche Bücher» wünschte, das heisst, solche mit reformatorischem Inhalt. In der Eidgenossenschaft mehrten sich die Orte, die mit wachsender Sehnsucht nach Zürich blickten, die von ihren Predigern wundersame Dinge hörten. Vor allem im Toggenburg fand die neue Lehre offene Ohren. Der katholische Chronist liess sich vernehmen, der evangelische Glaube schlage an manchen Orten Wurzeln. Einsiedeln war eine Art Brückenkopf für die evangelische Bewegung in die katholischen Gebiete in der Eidgenossenschaft. Ende Oktober 1522 schrieb der Abt des Klosters Pfäfers an Zwingli einen Brief, in dem er ihm seinen Rückhalt, sein Vertrauen und seine Liebe versicherte. Nach ein paar Jahren wurde ihm sein Bekenntnis allerdings ungemütlich und er kehrte zu seinem alten Glauben zurück.

In Bern gewann die evangelische Predigt Schritt für Schritt an Boden. Gleiches war von Konstanz, von Basel und von St. Gallen zu melden. Auch aus Solothurn kam ein Brief: «Auch hier gibt es einige Christen, die dich grüssen lassen, von ihnen abgesehen ist hierzulande nichts Gesundes.» Am 10. November 1522 gab Zwingli auf der Kanzel eine Erklärung ab, dass er sich allzu zeitraubender Amtspflichten entledigen wolle.

So sicher Zwingli seiner Sache in Zürich war, so unsicher, ja so gehässig und feindselig wurde ihm weit herum im eidgenössischen Land begegnet. «Jetzt wird hoffentlich die Viper aufhören zu zischen und der Frosch aufhören zu quaken», hiess es. Zwingli wurde als Irrlehrer, Verführer und Ketzer gescholten, er verleumde die geistliche Obrigkeit. Die Diffamierungen fanden vielerorts Gehör. Es gab gehässige, üble Nachreden und böse Gerüchte.

ZUSTIMMUNG UND FEINDSCHAFT

Man warnte ihn, allerdings anonym: «Wenn jemals, so musst du jetzt deinem Leben ganz besonders Sorge tragen. Denn von überallher bist du umstellt von Verfolgern und geheimen Fallstricken. Gift liegt bereit, um dich wegzuräumen. Da die gottlosen Buben dich nicht öffentlich angreifen dürfen, so wollen sie dich wie Claudius den Caesar durch einen giftigen Pilz beseitigen, in dem sie denselben im Geheimen in dein Essen mischen. Nimm dich also in acht und lass dich nicht erwischen! [...] Deshalb, geliebter Huldrich, aufgepasst, aufgepasst, aufgepasst vor den Giftmischern!»

In fast allen seinen Massnahmen hat Zwingli unerhörten Mut an den Tag gelegt, denn er zog sich eine grosse Schar von Feinden zu. Der erste Biograf Zwinglis, Myconius, meinte hierzu scherzend: «Man sagte sonst, du habest eine leise Stimme, dass man dich kaum auf vier Schritte höre. Aber ich sehe, dass das eine Lüge ist, da man dich durch die ganze Schweiz hört.»

Nach Mitternacht kam einmal jemand mit der Bitte, Zwingli möchte einen Todkranken besuchen. Als der Helfer für seinen Herrn antwortete, er werde die Sache übernehmen, denn Zwingli dürfe wegen der vielen Arbeit nicht geweckt werden, lehnte das jener beharrlich ab, sodass der Verdacht entstand, es handle sich um eine Falle. In der Frühe erfuhr man, Zwingli hätte auf einem Schiff gefangengesetzt und heimlich fortgeschafft werden sollen.

Wenn er nachts heimkehrte, wurde er fast stets von guten Bürgern begleitet, damit ihm, dem Vertrauensseligen, unterwegs nichts Böses zustiesse. Auch der Rat stellte in diesen gefährlichen Zeiten während der Nacht Wachen um sein Haus.

Die Anfechtungen Zwinglis waren für viele Freunde kaum noch auszuhalten. An Myconius schrieb Zwingli am 23. August 1522: «Und wenn ich nicht deutlich sähe, dass der Herr die Stadt bewacht, so hätte ich schon längst das Ruder weggeworfen. Aber da ich sehe, wie er die Seile festmacht, die Stange richtet, das Segel spannt und vor allem den Winden gebietet, so würde ich ein fauler Mensch sein und überhaupt nicht mehr ein Mann heissen dürfen, wenn ich den Posten verliesse und dann nichts desto weniger mit Schimpf und Schande zu Grunde ginge. So will ich mich denn ganz seiner Güte ergeben: Er lenke, führe, eile, bleibe, beschleunige, halte auf, stosse! Ich will über nichts mehr böse werden. Denn wir sind sein Handgeschirr, er kann uns brauchen zur Ehre oder zur Schande.» Und im Januar 1523 schrieb er an Oekolampad nach Basel: «Es rüttelt und schüttelt mich hin und her, doch behalte ich festen Stand, denn nicht auf meine eigene Kraft stütze ich mich, sondern auf den Felsen Christus, in welchem ich alles vermag.»

Der Konstanzer Bischof beschwerte sich beim Zürcher Rat über den Höngger Pfarrer Simon Stumpf, weil er eine sehr aufhetzende Predigt gehalten hatte. Am ärgsten aber wurde Pfarrer Urban Wyss aus Fislisbach in der Grafschaft Baden an die Kandare genommen. Er wurde von der Tagsatzung in Baden verhört, dann dem Konstanzer Bischof übergeben und von diesem ins Gefängnis geworfen und erst nach fünf Monaten, im Juni 1523, wieder auf freien Fuss gesetzt. Und als die Hatz gegen den Reformator nicht mehr ruhen wollte, machte Zwingli dem Grossen Rat und Bürgermeister Markus Röist den Vorschlag für die zweite Disputation im Rathaus.

Die Lage um den Ruf Zwinglis war widersprüchlich: Feindschaft in der altgläubigen Schweiz, Versuche, den Reformator zu kidnappen, zu entführen, aus seinem bewachten Haus, dann seine fast ständige Begleitung durch Freunde und Genossen in der Öffentlichkeit; und auf der anderen Seite eine vertrauensvolle Gemeinde in der Kirche, eine breite Gefolgschaft, ja eine Bewunderung des Führers der Reformation. Auf seine Predigten wurde grossartig und breit reagiert. Aber da war jene Wirtsfrau im Niederdorf, Christina Merklin, fast allein, die in ihrer Kneipe ein Gespenst oder ein Ungeheuer gespielt hat, welches dazu bestimmt war, Zwingli umzubringen; das Gespenst tat es dann doch nicht, da Zwingli ein so frommer Mann sei. Sie habe das Gespenst gespielt, um ihre Kundschaft zu unterhalten, ja überhaupt Gäste anzulocken, meinte die Wirtin. Sie musste zwei Stunden im Halseisen am Pranger stehen, und durfte danach den zürcherischen Boden nicht wieder betreten.

Kaum war die Disputation von Januar abgeschlossen, ging Zwingli an seine grosse Publikation der 67 Schlussreden, die er vor der Versammlung in letzter Minute hingeworfen hatte. Seine jetzt ausgearbeitete Argumentation war folgerichtig und in der Schärfe unerbittlich. Es war eine grundlegende Abhandlung mit literarischem Charakter und baute auf das Vertrauen in die Kraft des Arguments. Er räumte mit den erfundenen Heiligkeiten auf, mit den heiligen Zeiten, den heiligen Orten, natürlich mit dem heiligen Vater und den heiligen Dingen. Nach ihm können die Bruderschaften und Mönchsorden nicht bestehen. Er befasste sich mit der weltlichen Gewalt von Bischöfen, Äbten und auch dem Papst und sprach sie ihnen bedingungslos ab. Sie sollten auf die geistlichen Würden verzichten, wollten sie weiter herrschen. Ja, Zwingli hatte tatsächlich einen radikal christlichen Staat vor Augen, mit einem gläubigen Magistraten und einem gläubigen Volk. Das war durchaus zeitgemäss, bedurfte aber einer fundamental neuartigen Gläubigkeit.

Im April 1523 schrieb er an seinen Freund Werner Steiner in Zug: «Der päpstliche Legat für die Eidgenossenschaft, Ennio Filonardi, versucht die Eidgenossenschaft zur Neutralität und zu einem Bündnis mit dem Papst zu gewinnen. Von Konstanz aus versucht er Zürichs Abfall vom Papst zu wehren.» Im gleichen Brief heisst es, mit Ennius Veroli ebenfalls auf Filonardi Bezug nehmend: «Ein zuverlässiger Freund hat mich gewarnt, der Bischof von Konstanz und Ennius Veroli seien entschlossen, mich mit grosser Hinterlist zu fangen.»

Und fünf Tage später geht an Oekolampad nach Basel dieses Schreiben: «Nichtsdestoweniger werde ich von Faber mit Verleumdungen und Schmähungen überschüttet, wie ich höre. Das ist ja die letzte Zuflucht für solche Leute. Doch auch davor fürchte ich mich nicht, denn ich bin mir dessen wohl bewusst, welch untadeliges Leben ich stets geführt habe. Mögen die Herostraten meinetwegen ganze Wagenladungen von Lügen ersinnen und die Untaten anderer auch uns zuschreiben.»

Am Dienstag, den 28. April 1523, hat in der Kirche Witikon die erste Trauung eines Geistlichen mit 50 Gästen stattgefunden: Pfarrer Wilhelm Röubli trat vor den Altar. Seinem Beispiel folgten zahlreiche Brüder. Sie bestätigten das heimliche Verhältnis oder gingen eine neue Ehe ein.

112

Der Rat musste sich mit den drückenden Abgaben des gemeinen Mannes beschäftigen, die dieser für die Taufe, für die Beichte, die Seelenmessen und die Beerdigungen zu entrichten hatte. Aus dem Zehnten wurden die Leutpriester, die Helfer und Messner besoldet. Doch die geistlichen Personen waren zunehmend eine Belastung, es waren 24 Chorherren und 32 Kapläne. Man reduzierte sukzessive die Zahl dieser Pfründenbezieher jeweils nach dem Tod eines Geistlichen, und zudem verzichtete man auf den Rangunterschied dieser Herrschaften. Es sollte ein tüchtiger Pfarrerstand gebildet werden, das ging aber nicht von heute auf morgen. Man schuf am Grossmünsterstift eine kleine Einrichtung, in der Geistliche und Studenten zum Austausch zusammenkamen. Diese Gründung bekam den Namen Prophezei. Doch es gab immer noch einzelne gegnerische Chorherren, die Zwinglis Praktik in Zweifel zogen.

Interessant ist, dass an Pfingsten 1523 zwei Drittel aller Nonnen in Zürich aus dem Kloster Oetenbach ausgetreten sind; sie erhielten eine nicht näher bekannte Mitgift aus dem Klostervermögen. Danach folgten auf der Landschaft und im Kloster Selnau die Klosterfrauen diesem Beispiel.

Im Sommer 1523 gelangte Ulrich von Hutten, ein radikaler weltlicher Reformator, auf seiner Flucht vor den katholischen deutschen Fürsten nach Zürich. Er war zunächst in Basel, begehrte von seinem grossen Vorbild und Freund Erasmus, aufgenommen zu werden. Doch dieser öffnete ihm nicht einmal die Tür. Er wollte nichts mit ihm zu tun haben. Huttens Freunde rieten ihm, nach Zürich weiterzuziehen und bei Zwingli anzuklopfen. Der nahm ihn ohne Federlesen freundschaftlich auf, schleuste ihn in allergrösster Not ins Heilbad Pfäfers, ins Reich von Fürstabt Johann Jakob Russinger, einem erklärten Freund Zwinglis, um ihm dort im Felsbad eine Badekur gegen seine Syphilis zu ermöglichen. Doch es regnete die ganze Zeit, vom frühen Morgen bis am späten Abend, und Hutten fror immerzu. Auf Vermittlung von Zwingli kam er auf die Insel Ufenau im Oberen Zürichsee, wo er von einem zwinglianischen Pfarrer und Heiler gepflegt und betreut wurde. Ende August starb der berühmte junge Humanist und Dichter 35-jährig an Syphilis auf der Ufenau. Erasmus hatte sich nicht gescheut, dem Zürcher Rat einen ernsthaften Brief zur Warnung vor dem vermeintlich gefährlichen Hutten zu schicken.

Zwingli nahm zwei Jahre später auch einen anderen sehr prominenten Flüchtling auf: den Tiroler Revolutionär und Bauernführer Michael Gaismair, mit dem zusammen er sogar revolutionäre Pläne schmiedete. Damit ist Zwingli der erste politische «Magistrat», der in der Schweiz Flüchtlinge aufnahm, deren Leben bedroht war.

Während Zwingli noch mit seinem grossen Werk der Auslegung der Schlussreden beschäftigt war, machten sich einige Personen bemerkbar, denen der ganze Prozess der Reformation zu zögerlich voranging. Dazu gehörte der Prediger von Witikon, der erst neulich geheiratet hatte, Wilhelm Röubli, dann der bekannte Simon Stumpf, Pfarrer in Höngg, Konrad Grebel, Sohn des Zürcher Ratsherrn Jakob Grebel, von dem wir noch einige Male hören werden, und Felix Manz, Sohn des Propstes am Grossmünsterstift; auch von ihm werden wir noch hören. Man traf sich in Privathäusern. Die jungen Männer erlebten starken Zulauf. Bald war die Wohnung zu klein, man brauchte einen grösseren Raum. Diese Zusammenkünfte in der Nacht wurden als Ketzerschuol betitelt. Doch diese sogenannten Ketzer – die Urgruppe der späteren Täufer – waren ursprünglich verwandt mit des Meisters Zwingli Lehre und seinen Gefolgsleuten. Die «Ketzer» liessen nur die göttliche Gerechtigkeit gelten, sie wollten das himmlische Reich Gottes auf Erden schaffen, während Zwingli auch die menschliche Gerechtigkeit berücksichtigte. Die Radikalen verweigerten auch die Abgabe des Zehnten. In Schwerzenbach mussten sich der Bürgermeister, reiche Bürger und einige Klosterfrauen in einer Predigt von Wilhelm Röubli unflätig beschimpfen lassen als stinkender Bürgermeister, stinkende Junker und stinkende Vögte. Es ging auch hier um den Zehnten. In den Gemeinden gingen stürmische Auseinandersetzungen vor sich, und die Obrigkeit war damit beschäftigt, die erregten Gemüter vor Rechtsbrüchen zu bewahren.

Am 24. Juni hielt Zwingli eine wichtige Predigt im Grossmünster mit dem Titel *Von göttlicher und menschlicher*

Gerechtigkeit und liess sie ein paar Wochen darauf gedruckt erscheinen. Zwingli reagierte mit seinen Predigten immer wieder auf kritische Punkte in der Gesellschaft, hielt eine Predigt und arbeitete sie hinterher als Schrift oder Buch aus. Der Reformator dachte dabei auch an die Berner Freunde, welche die Vorgänge in Zürich sorgfältig beobachteten. Zwingli war nüchtern und verzichtete auf fromme Romantik. Er hielt die Menschen ausnahmlos für Sünder, dass sich jemand davon ausnehmen wollte, war für ihn pharisäerhafte Überheblichkeit. Die menschliche Gerechtigkeit ist und bleibt für ihn minderwertig. Doch sie ist die Grundlage der Ethik, auch der Sozialethik. Als Ordnung innerhalb des Gemeinwesens sind es die sichtbaren Taten, es ist die bürgerliche Ordnung einer bürgerlichen Obrigkeit. Sie ist dazu da, die Guten zu schützen und die Bösen zu strafen. Die Forderung der Radikalen, Zins und Zehnten abzuschaffen, sei keine menschliche Gerechtigkeit. Wer nach göttlicher Gerechtigkeit leben wolle, der müsse zugunsten der Armen auf sein Eigentum verzichten. Eine Abschaffung des Zehnten verunmögliche den Bestand der Kirche, die soziale Fürsorge und vieles mehr.

Zwingli skizziert mit «guten Gesetzen» der Obrigkeit und entsprechendem Verhalten des Volkes den Konsens zwischen Obrigkeit und Gemeinschaft, zwischen Herrschern und Beherrschten. Er postuliert beides: Gehorsamspflicht und Widerstandsrecht. Mit seiner Aussage über den deutschen Bauernkrieg kam er der späteren Befreiungstheologie sehr nahe: «Gott selbst, wo die Freiheit erkämpft werden muss, bewaffnet das Volk.» Damit wandte er sich gegen die Haltung von Luther, der die Fürstenheere gegen die Bauernhaufen aufhetzte. In einem Brief an Vadian schrieb Zwingli: «Ein unzeitiger und rasender Angriff, mit dem er [Luther] die zweimal unglücklichen Menschen nicht nur verfolgt und heruntergerissen, sondern auch den wütenden Ungeheuern vorgeworfen hat.»

Zwingli schrieb am 31.Juli 1523 an Nikolaus von Wattenwyl einen umfangreichen Brief, in welchem er zum
Tagsatzungsbeschluss, ihn selbst gefangen zu setzen,
Stellung bezog. Er sei Zürcher Bürger, Bürger vom Toggenburg und Bürger von Glarus, sodass sie sich nichts Un-
rechtes gegen ihn erlauben dürften. «Bin ich denn nicht
ein Eidgenosse? Bin ich denn nicht von ihrer Herrschaft
frei? Bin ich nicht ein Genosse und Glied des Bundes?
Woher denn also diese Anmassung?» Es gab Gerüchte,
wonach der Berner Propst erwogen haben soll, ein eid-
genössisches Konzil durchzuführen. Zwingli hat diesen
Plan gutgeheissen und schlug vor, es in Basel oder Bern
abzuhalten. Am besten wäre Zürich geeignet gewesen,
doch das wäre wahrscheinlich aus Abneigung gegen ihn
abgelehnt worden. Das Konzil kam nicht zustande und
die Feindschaft gegen Zwingli nahm in der Eidgenossenschaft seinen Fortgang.

In jener Zeit wurde der Ruf nach Entfernung der Bilder
immer lauter und versetzte jegliches Kirchengeschehen
in Verwirrung. Zwingli versuchte vorsichtig vorzugehen,
sich mit Überbrückungsmassnahmen zu behelfen. Im
August wurde im Grossmünster ein Kind in deutscher
Sprache getauft, sodass jedermann die Worte verstand.
Das machte Schule, es wurde sofort überall nachgeahmt.
Nun ging es um die Messe. Unter den Radikalen ging das
schöne Wort von Mund zu Mund, man wolle lieber einen
Kuhdreck ansehen als eine solche Messe. Und in Zollikon
fiel einer über den Pfaffen her, man habe sie schon genug
über die Messen beschissen und betrogen, das sei nichts
anderes als Bubenwerk. Nun war es Zeit für Zwingli, sein
Zögern aufzugeben.

Also beschäftigt sich nun der Reformator mit der Messliturgie, durchleuchtet sie und kommt zum Schluss, dass
sich das Herzstück im Widerspruch zur biblischen Botschaft befindet. Er hat die Messe endgültig durchgedacht,
er hat die behelfsmässigen Brücken abgebaut. Die Ver-
wandlung des Wassers in Wein lasse ihn kalt. Es handle
sich hier um Brot und Wein, so wie es bei der Taufe nur
um Wasser gehe. «Denn den, der nicht daran glaubt,
kannst Du tausendmal abwaschen, das nützt nichts,
wenn er nicht glaubt.»

Zwingli will das Unbiblische an der traditionellen Messe ausmerzen, aber dennoch die alte Form nicht verlassen. Letztlich geht es ihm darum, alles auf der Grundlage des Evangeliums auszulegen. Das Evangelium müsse in der vertrauten Sprache gelesen werden. Zwinglis Messkanon wurde flugs von den Extremisten scharf kritisiert. Die Führung der Radikalen hatte inzwischen Konrad Grebel übernommen. Sie brachten drei Punkte vor: das Messornat, die lateinischen Gesänge und die Beschränkung auf das Gebet Unservater. Am 9. Oktober erschien die Schrift *Verantwortung des Büchleins zum Messkanon*. Zwingli ging mit den Forderungen der Kritiker glimpflich um und versprach, Verbesserungen anzubringen. Die lateinischen Gesänge nehme er zurück. Zu den Gebeten führte er aus: «Ich möchte gerne von euch erfahren, wo Gott geboten hat, dass ausser dem Herrengebet nichts anderes gebetet werden darf.»

In Zürich wurden im Sommer in der Kirche St. Peter die Heiligenbilder von den Altären geräumt. Im Fraumünster wurde die ewige Lampe heruntergestossen. Auf der Landschaft vernichtete man in einigen Kirchen die Bilder, und ein Palmesel, auf welchem Jesus gesessen haben soll, wurde in den See geworfen. Doch das war erst der noch schüchterne Anfang. Die Bilderfrage entpuppte sich als überreif für einen Volksentscheid. Es gab Teile in der Bevölkerung, die wegen der Bilder kochten.

Das kritische Kirchenvolk nannte sie jetzt Abgötzen, Kilchengötzen. Sie waren nichts Abstraktes, nichts Geistiges, sie waren sichtbar, anzufassen, das war plastisch und deshalb populär und verständlich. Leo Jud von der Pfarrei St. Peter plädierte offen und energisch dafür, sie zu beseitigen. Und tatsächlich fand man bald in eben diesem Gotteshaus mehrere Bildtafeln und zerrissene Heiligenbilder, als ein wildes Gerümpel am Boden liegend. Im Fraumünster rissen abends, wie ein Beobachter mitteilte, zwei Männer die Ampeln vor dem Predigerstuhl herunter und warfen sie unter den Stuhl, sodass das Öl auslief. Sie trieben auch mit dem Weihwasser Spott, laut lachend spritzten sie einander an.

Die Bilderstürmer wurden eingezogen, dann streng verhört, kamen aber nach ein paar Tagen wieder frei. Das

Grossmünster blieb verschont, dafür hat wohl die Autorität Zwinglis gesorgt. In den Landgemeinden ging es etwas stürmischer zu. Besonders in Höngg brodelte es. Der Kampfruf erscholl: «Die Götzen müssen raus!» Dort predigte der eifernde Pfarrer Simon Stumpf. Eines Tages fehlte ein Christus am Ölberg, zwei Engel und drei weitere Bilder. Grossen Tumult gab es nach Beseitigung eines vor dem Oberdorftor in der Nähe des Zürcher Stadelhofen stehenden grossen geschnitzten Kruzifixes. In diese Tat waren übrigens einige Ratsherren eingeweiht, die das ein gutes Werk fanden. Bei den drei Ratsherren handelte es sich um Trinkler, Sprüngli und Setzstab. Trinkler hat sich als Holzbildhauer betätigt und ein ansehnliches Vermögen damit erarbeitet. Was für eine Ironie: Einige seiner Holzplastiken wurden jetzt von den Bilderstürmern aus den Kirchen beseitigt.

Die Täter kamen ins Gefängnis. Die Meinungen über die Bestrafung waren geteilt: Die einen fanden, den Männern dürfe kein Unrecht angetan werden, sie hätten nichts Unfrommes getan, dagegen sagten andere, sie hätten mit ihrer unchristlichen Tat den Tod verdient. Dies veranlasste nun die Prediger, die Bilderfrage auf der Kanzel zu behandeln. Der Grosse Rat schuf mit vier Mitgliedern des Grossen Rats, vier des Kleinen und den drei Leutpriestern eine dringliche Kommission zur Beratung der Bilderfrage. Zwingli schrieb in diesen Tagen an Ambrosius Blarer: «Bei uns geht alles seinen geraden Weg, aber man darf keinen Augenblick im Schaffen und Wachen nachlassen.» Es gab in der Gesellschaft nach wie vor vehemente Gegner der Beseitigung der Bildnisse. So war zum Beispiel der Bürgermeister Markus Röist, obwohl er ein Parteigänger Zwinglis war, in der Angelegenheit der Heiligenbilder gegen die Räumung der Gotteshäuser. Eine Vorkehrung durch die Obrigkeit war nun dringend notwendig. Die Beratung stand unmittelbar bevor.

So beschlossen am 12. Oktober 1523 Bürgermeister und Grosser Rat auf Anraten der drei Pfarrherren Leo Jud vom St. Peter, Zwingli vom Grossmünster und Heinrich Engelhard vom Fraumünster, die gleiche Besetzung zur zweiten Disputation für den 26. Oktober ins Rathaus einzuberufen.

Der Einladung zur zweiten Disputation am 26. Oktober 1523 im Rathaus folgte ein gewaltiger Aufmarsch. Doch die Universität Basel lehnte eine Beteiligung ab. Auch die Diözesen Chur und Basel kamen nicht und die zehn Orte der Eidgenossenschaft lehnten die Einladung ebenfalls ab. Dabei sollte die Sache doch die ganze Eidgenossenschaft etwas angehen, man hatte aus Sorge um Friede und Versöhnung jedermann dazu eingeladen. Faber weigerte sich, nach Zürich zu kommen. Zwinglis Entgegnung war bildhaft, aber klar: «Du erinnerst mich an die Worte Christi: Ein jeder, der übel tut, hasset das Licht. Darum willst du nicht gen Zürich kommen, weil wir gar helle Tempel haben; da gibt es keine Götzenbilder, sondern die Wände sind hübsch weiss. Das könnt ihr Götzendiener in den Augen nicht ertragen.»

Drei Tage dauerte die Versammlung. Es sassen etwa 900 Männer im Rathaus, rund 500 Priester, der ganze Grosse Rat und der Kleine Rat, und mehrere Laien. Von den eidgenössischen Brüdern waren nur die St. Galler und die aus Schaffhausen anwesend. Der Hauptakteur war erneut Zwingli, sekundiert von Leo Jud. Konrad Hofmann nahm die Disputation zwar ernst, doch er machte zunächst einen Verfahrensvorschlag, um die Sache erst mal etwas zu bremsen. Es zeigte sich erneut, dass die Geistlichen eine erbärmliche Bildung und miserable Bibelkenntnisse hatten. Der Klerus hatte jahrhundertelang nicht das geringste Interesse gehabt, sein Fussvolk zu bilden. Als Protokollführer stellte sich der Thurgauer Priester Ludwig Hätzer unter Beihilfe des Zürcher Schulmeisters Georg Binder zur Verfügung. Die drei Gesprächsführer waren Joachim Watt oder Vadian aus St. Gallen, Sebastian Hofmeister aus Schaffhausen und Christoph Schappeler, Dekan in Memmingen, ursprünglich aus St. Gallen.

Jetzt ging es um die Frage: Was geschieht mit den Bildern und der Messe? Die Frage der Messe war komplexer, das Problem der Bilder vergleichsweise einfach. Dieses Thema beantwortete Leo Jud, während Zwingli sich der Messe annahm.

Es wurden jetzt der Reihe nach die Leutpriester aufgerufen, jener von Wädenswil, dann jener von Horgen und schliesslich jener von Laufen. Sie alle versuchten auszuweichen und hatten gar nichts zu sagen. Der Pfarrer von Glattfelden wurde gerügt. Zwingli sagte: «Herr von Glattfelden, man sieht und hört am Schwanz wohl, was für ein Vogel ihr seid.» Es wurde der Prädikant von Wetzikon genannt und zur Verantwortung gezogen, ein Amtsbruder von Egg widersprach und schalt ihn der Irrlehren. Dann kam der Augustiner-Prior an die Reihe, er sagte: «In schweren und zweifelhaften Dingen soll man den Heiligen Stuhl zu Rom fragen.» Zwingli fragte: «Steht das im Evangelium geschrieben?» Der Prior lachte und gab zur Antwort: «Der Papst sagte solches.»

Dann meldete sich der Abt von Kappel: Er schliesse sich völlig der Auffassung Zwinglis an. Der Abt von Stein am Rhein war ebenfalls einverstanden. Anton Walder sagte, Zwinglis Auslegung habe ihn überzeugt. Und Heinrich Utinger gab zu Protokoll, es sei ihm eine besonders grosse Freude, dass der Weg von Gottes Gnaden ergriffen worden sei. Konrad Hofmann las jetzt vom Blatt, man müsse sehen, ob es aus der Schrift komme. Auch eine ganze Reihe anderer Geistlicher stimmte der neuen Lehre zu, nicht alle freilich überzeugend. Konrad Schmid von Küsnacht postulierte einen Kompromiss: «Nichts überstürzen, Anleitungen herausgeben für Pfarrer auf dem Land. Zuwarten bis das Volk besser verstanden hat, um was es geht.» Zwingli gab dem Küsnachter Schmid seine Zustimmung, Vorsicht und Abwarten waren ihm recht, er nahm Rücksicht auf die Unzufriedenen. Zwingli war kein Stürmer. Seinem zielsicheren und vorsichtigen Vorgehen war es zu verdanken, dass die Reformation in Zürich ziemlich schnell Wurzeln schlug.

Zwischendurch erzählte Zwingli eine Geschichte aus Wildhaus, von seiner geliebten Grossmutter. «Die hat mir auch oft eine Fabel erzählt, wie Petrus und unser Herrgott miteinander gewandelt haben, und Petrus allezeit am Abend hat müssen vorne im Bett liegen, und habe der Herr hinten gelegen. Dann kam die Hausfrau alle Morgen und rupfte den Vordermann beim Haar und weckte ihn auf.»

Nun attackierten die Konservativen einerseits die Radikalen und andererseits die Autorität der Obrigkeit, also des Rats, in diesen Fragen jetzt endlich zu entscheiden. Jetzt dürfe nicht weiter zugewartet werden, sondern die offensichtlichen Missstände müssten endlich beseitigt werden. Wortführer der Extremisten waren Balthasar Hubmaier, damals in Waldshut aktiv, dann Konrad Grebel in Zürich und Simon Stumpf in Höngg. Sie hatten zudem ein grundsätzliches Misstrauen der Obrigkeit gegenüber und mahnten zum sofortigen Entscheid. Zwingli sagte gelassen, darüber werde der Rat dann schon befinden. Am dritten Tag holte Hubmaier zu einem unmissverständlichen Votum aus und empfahl sofortige Änderungen: «Sofort keine Messe mehr, es soll deutsch gesprochen werden.» Zwingli jedoch will mit einer Mehrheitsunterstützung fortfahren können. Er ist der Meinung, dass eine so heikle Sache wie die Beseitigung von Bildern und der Messe ohne die lenkende Autorität des Rats zwangsläufig zu unheilvollen Entladungen führen werde. Es wird berichtet, Zwingli sei über seinen Sieg so bewegt und gerührt gewesen, dass er im Rathaus vor voller Versammlung geweint habe und sein Schlusswort habe unterbrechen müssen. Er war von Gefühlen überwältigt.

Der Reformator machte sich nun in wenigen Tagen an die Abfassung einer «Kurzen christlichen Anleitung». Der Rat hiess den Inhalt gut und gab den Druck frei. Der erste Teil galt dem theoretischen Abschnitt über die Sünde, über das Gesetz und das Evangelium. Der zweite Teil befasste sich mit der Messe und den Bildern, mit priesterlichem Pomp, kirchlicher Pracht, Fastengeboten, Ablass und Messstiftungen. Er zeigte die Befreiung von nutzlosen Übungen und Vorschriften, der sittlich-moralischen Erneuerung.

Fazit der zweiten Disputation war: ein gestärkter Reformator, ein gestärkter Reformationsprozess, der Prozess der Erneuerung ging weiter, die Unterstützung durch die Mehrheit, die Unterstützung durch den Rat schien gesichert. Zwingli und weitere «Wanderprediger» würden ins Tösstal und ins Weinland reiten zur Verkündigung des Evangeliums.

Die drei Bilderstürmer, die das hölzerne Kreuz vor der Mühle Stadelhofen entfernt hatten, wurden verurteilt, später aber aus dem Gefängnis entlassen und aus der

Stadt ausgewiesen. Zwingli plädierte für mildere Strafen und setzte sich für die aus Zürich Ausgewiesenen ein. Klaus Hottinger wurde zwei Jahre aus seiner Vaterstadt verbannt, er hatte unverzüglich die Stadt zu verlassen oder wurde hinausgedrängt. Er stand unter Kircheneid. Er ging in die Grafschaft Baden, wurde gefangen gesetzt, nach Luzern gebracht und dort, trotz Fürsprache der Zürcher, zum Tod verurteilt. Das war das früheste Opfer eines Evangelischen, ein Opfer der Katholiken in Luzern. Hottinger war ein profunder Bibelkenner und wurde vom Meister der Metzgerzunft, wenn er in seine Metzgerei kam, als Herr Doktor angeredet. Im bekannten Wirtshaus Salmen fand anlässlich der Ankunft der Nachricht vom Tod Nikolaus Hottingers durch das Schwert eine regelrechte Disputation statt. Ein anwesender Bürger aus Baden wurde scharf angegriffen, weil er als Badener eine Mitschuld zu tragen schien.

Hans Ockenfuss wurde mit einem Verweis und der Bezahlung der Kosten bestraft. Er löste einen Eid zu Stadt und Land aus. Auch jetzt legte Zwingli für ihn ein gutes Wort ein. «Mit dem Mann ist man glaub ich etwas derb, um nicht zu sagen hart verfahren; er ist doch bei Gott ein Biedermann, doch weil er sich mit dem, was er sagte, etwas ungescheut zeigte, ist er nun genug bestraft worden. Zur Zeit ist für ihn nichts zu erwarten, immerhin hoffe ich, es werde sich bald eine zweite Möglichkeit zeigen, ihn wieder zu Ehren zu bringen, dann nämlich, wenn man bei uns bald allgemein besser unterrichtet sein wird. Er sieht sich nun also gezwungen, von hier fortzufahren und weiss auf der ganzen Welt keinen Ort, wo er sich niederlassen könnte, als nur in eurer Stadt. Er bat mich darum, ihn dir zu empfehlen, damit du bei den euern für ihn eintretest», schrieb Zwingli an Vadian.

Am 10. Dezember 1523 war der Rat mit einer Beschwerde des Grossmünster-Kapitels beschäftigt: Seine Kapläne und Helfer wollten keine Messe mehr lesen, sie wollten nicht mehr Gottesmetzger genannt werden. Es seien DIE KLEINE DISPUTATION

122

ausserdem Blätter aus verschiedenen religiösen Büchern dem Probst vor die Haustüre gestreut, ein Kirchenbuch sei sogar aus einem Brunnen gefischt worden. Ein Halseisen sei auf den Fischmarkt geschleppt worden, und eines Morgens sei ein Galgen in der Nähe der Kirche gelegen.

Die drei Leutpriester beschlossen, das Mandat über die Bilder und die Messe werde nun am nächsten Sonntag verlesen, und wer gegen dieses Mandat opponiere, werde bestraft. Die drei Leutpriester vertraten die Meinung, es sei Remedur zu schaffen, die Entscheidung sei jetzt endlich reif. Die Räte meinten, zwar sei die Meinung der Leutpriester sicher richtig, aber für die Schwächeren ziehe man es eben doch vor, einen Mittelweg zu gehen. Eine Opposition in diesem Fall dürfe man nicht bestrafen. Dann trommelte der Rat jene Geistlichen zusammen, die dem Prozess noch entgegenstanden. Propst Frei erwähnte seine Gewissensnot, er habe einen schweren Eid getan. Konrad Hofmann war auch dabei und erklärte, er werde sich nur vom Bischof in Konstanz belehren lassen. Er halte die Heiligen, die Bilder und die Messe für richtig.

Als Folge dieses Drängens entstand dann am 13. und 14. Januar 1524 eine wesentlich kleinere Disputation, zu der nur die Stadtgeistlichen eingeladen waren, ausserdem Chorherr Hofmann und seine vier Sekundanten Graf, Battmann, Koch und Nüscheler. Dazu ein paar Mitglieder des Grossen und des Kleinen Rats, ferner der Abt Joner von Kappel, Komtur Schmid von Küsnacht, Probst Frei vom Grossmünster, Probst Brennwald von Embrach, die Chorherren Walder und Utinger. Diese Männer waren sozusagen die massgebenden politischen und theologischen Experten der Stadt.

Hofmann las einen ausufernden Text vor. Auf ein weiteres Debattieren liess sich der alte Herr nicht ein. Er wolle mit Zwingli nichts zu schaffen haben, er könne ihm nicht beikommen. Zürich werde durch Zwinglis und Juds Verführung «um Seele, Ehre, Leib und Gut kommen». Battmann erklärte seine Auffassung der Messe, wurde aber sehr gründlich in die Schranken gewiesen. Koch las ebenfalls ein Papier vor, brachte dazu noch am nächsten Morgen Argumente vor. Zum Ende sagte er noch mit grosser Sicherheit, er wolle von den Leutpriestern keine Belehrung, er wolle nur die Unterrichtung vom Papst, vom Kardinal und vom Bischof. Auch Graf äusserte sich über die Vermessenheit von Zwingli. Und zudem war für ihn die Rechtsgrundlage und Zuständigkeit für eine Disputation nicht gegeben. Der Rat könne niemanden zu einer Versammlung und Disputation zwingen, er habe eine Verantwortung für alle Konflikte. Schliesslich war Herr Nüscheler an der Reihe. Er sagte schlicht, er wisse nichts zu disputieren. Die anwesenden Ratsmitglieder meinten zu den Beschwerdeführern, sie hätten doch zur Disputation nichts beigetragen. Sonst dürften sie glauben, was sie wollten.

Von Zwinglis und Juds Antworten wissen wir fast nichts. Doch scheint die evangelische Vertretung die Oberhand errungen zu haben. Das war das einhellige Urteil der gesamten Ratsdeputation. Die Beschwerdeführer hätten keinen einzigen reformatorischen Artikel widerlegt. Was sie vorbrachten, das sei Menschenlehre. Die betreffenden Chorherren hätten nichts geschaffen, man lasse sie aber glauben, was sie wollen. Man erwarte jedoch, dass sie nicht gegen ergangene Mandate sprechen oder handeln, sonst würde man sie aus der Stadt weisen. Konrad Hofmann verliess darauf die Stadt Zürich. Damit war der Widerstand der Geistlichkeit endgültig gebrochen.

Die Radikalen ihrerseits begriffen die sanfte Zusammenarbeit zwischen den politischen Machthabern und den Reformatoren in keiner Weise. Es schien klar zu sein, dass die bereits weit entfernten Individuen um Grebel und Manz mit den Leutpriestern gebrochen hatten. Pfarrer Simon Stumpf von Höngg und Gregor Lüthi von Richterswil waren als Unruhestifter vom Rat ausgeschieden worden. Der Rat war damit beschäftigt, seine Kirchenhoheit auszubauen. Seit Weihnachten 1523, nein zum Teil lange vor Weihnachten, hatte sich das Volk vom ehemaligen Kultus abgewendet. Die Fastenzeit war von den meisten Leuten bereits verabschiedet. Es wurde kein Christusbild mehr zu Grabe getragen. Dann liess der Rat sogar die Orgel verstummen. Und es wurde auch noch das Geläute eingestellt. Die meisten Altäre verschwanden aus den Kirchen. In Zollikon trugen Einheimische den Holzesel und alle Bildnisse und Zierde zum See hinunter und schmissen die nach ihrer Auffassung überflüssig gewordenen Dinge ins Wasser. Und zu allem Überfluss gab der Rat ein Mandat heraus, das vor dem Unfug der Fastnachts-Mummerei warnte. Das «Gehen in Böggenkleidern zum Tanz» wurde mit erklecklichen Bussen geahndet. Der Rat wollte auch das mutwillige Fleischessen bestrafen. Gleichwohl fing man jetzt an, Hühner, Vögel, Eier und wonach einen sonst noch gelüstete, zu essen.

Es waren Monate, in denen sich die Menschen an Kreuzgängen, an Wanderungen auf den Lindenhof oder auf den «Oelberg» beteiligten, wo sich einige auch über Prozessionen lustig machten. Am 25. April aber hielten sie eine Prozession durch die Stadt ab, die drei Kirchgemeinden St. Peter, Grossmünster und Fraumünster vereinigten sich im Fraumünster und hielten dort einen Gottesdienst ab. Man muss sich nur wundern, was diese Leute an Veränderung, an Neuerungen und an Wendungen sowie Ausräumereien von Kirchen mitmachten. Die Gemeinde kochte, es brodelte. Als die Bevölkerung mal Schwung geholt hatte, übernahm sie in den praktischen Hantierungen oft die Führung, ging kühn und spontan voraus, denn es war für sie plausibel, dass die Bilder angesichts dieses auf das Evangelium bezogenen Gottesdienstes keinen Platz mehr hatten. Wie sagte Zwingli zu Generalvikar Faber: «Weil wir gar helle Tempel haben, da gibt es keine Götzenbilder, sondern die Wände sind hübsch weiss. Das könnt ihr Götzendiener in den Augen nicht ertragen.»

Zwingli stand unter enormer Belastung. Ab etwa 1522 war Zürich in der Eidgenossenschaft allein. Den Bernern schrieb Zwingli: «Zum Beispiel bin ich mehr als zehnmal von diesem Brief weggerufen worden. Es schreiben mir die Schwaben; sie verlangen täglich, was ich ihnen von mir aus nicht erfüllen kann, wenngleich ich das Möglichste versuche. Es schreiben mir aus dem Schweizerland fast alle, die um Christi willen in Bedrängnis sind.» Seit jeher führte Zwingli mit gleichgesinnten Freunden einen intensiven Briefwechsel. Seine Brieffreunde wa-

«ZWINGLI WYBET»

ren Myconius in Luzern, Vadian in St. Gallen, Heinrich Utinger in Zürich, bevor Zwingli nach Zürich kam, Leo Jud in St. Pilt, dann in Einsiedeln, dann in Zürich, Beatus Rhenanus in Basel, Konrad Brunner in Basel, Berchtold Haller in Bern, Balthasar Stapfer in Schwyz, Johannes Zwick in Riedlingen, Gregor Bünzli in Weesen, Johannes Oekolampad in Basel, Albrecht von Landenberg in Köniz, Werner Steiner in Zug, Urban Wyss in Gottlieben, Thomas Wyttenbach in Biel, Niklaus von Wattenwyl in Bern, Ambrosius Blarer in Konstanz. Bei der ungeheuren Arbeitslast von Zwingli ist es kaum verständlich, woher er die Zeit nahm, Briefe von zehn Buchseiten und mehr zu schreiben, und das von Hand.

Was schliesslich 1524 zu erleben war, das kann als Abbruch der alten und Neubau der neuen Gottesdienstordnung bezeichnet werden. Zwingli beschloss Ende März, er wolle nun eine Zeit lang gar nichts schreiben und ein halbes Jahr einen Vergleich herstellen zwischen hebräischen und griechischen Textstellen des Alten Testaments. Froschauer druckte diese Seiten und brachte diesen Teil im August heraus. Den Rest verlegte er im Februar 1525. Zwingli hatte neben seinen vielen Tätigkeiten jetzt auch noch hebräisch studiert.

Aber 1524 ist auch das Jahr seiner Eheschliessung mit Anna Reinhart. «Zwingli wybet», hörte man allenthalben in der Stadt. Anno 1524 auf Samstag des andern Tags im April, da gaben sie sich das Jawort. Bei den Freunden herrschte grosse Genugtuung. Vor ihm hatten schon etwa ein Dutzend Geistliche ihre Jungfrauen, Haushälterinnen, Klosterfrauen oder Laienschwestern geehelicht. Den Anfang hatte Wilhelm Röubli gemacht. Zwinglis Ehefrau, die Patriziersfrau Anna Reinhart besass ein Vermögen von 400 Gulden, aber sie trug keine Seide und keinen Schmuck. Sie hatte ihren Gatten als Pestkranken gepflegt. Aus der Liaison wurde eine Liebesheirat.

Seit Frühjahr 1522 hatte sich keine Tagsatzung mehr in Zürich versammelt, man lud die Zürcher gar nicht mehr ein. Zürich drohte die Isolierung. Denn es wurde nun bekannt, dass sich ein Heer von 6000 Eidgenossen – ausser aus Zürich – in Oberitalien befand, dass dieses Heer bei Bicocca eine schwere Niederlage davongetragen hatte, und nur eine kleine Minderheit in elendem Zustand überhaupt die Heimat wiedersah. Zwingli richtete «Ein trüw und ernstlich Vermahnung an die frommen Eidgenossen». Es war ein Kassandraruf. Doch der Ruf wurde nicht gehört. Am 25. Februar hatte die Tagsatzung eine einzige Anklage an Zürich: Zürich säe Hass und Zwietracht, Zwingli und Jud seien die Rädelsführer. Die Zürcher Obrigkeit versprach eine Untersuchung, verzögerte jedoch den Prozess. Immerhin hat Zürich keine Schlacht auf fremdem Boden verloren.

Ende März liess Zwingli *Der Hirt* erscheinen, eine Abhandlung, die fundamental und allseitig die Predigt kennzeichnet. Er richtete sein Augenmerk auf die Eidgenossenschaft, zeigte den guten und den falschen Hirten. Die Kennzeichen eines rechten Hirten seien mutige Predigt, persönliche Charakterfestigkeit und Einsatz für die Schwachen.

Leider existiert kein Bild von Anna Reinhart. Es gab auch von Zwingli kein Bild, bis auf das frühe Porträt vom hochberühmten Albrecht Dürer, das mutmasslich Zwingli zeigt und wahrscheinlich aus dem Jahr 1516 stammt. Es wurde vermutlich in Basel gemalt. Zwingli hatte sich früh des jugendlichen Sohns seiner Frau als Lateinlehrer angenommen. Im Zweiten Kappelerkrieg fiel sein Stiefsohn Gerold Meyer. Seine Frau überlebte den Reformator um sieben Jahre.

Der Pfingsttag fiel auf den 15. Mai. Mit diesem Datum lief die Wartefrist ab, die man den Bischöfen von Konstanz, Chur und Basel sowie der Universität Basel und allen eidgenössischen Orten gegeben hatte. Zürich hatte an diese Herrschaften eine Einladung gesandt, Einwendungen zu formulieren zum Vorhaben der Zürcher, auf Bilder und Messe zu verzichten. Die Zürcher Obrigkeit hatte noch am Pfingstsamstag verlauten lassen, «der Bilder und der Messe halber strenge zu warnen, dass niemand, es sei Frau oder Mann, jung oder alt, geistlich oder weltlich nichts vornehmen noch handeln solle, bis die Herren vor-

PFINGSTEN
1524

127

kehren werden, was sie zu der Sache bedacht und gut finden». Die Antwort vom Konstanzer Bischof ging zu spät ein, erst am 1.Juni, als der Zürcher Rat seine Vorkehrungen schon getroffen hatte. Natürlich lehnte der Bischof dieses Ansinnen ganz entschieden ab. Zweimal las man das Manuskript aus Konstanz vor. Aber es kam zu spät.

In Zollikon war bereits der Sturm losgebrochen, in der Zollikerkirche kam es zu skandalösem Demolieren des Altars und der Bilder. Es waren die Radikalen, die am Zürichsee ein Zeichen setzten. Am Pfingstmontag erstellte die Vierzehner-Kommission in Zürich einen Antrag, konnte sich allerdings nicht in allen Punkten einigen. In der Bilderfrage bestanden keine Uneinigkeiten. Es dürfe jedoch auf keinen Fall das Kruzifix beseitigt werden, weil es auf das Leiden Christi hinweise. Zwingli nahm zur Bilderfrage Stellung und stellte klar, dass niemand Gemälde, Statuen und Bilder mehr bewundere als er. Wo Bilder nicht verehrt würden, sei auch niemand gegen Bilder und Gemälde, Lampen und Kerzen. Wallfahrt und Litanei braucht es dafür nicht. Gott wolle ein neues Leben, Menschen, die einander helfen und lieb hätten, die nicht von Christus schwatzten, sondern handelten wie er gehandelt habe.

Schwieriger sei das Messeproblem. Zwingli plädierte für eine radikale Distanzierung von der Messe und für ein Abendmahl. Die Ratsherren fanden, man könne die Messliturgie säubern, der Ornat dürfte bleiben und das Altarsakrament wollten sie nicht aufgeben.

Mit den Götzen wollte man am 15.Juni dem Wort Gottes stattgeben. Die Wegräumung haben die drei Leutpriester beschlossen. Natürlich waren ein paar herrliche, kostbare Werke sowohl in Malerei wie Schnitzerei zu finden. Man unterschied kaum noch in der Qualität, es ging nicht mehr um Kunst, es waren Götzen, man verachtete die herrlichsten Werke, wundervolle Tafeln. Mit Genugtuung wurde festgestellt, dass die ganze Prozedur ziemlich ruhig verlaufen sei. Es sei ein Wunder, dass alle diese Dinge mit grossem Frieden geschehen seien, ohne Aufruhr und Tumult.

Zwingli selbst war beglückt, «wie förderlich die Entfernung der Bilder für die Frömmigkeit sei, glaube nur recht, wer es erfahren habe. In Zürich sei, nachdem die Bilder auf Beschluss des Rats und des Volkes weggeräumt waren, alles sittliche Streben gleichsam neu und viel herrlicher aufgeblüht». Von einem Bildersturm war keine Rede. Es waren nur einzelne wenige Täter beteiligt, das aber war kein Sturm. Alles ging weitgehend wohlbereitet und mehr oder weniger geordnet über den Altar oder durch das Kirchenschiff. Man sammelte die Bilder ein, in insgesamt 13 Tagen war es geschafft, man magazinierte das gesammelte Gut. Ja, Zürich ist vom Bildersturm verschont geblieben. Eine Kommission mit den drei Leutpriestern, Vertretern der Zünfte, der Stadtbaumeister, der Schmied, der Schlosser, der Steinmetz, die Zimmerleute und Arbeiter gingen in die Kirchen; man schloss die Türen, man löste die Wandgemälde von den Wänden, es wurde alles übermalt. Die Altäre wurden entfernt und zerbrochen oder verbrannt. Gewiss wurden auch köstliche Tafeln zerschlissen. Niemand dachte an Kunstwerke, es ging nur um die Fröhlichkeit des neuen Glaubens. Zwinglis Frau hat Altartafeln von Hans Leu dem Älteren aus dem Grossmünster gerettet und in ihrem Haus aufbewahrt. Auch in der Landschaft ist es kaum zu Unruhen gekommen. Schliesslich war das Münster kahl und leer, nur noch das Chorgestühl blieb. Silber und Gold und Kleinod und Zierden wurden eingesammelt. Monstranzen, Becher, Kelche, Schmuck wurden eingeschmolzen und umgegossen, in Taler, Batzen und Schillinge. Es verschwanden die Reliquien der Heiligen aus den Kirchen, sie wurden vergraben oder verscharrt.

Bullinger berichtete später, es hätten damals einige recht wertvolle Bilder dran glauben müssen.

Die Zürcher Reformationsbewegung war mit sozialen Motiven verflochten. Die spätmittelalterlichen Besitzverhältnisse gerieten in Erschütterung und die fundamentale Rolle des Zehntwesens kam ins Wanken. Die Spannungen, die aus den Widerständen gegen die Leistungen des

AUFHEBUNG DER KLÖSTER

Zehnten erwuchsen, führten zu massiven Beschimpfungen durch Wilhelm Röubli.

Es wurde auf Gebühren verzichtet, besonders für Taufe und Begräbnis. Die Gemeinden hatten Anrecht auf diese Dienste. Die Zahl der 24 Chorherren und 32 Kaplane wurde herabgesetzt. Der Unterschied zwischen Chorherren und Kaplanen wurde aufgehoben. Aus den frei werdenden Einnahmen sollte eine theologische Schule aufgebaut werden, schlug Zwingli vor, an der kundige Gelehrte täglich je eine Stunde die hebräische, griechische und lateinische Bibel erklärten. Überschüsse würden dem Spital und den hausarmen Leuten zugewandt.

Das Volk drängte auf die Aufhebung der Klöster, es waren in der Stadt acht davon, auf dem Land insgesamt zwölf.

Am 30. November 1524 übergab die inzwischen evangelische, 46-jährige Äbtissin zum Fraumünster, Katharina von Zimmern, ihr Stift mit allen Gütern dem Rat der Stadt. Unter anderem ging der uralte, riesige Besitz des Sihlwalds an die Stadt. Das Kloster Fraumünster stand seit Jahren leer. Der Rat gewährte der Dame eine standesgemässe Pension auf Lebenszeit. Sie war seit 1496 Äbtissin gewesen. Sie zog es nun vor, sich mit Junker Eberhard von Rischach zu vermählen und zu ihm nach Schaffhausen überzusiedeln.

Am 1. Dezember 1524 schuf der Rat der Stadt eine Kommission zur Aufhebung aller Klöster. Die Mönche der drei Männerklöster sollten gemeinsam im Barfüsserkloster untergebracht werden. Junge, starke Mönche sollten ein Handwerk lernen, andere sollten studieren. Die Aufhebung der Klöster auf der Landschaft zog sich noch etwas hin. In allen Bereichen wurde das Klostergut den Schulen, den Spitälern und der Armenpflege zugeteilt.

Am 15. Januar 1525 organisierte der Rat der Stadt die soziale Fürsorge durch die berühmte Almosenordnung. Im ehemaligen Dominikanerkloster wurde eine Küche zur Speisung der Armen, «Mushafen» genannt, geschaffen.

Es gab eine Armenpflege, sie bestand aus zwei Abgeordneten aus den beiden Räten. Der Gassenbettel war ausdrücklich verboten.

Sozialpolitisch war das Almosenamt eine grossartige, vorbildliche Einrichtung, gewissermassen ein öffentlicher Wohltätigkeitsfonds, der eine wichtige Rolle spielte. Die Klöster haben an das Säckelamt bedeutende Beträge abgegeben. Zwingli war der Meinung, das Kirchen- und Klostergut gehöre der Kirche und den Armen. Die Ausgaben stiegen in den kommenden Jahren für die Schule, für Glaubensflüchtlinge, aber auch für Notfälle im In- und Ausland.

Das neue Ehegericht, in der Stadt auch Chorgericht, auf der Landschaft Stillstand genannt, wurde am 10. Mai 1525 geordnet. Die Eheordnung war die umfassende Lebensregel. Das Ehegericht bildeten je zwei Mitglieder der Pfarrerschaft, des Grossen und des Kleinen Rats. Es gab jetzt Ehescheidung und Wiederverheiratungsrecht. Das Zürcher Ehegericht, das erste im Gesamtgebiet der Reformation, war durch sein Vorbild einer der wichtigsten Beiträge der zürcherischen Entwicklung geworden.

So sehr der Reformator der Meinung war, dass die Beibehaltung der Messe mit biblischen Argumenten schon längst nicht mehr zu verantworten sei, diese Angelegenheit wollte einfach nicht vom Fleck kommen, es ging mit der Obrigkeit nicht vorwärts, sie wollte sich nicht bewegen. Die meisten Räte zauderten in dieser sehr wichtigen Sache. Es blieb vorerst alles beim Alten. Das war seltsam, denn sonst fand Zwingli leicht Gehör bei den Räten, doch in der Angelegenheit der Messe liess man ihn warten. Zwingli wartete eigentlich schon seit Mitte 1523. Er war sich mit seinen Mitarbeitern schon seit bald zwei Jahren einig. Doch der Rat zögerte. Ein neuer Beweis dafür, dass der Rat immer den Ton angab. Die Räte hatten sich inhaltlich zu ihrem Zaudern nie geäussert. Die Sache musste offensichtlich reifen. Sie waren unsicher, ängstlich, sie hatten zu lange an der Messe gehangen. Plötzlich fassten sie den Beschluss, ohne dass sie selbst wussten, was den Ausschlag gegeben hatte für ihren Entscheid. Am 25. Januar 1525 gingen die Radikalen voran. Sie hatten sich von der kirchlichen Messfeier entschieden distanziert. Dann trafen sie sich in Privathäusern, um das

ABSCHAFFUNG DER MESSE

schlichte Abendmahl miteinander zu feiern. Ein Laienprediger brach ein Brot zu mehreren Stücken, dann hatte er auch ein Geschirr mit Wein dabei. Die Verwirrung griff um sich. Die Form der Messe wurde in verschiedener Weise durchgeführt. Es konnte auch sein, dass der Rat von den Radikalen beeinflusst worden ist. Und es ist schwierig, für jeden Beschluss in jedem Fall sachliche Argumente zu bestimmen. Was in zehn oder zwölf Jahren an Veränderungen in der Gesellschaft und in der Kirche bewegt und fortgesetzt wurde, das grenzte an vielen Punkten an Wunder und war nicht in jedem Fall mit sachlichen und sachbezogenen Argumenten zu begründen.

Zur Genugtuung von Zwingli blieben seine Bemühungen nicht ohne Erfolg. Anfang April war man bereit, sodass er seinen Amtsbrüdern nach Basel schrieb: «In Zürich haben wir alle den wahren Sachverhalt offen herausgesagt; doch hat niemand von den Gläubigen daran Anstoss genommen; vielmehr sind auch die Schwachen durch die tägliche Belehrung gefestigt worden; niemand widerstrebt mehr als die Gottlosen.»

Endlich, am 11. April, wurde Zwingli in Begleitung seiner nächsten Mitarbeiter Dr. H. Engelhardt, Leo Jud, Kaspar Grossmann, dem Spitalpfarrer, und Oswald Myconius auf sein Ersuchen im Rathaus empfangen. Hier setzte er also vor der versammelten Obrigkeit «mit Anzeigung vieler guter Gründe» auseinander, dass die Messe rein gar nichts wert sei und dass man an ihrer Stelle das Nachtmahl aufrichten sollte. Zudem hatte Zwingli nicht den Eindruck, dass er im Radikalismus des Säuberns zu weit gegangen sei, denn er war geduldig und vorsichtig. Allerdings verlief die Ratssitzung nicht ohne Opposition und ohne Störung. Es war Joachim Amgrüt, der gegen die Vorschläge opponierte. Er holte zu einem längeren Votum aus, doch es gehe jetzt eben um den Kernpunkt von allem, nämlich das Heil der Seelen, und da der Glaube selbst in Gefahr sei, wolle der Leutpriester sophistische Begriffsspaltereien entwickeln. Zwingli antwortete, so viel er wisse, sei in Zürich noch nie jemand zum Glauben gezwungen worden. Und Begriffsspalterei sei das ganz und gar nicht.

Nun hielten die Ratsherren die Angelegenheit noch immer nicht für spruchreif, man verstand noch immer nicht, was noch fehlen soll. Noch einmal wurde eine Viererkommission geschaffen. Doch am nächsten Tag, endlich am 12. April, fasste der Rat den folgenschweren, wenn auch noch immer nicht einsehbaren und begreifbaren Beschluss: «Anno 1525 auf Mittwoch, haben die Herren Burgermeister Diethelm Röist und Herrn Burgermeister Heinrich Walder sowie der Kleine und der Grosse Rat, die 200 der Stadt Zürich, mit Mehrheit erkannt, dass man die Messe sölle abtuen.» Schon am nächsten Tag sei keine Messe mehr gelesen worden. Zwingli: «Die Messe ist samt und sonders beseitigt, getilgt und abgeschafft.» Es bürgerte sich in Zürich ein, dass vier Mal im Jahr Abendmahl gehalten wurde: zu Ostern, zu Pfingsten, im Herbst und zu Weihnachten. Die Abendmahlsfeier bildete die Krönung der Zürcher Reformation.

Der Rat hatte schon im September 1523 seine Zustimmung zur Errichtung einer theologischen Lehranstalt am oder im Grossmünster gegeben. Doch die Sache brauchte noch eine Weile. Zunächst konnte man Mittel freibekommen durch die Herabsetzung der Zahl von 24 auf 18 Chorherren. Dann schlossen sich zwei begabte junge Männer durch ihren stürmischen Radikalismus geradezu selbst vom Stift aus, da sie sich zur Täuferei bekannten. Der altehrwürdige Konrad Hofmann hatte die Stadt endgültig im Sommer 1524 verlassen und liess sich in Bremgarten nieder, und der andere alte Chorherr, Dr. Niessli, starb im April 1525. Damit hatte Zwingli freie Bahn für sein grossartiges Lehrprojekt Prophezei. Er hatte nun neue Geldmittel zur Verfügung.

Am 19. Juni 1525 wurde die Prophezei eröffnet. Sie stützte sich auf das 14. Kapitel des Ersten Korintherbriefs. Da wurden die Propheten der Urgemeinde vorgestellt, davon leitete sich der Name der Akademie Prophezei ab, das waren die biblischen Vorbilder für die Schriftdeutung. Die Prophezei ist weiterum bekannt geworden als Bemühung zur Schriftgelehrsamkeit der reformierten Pfarrer. Die Leiter waren der Initiant Zwingli, Leo Jud, Caspar

DIE PROPHEZEI

Grossmann, Johannes Ceporinus und dann etwas später Conrad Pellikan. Die Arbeitsgemeinschaft nahm ihre Tätigkeit im Chor des Grossmünsters auf. Versammelt waren alle Pfarrer, alle Chorherren und die grösseren Schüler. Zwingli sprach ein Gebet. Und dann las ein Schüler einen Text, der Reihe nach einen lateinischen, einen griechischen, dann einen hebräischen.

Es war eine Schule oder Hochschule für die drei Sprachen.

Das war nun die Stunde für den 1500 geborenen Zürichbieter Jakob Wiesendanger, latinisiert Ceporinus, von den Zürchern Herr Ciprin genannt. Er bekam jetzt eine feste Stellung. Er hatte als Student beim berühmten Reuchlin seine Dienste zur Verfügung gestellt und danach in Basel und in Zürich sein Können und Wissen angebracht. Der junge Wiesendanger erhielt die Chorherrenpfründe von Konrad Hofmann, der im Mai 1525 in Bremgarten gestorben war. Zwingli hatte schon dem 22-Jährigen eine erste Lehrstelle verschafft. Und in der zweiten Hälfte des Jahres 1523 heiratete der junge Gelehrte die ehemalige Dominikanerin Elsbeth Scherer. Nach seinem frühen Tod an Weihnachten 1523 schrieb Zwingli eine schöne Verabschiedung von Ceporinus: «Gegen den Willen der Musen und ihrer Verehrer hat ihn der Tod ereilt.» Der junge Gelehrte soll überaus ernsthaft und lauter gewesen sein. Zwingli nahm das Schicksal des jungen Mannes zum Anlass der Ermahnung an die Jugendlichen. Wie oft habe er ihn bestürmt, ja eben ermahnt, er solle auf die Gesundheit achten. Aber der habe jedes Mal geantwortet, «Lektüre ist nichts Anstrengendes für mich, denn nichts ergötzt mich mehr als Lesen».

Danach konnte Zwingli den Hebräisten und wirklich grossen Gelehrten Conrad Pellikan für Zürich gewinnen. Der gebürtige Elsässer war Barfüssermönch gewesen; er kam jetzt also in die Hochburg der Reformation. Er hatte sich als Verfasser einer hebräischen Grammatik und als Mitarbeiter des Erasmus einen Namen gemacht. Anfang März 1526 nahm er seine Professur an.

«Liebster Pellikan», schrieb ihm Zwingli am 12. Januar 1526, «es lässt sich nicht beschreiben, wie viel Freudigkeit ich aus Deinem Brief geschöpft habe; ersehe ich doch daraus, dass Du unserm Begehren ziemlich entgegenkommst. Du bist nun lange genug im Kerker menschlicher Finsternis versteckt gewesen; doch weiss ich ja ganz gut, dass überall Licht ist, wo Du bist.» Und dann berichtet er ihm, dass er «täglich ein bestimmtes Stück Hebräisch lesen soll, wir fangen nun das zweite Buch Moses an. Das jährliche Einkommen ist dem meinigen gleich, sechzig oder siebzig Gulden, oder vielleicht auch achtzig, dazu ein hübsches und sehr bequem gelegenes Haus [...] Ich selbst öffne Dir mein Haus ebenfalls. Geh ein und aus nach Belieben, alles soll Dir zur Verfügung stehen».

Jeweils um acht Uhr morgens versammelten sich die Geistlichen, ausser am Markttag am Freitag und am Sonntag. Da trug also der junge Hebräist den Text in Hebräisch vor, später übernahm das der Altmeister Conrad Pellikan. Dann las Zwingli den griechischen Text. Mit der Neubildung des Unterrichtsprogramms der Lateinschule konnte Zwingli eine Bibelexegese aufbauen. Dafür war vor allem Oswald Myconius eingesetzt. Sehr wichtig waren Dialektik und Rhetorik, ferner Übungen in logischem Denken und die freie deutsche Rede. Man las Plutarch, Plinius' Naturgeschichte, Virgils Gedicht über den Landbau, Schriften über Kriegswesen. Der etwas später berühmt gewordene Conrad Gessner, der noch im Todesjahr Zwinglis 1531 als Stipendiat in die Grossmünsterschule eintrat, bekannte, dass er dem Unterricht Zwinglis die ersten Anregungen für seine Liebe zur Naturwissenschaft zu verdanken habe. Nach Thomas Platter, einem weiteren berühmten Schüler, belief sich die Anzahl der Studenten an der Prophezei auf etwa 60. Im Frühjahr 1531 machte die Schule weiterhin von sich reden mit Aufführungen der Komödie Plutos von Aristophanes, zu welcher Zwingli die Musik komponiert hatte. Unter den Mitspielenden waren zwei Lehrer, vier Studenten und einige Bürger aus der Stadt.

Die Prophezei nimmt einen Platz zwischen Lateinschule und Universität ein. Es war nie eine Universität vorgesehen. Die Schulung diente der Umerziehung und der Schulung der schon im Amt stehenden Geistlichkeit der Stadt. Man hat vor allem das Alte Testament ausgelegt. Dann befasste man sich mit dem Neuen Testament. Zwinglis Auslegungstätigkeit von gelehrter Exegese und allgemeinverständlicher Predigt war für verschiedene Bildungsschichten geschaffen. Es gab zu mehreren Büchern Übersetzungen: Genesis, Exodus, Psalmen, Hiob, Jesaja, Jeremia, kleine Propheten. Die zürcherische Bibelübersetzung war eine alemannische Bearbeitung durch einen Kreis um Zwingli. Im Alten Testament lehnte man sich an Luther an. Luther hat ja nicht alle Teile des Alten Testaments übertragen. Auf diese Stücke warteten im Reich viele Bibelkundige. Froschauer schrieb an Zwingli am 18. September 1526 von der Frankfurter Herbstmesse: «Man klagt sehr über euch, dass ihr die Propheten nicht ins Deutsche übersetzt habt.»

Christoph Froschauer war ein Drucker, der 1515 aus Bayern nach Zürich kam. Er hat sich in der Stadt sehr gut eingelebt. Im Jahr 1519 bekam er das Bürgerrecht der Stadt. Er hatte mehrere Mitarbeiter, fuhr zwei Mal im Jahr nach Frankfurt an die Buchmesse. Natürlich gehörten die Schriften Zwinglis, neben der Zürcher Bibel, zu seinen wichtigsten Aufträgen. Aber er druckte auch einige Werke von Erasmus von Rotterdam und einige Schriften von Luther. So wurde Froschauer ein wichtiger Förderer der Reformation. Seine Druckerei stand in der Brunngasse 18. Froschauer starb 1564 an der Pest. Seine Druckerei wurde von seinem Neffen weitergeführt und wechselte danach mehrfach den Besitzer.

Er druckte zwischen 1520 und 1564 nahezu 1000 Bücher und annähernd eine Million Exemplare, darunter die reich ausgestattete Zürcher Bibel. Zu den Glanzstücken gehörte die prachtvoll illustrierte «Schweizer Chronik» von Johannes Stumpf aus dem Jahr 1547.

Im Herbst 1529 lag die vollständige Zürcher Bibel vor. Und 1531 erschien dann eine Neuauflage der Froschauerbibel. Die Auflage lag bei 3000 Exemplaren, sie war schnell vergriffen. Die Bibel war mit 200 wunderbaren Illustrationen, die Hälfte von Holbein dem Jüngeren (1497–1543), versehen. Diese wunderbare Bibel von Froschauer, dem begabten grossen Zürcher Drucker, war die Frucht der gelehrten Arbeitsgemeinschaft in der Prophezei. An dieser Bibel von 1531 hatte noch der grosse Berner Künstler Niklaus Manuel mitgearbeitet. Sie kostete 3½ Gulden und war für manche Geistliche nicht erschwinglich. Unter der Leitung von Heinrich Bullinger, dem Nachfolger von Zwingli, wurde die Prophezei zur Schola Tigurina, einer hohen Schule von grosser Ausstrahlung und Reputation, ja zum Prototyp aller späteren reformierten Akademien, nicht nur im eidgenössischen Kontext, sondern auch auf europäischer Ebene.

Der Ittingersturm war wohl kein reiner Bildersturm. Es gab in den zürcherischen Gebieten in Weiningen, in Höngg und dann in Stammheim, ja im ganzen zürcherischen Staatsgebiet die reformatorischen Landesteile, und das brachte heftige und manchmal gewaltsame Auseinandersetzungen. Das versetzte den eidgenössischen Landvogt im Thurgau in Streit mit den Zürchern. Am 24. Juni hatten Stammheimer im grossen Umfang Kirchenbilder und Kreuze zerstört. Und als der Prior des nahe gelegenen Kartäuserklosters Ittingen öffentlich predigte, die Bilderverbrennung sei «wider die christliche Odnung», da waren die evangelischen Bauern alarmiert. In Stammheim hatte Zürich die niedere Gerichtsbarkeit, der Landvogt in Frauenfeld indessen die hohe Gerichtsbarkeit inne. Die Dörfer hatten nach dem Zürcher Ratsmandat vom 15. Juni 1524 einen gemässigten Bildersturm angezettelt. Die eidgenössische Tagsatzung betrachtete das als Aufruhr. Der Landvogt sollte die Rädelsführer verhaften. Er liess in der Nacht vom 17. Juli den Pfarrer von Burg Stein am Rhein, Johann Ulrich Oechsli, einen Freund Zwinglis, von 30 seiner Knechte entführen. Stein am Rhein und Stammheim liessen Sturm läuten. Das war der Sturm zum Aufstand der Zürcher Unterländer bis weit in den Thurgau hinein. Das Zürcher Volk nahm die Verfolgung auf. In allen Dörfern wurde mobilgemacht. Immer mehr Bauern versammelten sich an den Ufern der Thur. Viel Volk und der angesehene zürcherische Untervogt Hans Wirth und seine beiden Söhne sowie der Untervogt Reutimann von Nussbaumen versuchten vergeblich, die Oechsli-Entführer einzuholen.

Nun stand nahe bei Frauenfeld und in Sichtnähe der erregten Menge das wunderschöne Kartäuserkloster Ittingen. Die Verfolger rasteten bei Ittingen an der Thur. Man wollte in der Kartause den Hunger stillen. Jetzt steigerte sich die Menge zum Sturm. Die Untervögte versuchten Einhalt zu gebieten. Doch die Kartause ging schliesslich in Flammen auf. Kisten und Kasten wurden geplündert, Glasgemälde und Bilder und Bücher zerschlagen, also doch eine Art Bildersturm. Es kam zu einem grossen Fischessen im Kloster.

Zürich verhaftete danach elf führende Beteiligte und sagte den eidgenössischen Behörden Bestrafung zu. Die Tagsatzung verlangte die Zuständigkeit des Hochgerichts der zehn Orte und beharrte auf der Auslieferung der zum Thurgau gehörenden Verhafteten. Es drohte ein Bürgerkrieg.

Kein Zweifel, die Evangelischen hinterliessen einen Scherbenhaufen. Was stattgefunden hatte, war ein Fest und ein Aufstand zugleich. Es war ein Besäufnis, denn es wurde exzessiv Wein getrunken. Die Zerstörung der Bilder war aber ein bewusster Akt, trotz Trunkenheit.

Das Nachspiel war tragisch. Wer war schuld am Ittingersturm? Der Vogt Amberg in Frauenfeld forderte scharfe Vergeltung. Mit ihm natürlich auch die katholischen Orte. Schliesslich wurden vier Männer nach Zürich geholt. Hans Wirth, Untervogt und Gemeindepräsident von Stammheim, sowie seine beiden Söhne Johannes und Adrian, beide Prädikanten zu Stammheim. Dazu noch der Untervogt zu Nussbaumen, Burkhart Reutimann. Das niedere Gericht in Zürich wurde für nicht zuständig erklärt, der Fall gehöre als schwerwiegend vor das eidgenössische Gericht, also nach Baden, wo die Tagsatzung zusammentrat. Die Schuld der vier Männer war aber noch nicht erwiesen. Was inzwischen erwiesen war: Sie hatten das Feuer in Ittingen nicht gelegt.

Der Druck auf die Zürcher Regierung war enorm. Die fünf Orte drohten mit Krieg. Zürich gab nun nach. Man liess die vier Männer zum Tagsatzungsgericht führen, da das Gericht versprach, man werde nur über Ittingen verhandeln. Es kam wie befürchtet: Die Frage, wer Ittingen gestürmt und das Kloster angezündet hatte, spielte auf einmal keine Rolle mehr, die Männer konnten auch am Folterseil keine Namen angeben. Schliesslich wechselte die Anklage auf Ketzerei, es ging jetzt um Bilder, um die Messe, um das Fasten, um die Priesterehe. Es wurde ein scharfes Gericht über Zürich und seine Reformation. Hans Wirth, einem seiner Söhne und Burkhart Reutimann blieb keine Hoffnung. Nur Adrian Wirth wurde freigelassen. Die drei Männer wurden zum Tod verurteilt, gnadenhalber durch das Schwert, denn eigentlich wäre das Feuer angemessen gewesen, wie die Richter urteilten. Der ganze Gerichtsprozess liest sich wie Märtyrerakten aus der Frühzeit des Christentums. Die Zürcher hatten Protest eingelegt. Das statuierte Exempel belegte, dass die altgläubige Mehrheit in der Eidgenossenschaft die Zürcher Reformation als eine totale Versündigung ansah.

Schon längere Zeit befasste sich Huldrych Zwingli mit der Abfassung einer Darstellung seiner Theologie. Ge- rade die Stürme in Ittingen, die Massenbewegung im Norden des Kantons und im Thurgau machten deutlich, dass die reformierten Menschen Argumente und Ideen brauchten, um mit dem Prozess der Reformation Schritt halten zu können. Zwingli spürte, dass er eine Schrift benötigte, welche die neue Religion darstellte und erklärte. Der reformierte Prozess hatte ein hohes Tempo, die neuen Ideen auf allen Gebieten waren sozusagen im Nu geschaffen, es war für die Bevölkerung nicht so leicht, die neuen religiösen Inhalte zu begreifen, sie anzunehmen und mit Inhalt zu füllen. Im Grunde war ein Anlass wie der Ittingersturm eine einleuchtende Bewegung, die darstellen konnte, dass die Bevölkerung sich nach inhaltlichen Erklärungen geradezu sehnte. Was ist wahre und was ist falsche Religion? Wie haben wir uns zu verhalten? Was nützt uns ein Sturm auf ein Kloster? Der Reformator begab sich dreieinhalb Monate in eine äusserst intensive Nachtarbeit und schuf seine Dogmatik unter dem Titel *Kommentar über die wahre und falsche Religion*. Nicht ganz plausibel ist seine Widmung darin an Franz I., den

König von Frankreich. Sie lautete: «Dem allerchristlichsten König von Frankreich, Franz dem Ersten seines Namens, wünscht Huldrych Zwingli Gnade und Friede von Gott.» Man kann vielleicht vermuten, dass Zwingli in Bezug auf die Reformation mit Frankreich eine grosse Hoffnung verband.

Zwingli war ein Schrifttheologe, das ist sicher unbestritten. Und Zwinglis Theologie ist nie die Zürcher Staatsideologie geworden. Nicht von Ungefähr hat Zwingli also sein Hauptwerk dem französischen König gewidmet; seine Bündnispolitik war sehr weit gedacht und gefasst, sie umspannte den Grafen Philipp von Hessen, den revolutionären Bauernführer Michael Gaismair aus Tirol, auch die Republiken Mailand und Venedig sowie die vielen verbündeten oberdeutschen Städte. Dass Zwingli auch antike Vorbilder und Befreiungskämpfer wie Herkules, Theseus, die römischen Volkstribunen Cicero und Seneca im Himmelreich wieder anzutreffen wünschte, das hat Luther und Calvin abgestossen. Eindeutig plausibel wurde die Widmung an den französischen König trotzdem nicht, da dieser doch kein möglicher Bündnispartner für die Ziele Zwinglis sein konnte.

Das Kompendium als solches ist gut disponiert und konsequent aufgebaut; in Stil und Argumentation hat das kühne und bedeutende Werk Klarheit und Heiterkeit. Man sagte darüber, es sei die erste reformatorische Dogmatik. Gegen Ende 1524 habe er damit begonnen, «und so hat meine Zusage mich getrieben, dass ich dreieinhalb Monate hindurch Tag und Nacht geschwitzt habe [...]». Daraus folgerte Zwingli, «dass schlechterdings alles, was wir sehen, nicht aus sich selbst sein kann, sondern aus einem andern ist und besteht, nämlich aus Gott, der Brunn und Ader alles Seins ist».

Zu Zwinglis *Kommentar über die wahre und falsche* Religion, geschrieben «zur Ehre Gottes, zum Nutzen der christlichen Gesellschaft, zum Wohl des Gewissens», schrieb Walther Köhler, einer der bedeutendsten Reformationshistoriker des 20. Jahrhunderts: «Der Titel klang philosophisch, es war auch viel von Religionsphilosophie in dem Buch, aber des Verfassers Absicht war ganz gegenwartsbezogen, man könnte wiedergeben: von der evangelischen und der katholischen Religion [...]. Immer wieder schoben sich rationale und universale Gedankengänge ein, Beispiele und Zitate aus der Antike wurden spielerisch in fremdes Gewand hineinverwoben. Der christliche Theologe fing mit der Schrift *Von der Natur der Götter* von Cicero an, wenn er die Frage stellte: Was heisst Religion?» Im Jahr 1525 hatte der Reformator die 67 Schlussreden und ihre Begründung vorgestellt. Dies war ein staatspolitisches Programm, jedoch keine Glaubenslehre, so sah es Walther Köhler. Es sprudle eine fruchtbare Lebendigkeit aus dem Text, es sei gedanklich gefasst. «Im Unterschied zu Luther, der hier ein ähnlich gelagertes Werk schmerzlich vermissen lässt, hat Zwingli dreimal eine gegliederte Zusammenfügung seiner religiösen Glaubenswelt dargeboten.» Es ist zu erkennen, wie eindeutig Religiöses und Politisches in der Limmatstadt verflochten waren und wie die Reformation in der Stadt unvermeidlich als ein Politikum allererster Ordnung erfahren und erkannt wurde. Die Aufgaben waren klar verteilt: Der Rat entscheidet, setzt durch, kontrolliert, bestraft, der Rat beschliesst die Disputationen, die Bilderfrage, den Verzicht auf die Messe, den Gottesdienst, das Abendmahl. Es gab kaum etwas Programmatisches, was nicht vom Rat abgesegnet worden wäre.

Zwingli wollte die Kriegernation der Eidgenossenschaft auf den Pfad des Friedens führen. Damit lagen ihm auch die politische Unabhängigkeit und die Tradition der alten Eidgenossenschaft am Herzen. In seinem Empfinden bereicherte sich eine kleine oligarchische Führungsschicht, indem sie junge Männer an die Nationen verkaufte, die arm und abenteuerlustig waren, die zum Töten und Rauben in fremde Gegenden zogen. Die Herren waren Blutverkäufer, schamlos und rücksichtslos.

Bereits Anfang 1524 drohten die fünf Innerschweizer Orte, Zürich mit einem Krieg zu überziehen, sie beschlossen am 8. April in Beckenried die irrige, verkehrte Lehre niederzudrücken. Im August des gleichen Jahres besprachen sie mit dem Kaiserlichen Sekretär praktische Schritte.

Das Zürcher Volk war nun so mündig wie noch nie und von der bischöflichen Kurie vollkommen emanzipiert. Zwingli beschäftigte sich mit der Befürchtung, dass dieser im Grunde erfreuliche Zustand zu einer Lockerung der moralischen Lebensumstände führen könnte. Er nahm diese Gefahr gar als unvermeidbar an. Die ganze Sittlichkeit oder die Sittenstrenge in der Zwingli-Zeit ist ein altes und ein eher unangenehmes Thema. Es gibt dazu auch unterschiedliche Einschätzungen, nicht allerdings, was das Sittengericht betrifft, da ist die ablehnende Front ziemlich eindeutig. Es ist eine Thematik, die nicht sorgfältig genug behandelt werden kann.

Oskar Farner geht in seiner vierbändigen Biografie im Kapitel *Das eigene Ehe- und Sittengericht* im dritten Band ziemlich offen damit um. «Diese Gefahr» – die Lockerung der Sitten – «war Zwingli keineswegs verborgen geblieben, und er hatte ihr von Anfang an so zu wehren versucht, dass er Anstalten traf, die bisher in Geltung gestandene Kirchenzucht der alten Kirche durch eine solche der neuen Kirche zu ersetzen. Und schon als er seine Schlussreden entwarf und damit begründete, hatte er das Problem, wenn denn nun die Befugnis notorischen Störern der moralischen Ordnung gegenüber zum Rechten zu sehen, ob der christlichen Gemeinde oder der staatlichen Obrigkeit, nicht nur zur Diskussion gestellt, sondern schon in der Richtung beantwortet, dass es vom Wort Gottes her zu den integrierenden Aufgaben der Kirche gehöre, in bestimmten krassen Fällen unnachsichtig Kirchenzucht zu üben.»

Zwingli hat von Anfang an darauf gepocht, dass unverschämte Laster auszurotten seien, darunter Ehebruch, Hurerei, Gotteslästerung und Trunkenheit, aber auch grössere Laster wie Totschlag, Meineid, Raub und Diebstahl.

Dieser von der Bibel abgeleiteten Praxis blieben ja auch Luther und später Calvin nichts schuldig. Sie wendeten eine ähnliche Handhabung an; Luther meistens etwas milder, Calvin wesentlich schärfer als Zwingli. Was allerdings der neuen Kirche nicht zugemutet werden konnte, das übertrug man nun der Obrigkeit. Es ging hier in erster Linie um die Schaffung des neuen Ehegerichts. Bislang brachte man Ehehändel vor den Gerichtshof der bischöflichen Kurie, der seine Unterbeamten auf einzelne Orte verteilen konnte. Das System war umständlich, zeitraubend, mit hohen Taxen belegt, die Verfahren wurden sehr häufig verschleppt, die Beamten waren korrupt. Zudem war das Ehesakrament aufgehoben und aus der kirchlichen Verklammerung herausgelöst, und Zürich hatte mit Bischof und Papst nichts mehr zu tun. Noch vor Luther schuf der Zürcher Reformator Zwingli die früheste Eheordnung. Und typisch für ihn war, dass er die Angelegenheit in die Hände des Rats legte.

Am 25. Februar 1526 rief er eine Kommission ins Leben. Ihr gehörten die drei Leutpriester und der Kustos Heinrich Leutinger, dazu je vier Mitglieder des Grossen und des Kleinen Rats an. Schon am 1. Mai lag die zürcherische Ehegerichtsordnung vor, die Zwingli massgebend mitgestaltet hatte. Die Ehegerichtsordnung war dann sowohl Vorbild für die Schweiz wie für das Ausland. Das endgültige Ehegericht bestand nun aus drei Geistlichen und je zwei Mitgliedern des Grossen wie des Kleinen Rats, also vier Weltlichen. Der Vorsitz wurde jeden dritten Monat gewechselt. Zwingli war übrigens nicht Mitglied des Ehegerichts. Gegen Entscheide des Gerichts konnte rekurriert werden. Gerichtstage waren Montag und Donnerstag jeweils 13 Uhr. Zu jeder Ehestiftung brauchte es zwei Personen als Trauzeugen. Zwang vonseiten der Eltern und Vormünder war untersagt: Niemand durfte seinen Kindern gegen deren Willen die Ehe versprechen oder sie zur Ehe zwingen. Auch die Ehescheidung war nun möglich. Üble Nachrede in geschlechtlichen Angelegenheiten wurde streng bestraft.

Am 21. März 1526 wurden die Kompetenzen der richterlichen Instanz bedeutend erweitert, indem die Gesamtbürgerschaft einer Kontrolle der moralischen Lebensführung unterstellt wurde. Und zwar ohne dass eine Einschätzung einer negativen moralischen Situation der Bevölkerung bekannt wurde. Das Ehegericht wurde so zu einem Sittenwächter, ohne dass eine vorangehende Diskussion stattgefunden hatte. Es wurden unbedenklich Kundschafter, eine Art Spitzel eingesetzt. Ein Hausbesitzer war verantwortlich für die Sittlichkeit seiner Mieter.

Die Frau durfte keinen Herrenbesuch empfangen. Auch unehrbares Reden über Zwingli wurde verfolgt. Und der Besuch des Gottesdienstes wurde streng kontrolliert, und schliesslich wurde der Besuch des Gottesdienstes 1529 als Kirchenzwang eingeführt.

Das Sittengericht warnte bis zu dreimal, das ist beileibe kein wirklich strenges Vorgehen, dann kam die Sache vor die Obrigkeit. Die Stadt war eingespannt in die christliche Zucht. Doch die Intensität des Strafens war nicht sehr hart. Die von der christlichen Obrigkeit verhängten Strafen lauteten: drei Tage Gefängnis beim ersten Vergehen, sechs Tage beim zweiten Mal und neun Tage beim dritten Mal. Danach folgte die Verbannung aus Stadt und Land. Diese Strafe verhängte die Obrigkeit nur selten.

Oskar Farner sagte dazu: «In einzigartiger, die dem Mittelalter längst bekannten städtischen Zuchtgebote, zwar nicht an Zahl, aber an Energie der Durchführung weit übertreffender Kraft wurde eine Stadtgemeinde sittlich geprägt.»

Ja, in Zwinglis Zürich lag die Wurzel für das vielfach strengere Genf Calvins und für den Puritanismus Oliver Cromwells im England des 17. Jahrhunderts, der allerdings das Zwinglische Mass in Richtung Radikalität bei Weitem übertraf. Oder ist es Erziehung des Menschengeschlechts? Ahndung der Sünden? Dies deutet das dreimalige Warnen durch das Gericht an.

Dem Beispiel Zürichs folgten ein paar Jahre später reformierte Orte wie St. Gallen, Bern, Basel, Schaffhausen, Glarus und im süddeutschen Raum Konstanz, Ulm, Esslingen, Strassburg und dann noch weitere Städte.

Zwingli war lange Zeit unsicher, ob die Kirchgemeinde oder die bürgerliche Obrigkeit Zuchtmassnahmen vornehmen soll. Noch 1525 wies er der Kirchgemeinde diese Befugnisse zu. Doch der Rat lehnte diese Autonomie ab. In Basel übertrug Oekolampad der Gemeinde die Kompetenzen.

Am 5. Juni 1525 setzte der Reformator in wenigen Sätzen
eine Schulordnung auf Papier. Demnach bildeten die beiden Bürgermeister die Aufsichtsbehörde, zusammen mit
den zwei Säckelmeistern. Dem Lehrer sollte ein Gehilfe
für den Unterricht zur Seite stehen. Dass die beiden zur
Täuferei drängenden jungen Zürcher Männer Felix Manz
und Konrad Grebel als Lehrer nicht infrage kamen, war
verständlich. Pellikan hatte eine Chronik erstellt über
die Tätigkeiten der Prophezei. Die Durchforschung des
Pentateuchs dauerte rund ein Jahr, diejenige der Bücher
Ruth, Josua, Richter, Samuel und Könige etwa acht Monate. Am 2. September 1527 wurde mit dem Prophetenbuch
des Jesaja begonnen, was bis Ende Februar 1528 dauerte. Dann kamen die Jeremia-Vorlesungen, denen die des
Propheten Ezechiel folgten. Die kleinen Propheten und
Daniel bis Januar 1529. Und schliesslich die Psalter bis
Ende Februar 1529. Und dann das Spruchbuch bis zum
2. September 1529. Interessant ist, dass während Zwinglis
Abwesenheit an den Marburger Gesprächen die Arbeit
in der Prophezei stockte, man wagte nicht, ohne Zwingli
weiterzumachen. Erst als er zurück war, wurde zügig fort-
gefahren mit Prediger, Salomo, Hiob. Im Jahr 1530 folgten
die Bücher Esra, Nehemia und Esther. 1531 kam man zu
den Chronik-Büchern. Dann ging Zwingli aufs Schlachtfeld.

Natürlich gab es Änderungen im Lehrkörper. Im Jahr 1526
waren zwei junge Gelehrte dazugekommen, Johann Jakob Ammann und Rudolf Collin. Da die beiden sich ab-
wechselnd mit der Septuaginta befassten, konnte Zwingli
sich jetzt der zusammenfassenden Schlussbetrachtung
annehmen. Was die praktische Arbeit anging, gab es von
Kessler eine interessante Schilderung: «In dem allem
wird nicht unterlassen, dass es den Zuhörenden etwas
besser geoffenbart wird. Aber wenn der eine redet, versteht es der andere besser, zeigt er es freundlich, der andere nimmt es freundlich an.» Es war also eine Arbeitsgemeinschaft, die dem heutigen universitären Seminar
gleicht.

Die Prophezei diente voll und ganz der theologischen
Ausbildung der im Amt stehenden Prediger sowie eines
bibelfesten Nachwuchses. Die Zürcher Bibelübersetzung

war eine besonders wertvolle Frucht. Zwingli war bemüht, die Luther-Bibel in die alemannische Mundart zu übersetzen.

Zwinglis Einleitung zur Zürcher Folioausgabe von 1531 war offen und ehrlich gegenüber den Leistungen der Wittenberger: «Was solls denn schaden, dass die Diener der Wittenbergischen Kirche das Alte und Neue Testament aus Hebräischem und Griechischem neuerdings verdolmetscht haben? Welcher Dolmetschung wir uns in den fünf Büchern Mosis, im Josua, den Richtern, Königsbüchern und Chronika hierin auch gebrauchen, dagegen dass die Diener der Kirche zu Zürich in den Propheten, im Hiob, Psalter, in den Sprüchen Salomos, dem Prediger und im Hohenlied eine besondere und eigene Verdolmetschung, die man hier findet, haben?» Dann jubelt er sogar: «O hätten unsere Vorfahren so viel Gelegenheit des Drucks und des Predigens gehabt, sie hättens bestimmt nicht verachtet. Wo vor kurzem noch eine Bibel war, da sind jetzt tausende [...]. Die Kosten sind nicht gross, gross aber ist der Nutzen!»

So eindeutig, einmütig positiv war das Klima in der Stadt nicht. Es gab natürlich ganz entschiedene Evangelische, sie waren aber eine Minderheit. In der Mitte war die grosse Mehrheit, die dem Evangelium nicht widerstehen wollte oder nicht konnte, aber heimlich hofften sie vielleicht auf die Rückkehr des Papsttums. Auf der anderen Seite befand sich die ebenfalls in der Minderheit befindliche religiöse Opposition, einflussreiche Leute, zum Teil mächtige und gut betuchte, die sich jedoch still verhielten. Die Innerschweizer Oligarchen hatten immer noch Verbindung zu ihren einstigen Kriegskameraden in der evangelischen Stadt Zürich. Dem Reformator war diese gefährliche Situation bekannt. Die Gesamtlage in der Eidgenossenschaft trug dazu bei, dass Zwingli in seinen letzten Jahren zunehmend gereizt reagierte.

In den Wirtshäusern der Stadt wurde geschimpft und gewettert und geflucht, ein wüstes Zwingli-Lied ging um.

OPPOSITIONEN

Viele Male wurde schon der Versuch eines nächtlichen Überfalls auf Zwinglis Wohnung unternommen. Im Mai 1526 ritt der Haudegen Hans Büelmann durch das Grossmünster und schimpfte gegen «Meister Ulrich Zwingli», der sei ein Schelm, ein Dieb, ein Ketzer, ein Verräter und ein Seelenmörder: In allen diesen Fällen lagen Verbindungen zu auswärtigen Reisläufern vor. Das Hauptquartier der Opposition war jedoch das Haus zum Rüden an der Limmat, dem Versammlungsort der Gesellschaft zur Constaffel. Diese Herren waren stark betroffen vom Verbot der Pensionen wie der fremden Kriegsdienste. Hinzu kamen für diese feinen Herren die Zins- und Zehntenprobleme. Diese Massnahmen trafen die Konstaffler hart. Im Jahr 1525 brachte Zwingli eine ganze Gruppe, die Pensionenbeträge entgegennahm, vor ein Sondergericht von elf Ratsleuten. Der Prozess ging rasch und gründlich voran, doch die Stadt war ziemlich erregt. Es kam zum Vorschein, dass elf Vornehme sich den Pensionen zugänglich gezeigt hatten. Die Summen waren beträchtlich. Aber es kam ein mildes Urteil zustande, es wurde ein einziger Angeklagter zum Tod verurteilt: der über 60-jährige Junker Jakob Grebel. Er war der Vater des Täufer-Führers Konrad Grebel, der kurz zuvor in Maienfeld an der Pest gestorben war. Das Urteil wurde bestimmt von seiner Position, er war Vorsitzender des Ratsausschusses, der über den Pensionenbrief zu wachen hatte. Er kassierte von Frankreich, vom Papst wie vom Kaiser insgesamt 4000 Gulden pro Jahr. Das war eine gewaltige Summe. Die Enthauptung wurde unverzüglich vollzogen, verursachte aber einiges Unbehagen in der Stadt. Ende 1526 wurde von den Räten und Bürgern das Pensionenverbot neu bestätigt.

Von der Constaffel liefen einige Verbindungen zum Chorherrenstift, dort gab es noch eine starke Minderheit, die Widerstand leistete. Nach Aufhebung der Messe an Ostern im Jahr 1525 forderten einige Altgläubige, dass in einer Stadtkirche die Messe gefeiert werden dürfe. Da die Tagsatzung Zürich den Vorwurf machte, durch die reformatorischen Massnahmen die Eidgenossenschaft zu spalten, war das ein zugkräftiges Argument gegen die Ablehnung von altgläubigen Praktiken. Das Entgegenkommen Zürichs hätte wahrscheinlich eine Entspannung gebracht, andererseits aber die evangelische Bewegung ausserhalb Zürichs gelähmt, und in Zürich ebenfalls. Deshalb waren die Antworten des Zürcher Rats auf die Interventionen der Tagsatzung abschlägig. Und als die Tagsatzung Zürich ausschliessen wollte, weigerte sich Bern, die Stimme dafür zu geben, was ein positives Zeichen dafür war, dass sich in Bern eine reformatorische Entwicklung anbahnte.

Man muss sich vor Augen halten, dass die Eidgenossenschaft noch kein Staat war, die Tagsatzung hatte keinen Staatssekretär, keinen Präsidenten, keine Staatsangestellten, nicht einmal ein Büro, keine Kasse, kein Budget. In der Stadt war inzwischen der führende Kopf der katholischen Opposition ein Laie, Joachim Amgrüt, sehr gebildet, wortgewandt, welcher Zwingli lehrmässig entgegentreten konnte. Er begann die Reformation zu bekämpfen. Er war mit Jakob Grebel befreundet gewesen und sehr vertraut mit Johann Faber, dem rückwärtsgewandten Beamten des Bischofs. Dieser Amgrüt wurde in diplomatischer Mission nach Rom geschickt. Bei der Gelegenheit denunzierte er die Lehren Zwinglis und beschwor für Zürichs Bürger eine Gefahr für das Seelenheil. Er schlug in Rom eine vom Papst einberufene Disputation zum Beispiel in Lausanne oder Genf vor. Er erhoffte den Auftrag zu erhalten, Zwingli entgegentreten zu können. Der Papst aber antwortete auf die Forderung, Schulden an Zürich zurückzuzahlen, dass der Heilige Vater Ketzern keine Schulden bezahle. Was Zwingli betraf, meinte er, dieser solle zur Disputation nach Rom kommen.

Amgrüt kam dann mit leeren Händen heim nach Zürich. Nachdem er sich von einer Disputation mit Zwingli zurückzog, war er in der Stadt ein Niemand.

In der Badener Disputation spielte der grosse Johannes Eck von Ingolstadt, ein Kopf des katholischen Lagers gegen Luther, eine grosse Rolle. Das Ganze war ein frühes Vorspiel der Gegenreformation. Eck war der Vertreter

DIE BADENER DISPUTATION

der Beschlüsse des Reichstags von Worms. Jetzt hoffte er sehnlichst, mit Zwingli disputieren zu können. Die Eidgenossen gingen freudig darauf ein, denn sie sahen darin eine Gelegenheit, den Schweizer Hauptangeklagten Zwingli und seine Mitarbeiter verurteilen, also Luthers Ächtung und Bannung auch auf sie anwenden zu können. Zwingli hatte die Herausforderung von Eck unter der Bedingung angenommen, dass die Disputation in Zürich oder an einem neutralen Ort stattfinde. Eck und die Eidgenossen beharrten auf Baden. Man stritt sich dann gehässig um die Norm. Zwingli sagte: «Es gilt, die Übereinstimmung mit der Schrift zu erweisen. Die Schrift kennt keinen Richter über sich, sie ist selbst Richter über alle Menschen.» Eck antwortete: «Die Bücher reden nicht, denn durch verständige Richter.» Zwingli war bereit, sich einer öffentlichen theologischen Auseinandersetzung zu stellen.

Der Ittinger Aufruhr und die Bauernunruhen beherrschten das Jahr 1525. Ende Oktober erneuerte Eck seinen Wunsch, diesmal auf diplomatischem Weg, assistiert von Johannes Faber und einem weiteren antireformatorischen Scharfmacher, Thomas Murner aus Luzern. Die ganze Angelegenheit war belastet durch den Fall des Zürcher Bilderstürmers Klaus Hottinger, der in Baden verhaftet und in Luzern als Ketzer zum Tod verurteilt wurde. Seit diesem Zeitpunkt war das Vertrauen der Zürcher erschüttert. Zwingli machte geltend, dass sich die Eidgenossen durch ihre Übernahme der Pläne Ecks und Fabers, also der Wormser Beschlüsse, dem deutschen Reichstag unterstellten, und sich folglich an ihrer Freiheit versündigten. Zwinglis Absicht ging dahin, die Religionsfrage der Zuständigkeit der Tagsatzung zu entziehen, um sie der Kompetenz einzelner Orte zuzuweisen.

Die feierliche Eröffnung wurde am Pfingstsamstag, dem 19. Mai 1526 in der Stadtkirche in Baden vorgenommen. Die Disputation nahm die Sendboten aller Orte an. Die zwei Zürcher wohnten nur den Konferenzgesprächen bei. Vertreten waren die Bistümer von Konstanz, Basel, Chur und Lausanne, auch die Äbte von St. Gallen und Engelberg. Aus der Schweiz waren 46 katholische Kleriker anwesend, und Eck hatte 41 seiner Parteigänger mitgebracht. Diesem Aufmarsch standen 31 Evangelische unter der Führung von Oekolampad aus Basel und Berchtold Haller aus Bern, die von ihren Räten abgeordnet wurden, gegenüber. Erasmus war eingeladen, entschuldigte sich aber mit gesundheitlicher Schwäche. Die Disputation dauerte vier Wochen. Jeder Tag begann mit einer Messe, die evangelische Predigt war jedoch verboten. Mitschreiben war strengstens untersagt. Der Druck auf die Evangelischen war gross. Sprach Eck, so verhielten sich die Versammelten still, sprach Oekolampad, so scharrten und redeten und lachten sie laut und keiner hörte zu.

Die Reformierten durften nichts aufschreiben, weder an den Verhandlungen noch im eigenen Quartier, bei Todesstrafe nicht. Der Nachrichtendienst zwischen Zwingli und Oekolampad sollte unterbunden sein. Thomas Platter war als Hühnerhändler Meldeläufer zu Oekolampad. Er trug jeden Abend noch vor Torschluss ein Protokoll nach Zürich und brachte auf den Morgen die schriftliche Anwort Zwinglis nach Baden zurück. Der heimliche Schreiber in Baden, ein Student, und Thomas Platter setzten dabei ihr Leben aufs Spiel, aber sie wurden nicht erwischt.

Oekolampad war ernsthaft und in seinen Voten gelehrt, während Ecks Theatralik für Aufruhr sorgte. Zwingli beriet also Oekolampad brieflich. Die Debatte folgte Ecks sieben Thesen, die er am 19. Mai an der Kirchentüre angeschlagen hatte.

Zwingli sandte zwei Mal rasch gedruckte Schriften an die Tagsatzungsherren. Das erste Mal eine Entgegnung zu Ecks Thesen, die mit Bibeltexten und Zwinglischen Argumenten garniert war. Zwingli konnte sich natürlich leisten, deutlicher zu schreiben als Oekolampad redete. Am 9. Juni schloss die Disputation. Murner triumphierte, Zwinglis Lehren seien endgültig verurteilt und schon durch sein feiges Fernbleiben disqualifiziert worden. Zwingli wurde der falschen und verführerischen Lehre angeklagt und sogenannt widerlegt.

Die Badener Disputation verstand sich also als eine eidgenössische Fortsetzung des Reichstags von Worms. Es ging um eine allgemeine schweizerische Ächtung Zwinglis und die Verdammung der Reformation. Doch Bern, Basel und Schaffhausen gaben ihre Unterschrift nicht. Die drei Orte waren auf dem Weg zur Reformation; Bern und Basel waren gedemütigt durch die verwerfliche Behandlung ihrer Prädikanten von katholischer Seite. Die beiden Hauptdarsteller wurden von vielen Teilnehmern, auch von altgläubiger Seite, im Falle von Eck als aufdringlich und theatralisch, mit Geist operierend im Falle von Oekolampad beurteilt. Zwingli schrieb an Konrad Sam in Ulm: «Bern ist nach der Disputation in Baden fester geworden als es früher war; ebenso Basel.»

Es ist jetzt von den Radikalen, Täufer genannt, zu sprechen. Zwingli nannte sie «die frommen Sauertöpfe» oder «das melancholische Fleisch», denn «sie könnten mit niemandem fröhlich sein, auch nicht bei sich selbst». Sie hatten ein pathologisches Verhältnis zur realen Umwelt. Die Kindertaufe galt ihnen nichts, und das holten sie aus der Bibel heraus, sie konnten aber nicht sagen, aus welchem Teil. Sigmund Widmer zeichnete ein Bild für die Erwachsenentaufe, es seien keine Säuglinge zum Jordan gewandert, um sich taufen zu lassen. Zwingli konnte angesichts der Kindersterblichkeit unmöglich die Verantwortung übernehmen, Kinder ungetauft heranwachsen zu lassen, und damit zu riskieren, sie bei frühem Tod der Verdammnis preiszugeben. Über 1500 Jahre war die Taufe gleich nach der Geburt gesetzt. Natürlich war die Ablehnung der Kindertaufe noch lange kein Verbrechen, das hat auch Zwingli nie behauptet. Man fand sich in Bibelkreisen zusammen, vor allem nachts, um solche Theorien weiterzuspinnen, und seltsam war, dass man alles, was man sich wünschte oder was einem missfiel, aus der Heiligen Schrift belegen und widerlegen konnte. Doch Zwingli wollte keine Utopie, er wollte einen lebensfähigen, christlichen Staat.

Die Weltverbesserer, Schwarmgeister, Grübler, Sektierer, also die Wiedertäufer, fanden sich in einem Bund zusammen, ohne dass dieser strukturiert oder organisiert war. Das war wohl der schwierigste Kampf Zwinglis im ganzen

Aufbau der Reformation. Es waren ja ursprünglich seine Leute, seine Anhänger gewesen.

In der Stadt gab es Menschen, denen der reformatorische Prozess viel zu langsam voranging. Es seien jetzt genug Worte gemacht, man wollte jetzt endlich Taten sehen. Es ging um den Zehnten und um die Taufe, das waren die Hauptthemen der Täufer, aber grundiert war das Ganze von der Ablehnung der Obrigkeit. Die Bestrafung half nicht. Gefängnisstrafen, Geldbussen, Verbannungen wurden verhängt, bisher kein Todesurteil, Zwingli trat immer wieder für Milde ein.

Konrad Grebel gehörte zu diesem Kreis, ja er war eigentlich das Haupt der Bewegung. In Paris und Wien hatte er sich eine beachtliche Bildung geholt. Dort hatte er sich auch mit Glarean befreundet. Leiblich wie seelisch zerrüttet, kämpfte er mit Verbitterung und Lebensüberdruss. Er hatte sich mit seinem Vater überworfen, weil dieser beim alten Glauben geblieben war und vor allem seine Privilegien und seine Pensionen geschützt hatte.

Die Täufer hatten das Zins- und Zehntwesen als mit dem Evangelium unvereinbar gebrandmarkt, was noch einigermassen nachvollziehbar ist. Der Bibelgeist war ihre einzige Autorität, allerdings fantasierten sie, was ihnen passte. Sie anerkannten keine Obrigkeit. Das hätte die Auflösung des Staates und der Gesellschaft bedeutet. In ihren Gemeinschaften bildete sich das Gefühl heraus, hier kämen die wahren Gläubigen zusammen. Als Grebel an der zweiten Disputation die sofortige Abschaffung der Messe verlangte, Zwingli aber zur Vorsicht mahnte, weil die Menschen noch nicht so weit seien, war das der erste schwere Konflikt. Grebel destillierte nun seine fabulösen und extremen, weltfremden Forderungen aus der Heiligen Schrift, die dort nirgends zu finden waren und welche die gewachsenen Ordnungen umzustürzen drohten. Sie verhiessen das Himmelreich auf Erden und die Erlösung von allem Übel. Als diese Gruppe ein erstes Mal ins Gefängnis gesteckt wurde und dank eines offenen Tors wieder freikam, glaubten ihre Anhänger an ein Wunder.

Des Weiteren war Felix Manz, Sohn des Propstes am Grossmünsterstift, der gemeinsam mit Zwingli das Alte Testament in seiner hebräischen Ursprache gelesen und übersetzt hatte. Er versammelte in diesen Bibelstunden im Hause seiner Mutter eine Gemeinde um sich, die mit dem realen Leben nichts zu tun hatte. Sie entsagten der Welt, gingen ins Gefängnis oder gar in den Tod, oder waren bereit, auch ihre Heimat zu verlassen.

Zwingli wollte dem Volk die gleiche Bibel näherbringen, die auch die Schwärmer hatten, die sie aber ganz anders deuteten. Zwingli war jetzt gewaltig gefordert. «Sollte es dahin kommen, dass jeder Setzkopf, sobald ihm etwas Neues oder Seltsames in den Sinn kommt, von Stund an sich an eine Rotte hängen würde, so müssten so viele Sekten entstehen, dass Christus in jeder Gemeinde in viele Stücke geteilt würde.»

Fünf Schriften hat er ihnen gewidmet: *Von göttlicher und menschlicher Gerechtigkeit* (1523), *Wer Ursache gebe zu Aufruhr* (1524), *Von der Taufe, von der Wiedertaufe und von der Kindertaufe* (1525), *Antwort über Balthasar Hubmaiers Taufbüchlein* (1525), *Widerlegung der Ränke der Wiedertäufer* (1527). Zwinglis Bruch mit der Gruppe muss über die Zehntenfrage erfolgt sein. Er hatte die Gesamtkirche im Auge, als er für den Zehnten eintrat. Die Kindertaufe dagegen war für ihn ein prinzipielles Thema.

Für die Täufer galt als göttliches Gesetz: Der Christenmensch darf sich nicht an politischen Dingen beteiligen, vor allem bekleidet er kein obrigkeitliches Amt und führt kein Schwert.

Dann schob sich die Taufe in den Vordergrund. Zur Prahlerei der Täufer, sie hätten sich nach der vollzogenen Taufe wie neue Menschen gefühlt, entgegnete Zwingli: «Das wäre eine gute Mär, wir sollten doch alle in der Limmat baden gehen, wenn die Wiedergeburt so billig zu haben wäre.»

Grebel versuchte, Zwingli zu einer Disputation über die Tauffrage zu gewinnen. Es fand ein öffentliches Rathausgespräch statt. Zwingli plädierte beim Rat immer wieder um Milde für die Täufer. Die Obrigkeit schritt ein und verlangte, dass innerhalb einer Woche alle bisher noch nicht getauften Kinder getauft sein müssten. «Welcher das nicht wollte tun, der soll mit Weib und seinem Gut unsere Stadt, Gericht und Gebiet räumen.» Das war des Rates Stimme, nicht Zwinglis.

Doch Grebel taufte den ehemaligen Bündner Mönch Blaurock. Und er taufte noch andere 50 Erwachsene. Kurze Zeit später liess die Obrigkeit die Täufer Grebel, Manz und Blaurock verhaften. Doch sie konnten wieder entkommen.

Um nicht zu grösserer Härte greifen zu müssen, ordnete der Rat eine dritte und letzte Disputation mit den Täufern an. Diesmal wurde sie ins Grossmünster verlegt. Aufwand und Aufmarsch waren beträchtlich. Die verfolgten Täufer hatten alle Freiheiten, ihre Anschauungen zu präsentieren, sie waren voller naiver Freude. Natürlich rechneten sie nicht mit Zwinglis Geistesschärfe. Alle ihre Fragen hatte er noch weit gründlicher durchdacht als sie, er widerlegte jede ihrer Behauptungen. So bemerkte denn der Rat am Schluss dieser Disputation: «Dass Meister Ulrich Zwingli mit seinen Anhängern die Wiedertäufer frei überwunden hat.» Wer weiterhin dieser Täufer-Bewegung angehörte, wurde bestraft, was dann aber nur sehr selten geschah. Es gab Leute, die bescheinigten sowohl den Behörden wie den Leutpriestern eine Engelsgeduld, ja sie meinten, ihnen Inkonsequenz vorwerfen zu müssen.

Als Grebel, Manz und Blaurock und weitere 15 Täufer wieder von Neuem Erwachsene tauften, wurden die drei abermals verhaftet. Sie wurden jetzt in den Neuen Turm geworfen, bei Wasser und Brot. Doch nochmals liess man Gnade vor Recht ergehen, die Gefangenen wurden wieder freigelassen. Das nächste Mal wäre die Strafe Tod durch Ertränken gewesen. Sie waren nicht bestraft worden wegen Ketzerei, sondern wegen Ungehorsam gegenüber dem Staatswesen.

Felix Manz gehorchte der Heiligen Schrift weit mehr als der Zürcher Obrigkeit, dagegen war ja noch nicht viel einzuwenden. So wurde er eines Tages verhaftet, gebunden und in die Limmat geworfen. Noch während er zum Schiff geführt wurde, lobte er Gott, dass er um Gottes Wahrheit willen sterben dürfe. Als er vom Scharfrichter gebunden wurde, sang er: «In deine Hände, Herr, befehle ich meinen Geist.» Das war am 5. Januar 1527. Am gleichen Tag wurde Blaurock mit Ruten zur Stadt hinausgepeitscht, er war kein Stadtbürger. Konrad Grebel war bereits im August 1526 in Maienfeld an der Pest gestorben.

Hubmaier war am 5. Dezember 1525, Monate nach der Metzelei im Bauernkrieg, vor den Österreichern nach Zürich geflüchtet, dort wurde er in Schutzhaft genommen. Die Österreicher hatten Waldshut wieder eingenommen und die alten kirchlichen Verhältnisse wiederhergestellt. Die Täufer flohen aus Waldshut. Das Auslieferungsbegehren von Erzherzog Ferdinand wurde auf Zwinglis Fürsprache von Zürich abgelehnt. Balthasar Hubmaier begehrte damals ein Gespräch mit Zwingli, wohl in der Hoffnung auf eine Anstellung in Zürich. Als er dann die Kindertaufe verwarf, war der Rat empört und warf ihn nunmehr ins Gefängnis. Mitte April 1526 wurde er heimlich an die Grenze gebracht. Er zog dann über Konstanz nach Nikolsburg und schliesslich nach Mähren weiter. Er wurde im Jahr 1528 in Wien öffentlich auf dem Scheiterhaufen verbrannt.

Die Täufer riefen: «Wehe, wehe über Zürich!» und weissagten den baldigen Untergang der Stadt. Zwingli war für sie der grosse Drache. Zwingli sagte in einer Predigt über sie: «Die immer so fröhlich sind, als wären sie bei einer Hochzeit in der Hölle [...]. Die von mir gerade so gering denken und reden, wie von einem Vatermörder, Strassenräuber, Dieb, Todschläger, Taschenspieler, Giftmischer und was sich sonst von Verbrechern ersinnen lässt. Haben alles menschliche Gefühl abgelegt und dafür dasjenige von wilden Tieren angenommen, und das nennen sie dann christlich. Sie sind das Ungewitter, das in die Blüte des Evangeliums gefallen ist.»

Er sagte auch: «Keine Obrigkeit ist so milde wie die unsrige, so dass man ihr vorwirft, gegen die Sektierer und die Verbrecher nicht entschlossen genug vorzugehen.»

Im Amt Grüningen traf die Täufer-Bewegung mit der Bauernbewegung zusammen. In Grüningen verhinderten Bauern die Verhaftung von Täufer-Predigern durch den Landvogt. Ganze Dörfer schlossen sich den Täufern an. Es gab viele Berichte von ekstatischen Vorgängen und Visionen, von Gewalt und Unmoral.

Zu Zwinglis Lebzeiten wurden insgesamt sechs Todesurteile dokumentiert. Unter den damaligen Verhältnissen des Rechtsverfahrens waren die sechs Todesurteile keine eigentliche Verfolgung, eher eine Reaktion des Rats auf die Missachtung ihrer Mandate, als Aufruhr gegen das öffentliche Recht. Die Strafen lagen im Rahmen der damals üblichen Strafpraxis.

Zudem hatte der Reformator mit den Täufern harte theologische Disputationen geführt und ihnen wie gesagt eine Reihe von Schriften gewidmet. Er konnte als Prediger nicht mehr als Vorschläge und Bitten äussern. Er war nicht der Bischof von Zürich, wie es oft hiess.

In Salzburg wurden in den Jahren 1524 und 1530 38 Täufer enthauptet oder lebendigen Leibes verbrannt. Im Jahr 1528 wurden die Täufer Jakob Falk und Heini Reimann aus der Herrschaft Grüningen gefesselt und auf die gleiche Weise wie Manz von Knechten in den Fluss geworfen. Und 1530 wurde auch noch Konrad Winkler ertränkt. Das waren nach Manz die vier der sechs Opfer der Täufer in Zürich. Später wurden noch zwei weitere Todesurteile ausgesprochen.

Im Heiligen Römischen Reich wurden bis ins Jahr 1530 über 2000 Täufer hingerichtet, und die grossen Verfolgungen begannen erst noch. Das aber wurde kaum wahrgenommen. Die offenbar verbreitete Auffassung, in Zürich sei der Täuferei Unrecht geschehen, vor allem von Zwingli, ist eine Meinung derer, die mit damaligem Wissen über geschichtliche Handhabung von Strafe und Gewalt Augen und Ohren geschlossen hielten. Die Geburtsstadt der Täufer war tatsächlich Zürich. Aber hier wurden sie milde angepackt.

In St. Gallen wurde ein Täufer zum Tod verurteilt wegen Brudermord im religiösen Wahn und unter Berufung auf Gott vor versammelter Familie. Die Täufer-These, ein Christ könne keiner Obrigkeit angehören, weil diese die Strafgewalt auch über das Leben der Untertanen ausübe, kam natürlich einer Ablehnung der Obrigkeit gleich.

Der Zürcher Reformator Heinrich Bullinger, der Nachfolger Zwinglis, hatte als Oberhaupt der Zürcher Kirche einige Jahre Erfahrung mit den Täufern. Die Täufer waren noch gegenwärtig, doch es gab keine Opfer mehr.

Als der Dreissigjährige Krieg (1618–1648) ausgetobt hatte, war das entvölkerte und mausarme, am Boden liegende Heilige Römische Reich gerne bereit, jeden Einwanderer aufzunehmen, ohne Überprüfung der Person. Mit der

Auswanderungsbewegung der 1650er-Jahre gingen die letzten Täufer-Gemeinden aus dem Zürcher Gebiet ins Deutsche Land. Der Täufer-Kampf in Zürich war damit beendet.

Gottfried Keller hat sich in seiner Novelle *Ursula* offen und schonungslos mit der Täuferei beschäftigt und dem Reformator Zwingli ein schönes Denkmal errichtet: Hansli Gyr kommt 1523 vom Solddienst für den Papst aus Italien zurück. Er freut sich auf Ursula, seine Geliebte. In seiner Heimat wird seit Jahren das Evangelium gepredigt. Doch Ursula ist in den Fängen der Täufer. Sie hatte geahnt, dass er heimkommen wird und hat sein Haus ausgelüftet und gesäubert. Zuhause angekommen, meint Gyr zu Ursula: «Geh nur heim auf deinen Berg, der wimmelt, wie ein Hund voll Flöhe, von Schwärmern und Propheten, die in den Wäldern predigen, tanzen und Unzucht treiben, und die Weiber sind toller, denn die Männer [...]!» «Weisst du denn noch nicht, dass wir hier zu den Heiligen und Sündelosen des neuen Glaubens gehören, die keiner weltlichen Obrigkeit mehr untertan sind?» fragt Ursula. «In uns ist der Geist Gottes, wir sind sein Leib und wir tun nichts, als allein seinen Willen! So sagen unsere Propheten, und du sollst und wirst auch in unsere Gemeinschaft treten. Und so nehmen wir uns zu Mann und Frau vermöge des heiligen Geistes und Willens, der in uns waltet!» Gyr aber sah in ihren Augen zugleich auch die Flamme des Irrlichts, welche die Bescheidenheit der Seele versengt hatte, und er merkte, dass sie von der Wahnkrankheit befallen war, so Keller.

Der Vater von Ursula ist jetzt täuferischer Prophet. Ursula ist versponnen im Wust des neuen Glaubens. Im Haus des Vaters findet eine Täufer-Versammlung statt, welche die ganze Nacht dauert. Die Leute sind im Wahn verschoben, aber Hansli Gyr empfindet keinerlei Bitterkeit, sondern nur zärtliches Mitleid mit Ursula. «Alles, was man jetzt Eigentum nennt, wird aufhören, sobald das Reich der tausend Jahre kommt, was über Nacht geschehen kann. Zuerst werden Zehnten und Grundzins, Gefälle und Frondienst und alle ungerechten Beschwernisse abgeschafft; bald aber auch alles Land eingezogen und der letzte Marchstein ausgegraben [...].»

Die beiden Liebenden kommen schwer zusammen. Aber Ursula folgt dem Geliebten in die Schlacht bei Kappel. Nach der Schlacht helfen zwei Schwyzer Krieger Ursula dabei, ihren Hansli Gyr ins Kloster Kappel zu tragen. Er erholt sich und die beiden heiraten und kehren an den Bachtel zurück. Die Bewegung der Täufer ist zu Ende.

Es wäre höchst seltsam, würde man sich scheuen, die weltliche Kraft und die politische Macht in dieser Republik zu schildern. Es handelte sich bei der Konstruktion dieses staatlichen Verhältnisses um eine Art Viereck: da war Zwingli, dann die Landschaft, die Kirche und der Rat. Mit wem hatte Zwingli es zu tun? Wer waren diese beweglichen, offenen, weitgehend toleranten Herren, die seine Reformation begleiteten, vorantrieben, in der Kommune verankerten und festigten?

DIE RÄTE

Nachdem in der Stadt Zürich das Regime von Hans Waldmann im 15. Jahrhundert mit vereinter Gegnerschaft der Konstaffel sowie der Landbevölkerung und der Inneren Orte mit dem Todesurteil beendet worden war, schwang sich Heinrich Röist auf den Sitz des Bürgermeisters. Er hatte grossen Einfluss auf die Tagsatzung. Ihn zeichnete diplomatisches Geschick aus. Und er hatte ein Flair für Familienpolitik und zog seinen Sohn Markus Röist nach. 1492 trat dieser Sohn in den Kleinen Rat ein und rückte Stufe um Stufe nach oben. 1502 war Heinrich Röist 80-jährig, er gab jetzt den Platz als Bürgermeister an Matthis Wyss von der Zunft zur Meise ab, aber Macht und Einfluss hatte er noch immer. Nach zwei Jahren folgte sein Sohn Markus dem Vater bereits im Amt des Bürgermeisters. 1509 wurde der Vater von der politischen Bühne verabschiedet. Er hatte seit 1460 in der Exekutive gewirkt. Zürich war eine respektable Kleinstadt geworden, mit einem ebenso respektablen Untertanengebiet. Zürich wurde diplomatisch einer der wichtigsten Orte in der Eidgenossenschaft und führende Kraft in der Tagsatzung.

Dem Sohn war vieles in den Schoss gefallen. Er gehörte im 15. Jahrhundert zur Jeunesse dorée, genoss seine Stellung, wurde 22-jährig zum Ritter geschlagen. 1505 wurde er zum Bürgermeister gewählt. Zürich war auf dem Höhepunkt seines Ansehens in der eidgenössischen Politik und ausserdem eng verbunden mit der päpstlichen Politik. Markus Röist war zunächst in enger Bindung mit der Kurie. In Marignano war er Anführer der Eidgenossen, er führte die geschlagene, dezimierte Truppe, selbst verwundet, auf dem berühmten Rückzug zurück in die Heimat. Da wurde sein Erlebnis zur Abneigung gegen jedes Soldbündnis mit Frankreich und zum tiefen Groll. Er traf sich später mit dem Reformator Zwingli, wurde zum verantwortungsvollen Staatsmann, beabsichtigte, Zürich auf eine ethisch höhere Stufe zu führen. Er betrieb ernsthaft die Absicht, Zwingli 1518 nach Zürich zu holen, denn dieser hatte sich in Einsiedeln in den Vordergrund bewegt. Markus Röist war die zentrale Figur auf dem Weg zur Reformation. Er verstarb 1524 70-jährig.

1506 gründete Papst Julius II. die Leibgarde aus schweizerischen Söldnern. Für das Päpstliche war damals in Zürich Kardinal Schiner zuständig. Er betrieb die Ernennung von Markus Röist als Hauptmann für den Papst. Zürich sollte eine Brücke zwischen Rom und den habsburgischen Zentren nördlich der Alpen bilden. Röist ging einen merkwürdigen Kompromiss ein, wollte aber in Zürich bleiben. 1517 schaltete sich der päpstliche Legat Schiner ein mit einem Lob für Röist, der diesen einen Homo grandissimo nannte. Inzwischen war Röist damit beschäftigt, Zwinglis Berufung nach Zürich zu bewirken. Im Dezember 1521 starb Papst Leo X. Der nächste Papst war Hadrian VI., nicht Kardinal Schiner aus dem Wallis. Von diesem Rückschlag hat sich Schiner nie mehr erholt. Er starb ein paar Monate später an der Pest.

Die Röist-Dynastie war noch nicht zu Ende. Diethelm Röist (1482–1544) rückte nach dem Tod seines Vaters 1524 als Bürgermeister nach. Er wurde der reichste Zürcher. Er war als junger Mann nach Santiago de Compostela gepilgert. Zwischen dem Reformator Zwingli und dem neuen Bürgermeister entwickelte sich ein freundschaftliches Verhältnis. Der Einfluss Zwinglis auf die Politik der Stadt verstärkte sich. Nach dem Tod des Reformators im Jahr 1531 war die Überzeugungstreue des Bürgermeisters ganz entscheidend. Die Beziehung zu Zwinglis Nachfolger Bullinger wurde noch enger. Bullinger bezeichnete Diethelm als das Herz Zürichs. In der Nach-Zwingli-Zeit nahm der Bürgermeister Diethelm Röist einen nicht zu unterschätzenden Einfluss wahr. Man beschrieb ihn als rastlos, von sensiblem Charakter, oft zu Tränen gerührt. Seine Haltung und sein Urteil im Jahr 1531 und in der Folge waren von grosser Tragweite. Er starb 1544, 62-jährig.

Zwingli hat mehrfach von sich gesagt, er sei halt ein Bauer, und zwar ein ganzer. «Wir wissen, dass aller Aufruhr, der je auf dem Erdreich gewesen, allein auf der Übertreibung der Gewaltigen gewachsen ist.» Robust war er. Seine Schaffenskraft und Schaffensfreude waren enorm. Er hinterliess nach zwölf Jahren in Zürich ein gewaltiges Schriftwerk und eine umgekrempelte Stadt. **ZWINGLIS PERSÖNLICHKEIT**

Er war ein mässiger Esser und Trinker. Am frühen Morgen nach dem Aufstehen widmete er sich der Lektüre bis etwa zehn Uhr, danach der Schriftauslegung, dann der Korrespondenz. Nach dem Mittagessen hörte er sich Bittsteller an, plauderte mit Freunden und ging mit anderen spazieren. Und danach ging er wieder an die Arbeit, oft bis Mitternacht. Er stand am Stehpult und arbeitete im Tolggenrock. Von November 1524 bis Juni 1525 schrieb er beinahe im Rausch die 450 Seiten seines dogmatischen Hauptwerks *De vera et falsa religione*. Nächte habe er daran geschwitzt, bemerkte er. Daneben hielt er Tag für Tag seine Predigt im Grossmünster, immer in freier Rede.

Er wusste Wege, wie er zur nötigen Entspannung kommen konnte. Er habe zur Erquickung und Ergötzung des schweren Gemüts das Musizieren gebraucht und zur Pflege der Geselligkeit ergötzliche und nützliche Gespräche zu seinen Zeiten gehabt, dabei war er stets gerne gesehen und willkommen geheissen, verstand er es doch, Spiel und Ernst zu verbinden, denn er war oft aussergewöhnlich amüsant und witzig.

Aber alle Erholung in Ehren, an wirklichem Wert vor Gott und den Menschen überwog für den Reformator bei Weitem die Arbeit. Im Lehrbüchlein erklärte er: «Ist doch die Arbeit so ein gut und göttlich Ding, hütet vor Mutwillen und Lastern, gibt gute Frucht, dass der Mensch ohne Sorge seinen Leib reinlich speisen mag, nicht befürchten muss, dass er sich mit dem Blut der Unschuldigen speise und verunreinige [...] Der Mensch ist zur Arbeit geschaffen, wie der Vogel zum Fliegen. Würde er nicht arbeiten, was wäre er mehr als ein Tier!»

Es hiess, sein Angesicht sei freundlich und rotfarb gewesen. Als Kind war er manchmal von Schneeblende heimgesucht. Die gefährlichste Krankheit, die er zeitlebens zu überstehen hatte, war im Sommer 1519 die Pest, da lag er wochenlang zwischen Leben und Tod. Es wurden schon Gerüchte herumgereicht, dass er der Krankheit erlegen sei. Er musste reichlich Medizin schlucken, um das Fieber ganz wegzubringen. Sein Arzt war wohl damals der Stadtarzt Doktor Christoph Glauser, der auch der Arzt von Kardinal Schiner war. Zwingli hat noch ein Jahr später Badekuren in Baden genommen.

Zwingli litt auch an einem Steinleiden. In einem am 29. April 1526 gerichteten Schreiben an den St. Galler Stadtarzt Vadian schilderte er, er habe an diesem Tage in der Frühe die Predigt gehalten und sich hernach bei einer Vorlesung in der Prophezei nochmals erhitzt. Um neun Uhr sei er dann ins Bad gegangen und habe sich schröpfen lassen. Als er hierauf heimgekommen sei, habe ihn eine schwere Ohnmacht befallen; doch sei er innerhalb einer Stunde wieder zu sich gekommen, aber immer noch habe er wegen einer Herzschwäche, die man ihm allerdings wenig ansah, stöhnen müssen. «Um zwei Uhr nachmittags überfiel mich eine Müdigkeit, und ich schlief ein, wofür ich sonst untertags um alles in der Welt nicht zu haben bin. Sobald ich erwachte, bin ich wieder der alte Zwingli gewesen. Das schreibe ich Dir, weil Du Arzt bist.»

Hinzu kamen die unter schwindender Sehschärfe leidenden Augen, vom unaufhörlichen Lesen und Schreiben in der Nacht, und dann die immer häufiger auftretenden Kopfschmerzen, «dass wenn ich nicht die Feder vorwärts laufen sähe, ich fast nichts mehr wüsste, was eigentlich geschieht».

Bullinger rühmt Zwinglis Menschlichkeit, Bucer seine unvergleichliche Lauterkeit. Und sogar Luther bequemte sich dazu, «Zwingel einen feinen, fröhlichen, aufrichtigen Menschen zu nennen», oder wie er sich in den Tischreden äusserte: «Zwingel ist ein fröhlicher Kollationsmann gewest.» Luther verballhornte den Namen Zwingli grundsätzlich. Bullinger etwa nennt ihn gelegentlich «gächzornig» oder jähzornig, «aber er behielt kein Unwillen lang».

Hören wir den Katalog seiner aufgezählten Untugenden: Er sei ungeduldig, nehme sich nicht die Zeit, an seinen Manuskripten herumzufeilen, er sei kein feiner, sondern ein heftiger Mensch, er sei gehässig. Das sagten seine Gegner, die ihn nicht persönlich kannten. Er selbst räumte ein, er gehöre eben zu der Sorte Mensch, die nur mit viel Nachsicht zu ertragen sei.

Aber es zählte eine gewisse Nüchternheit und Klarheit des Denkens zu seinen hauptsächlichsten Eigenschaften. Seine schriftlichen Erzeugnisse waren anschaulich, im Grunde heiter. Und seine Schaffenskraft war gewaltig, beneidenswert und reichhaltig. Zwar ein Feind von Bildern im sakralen Raum, war er doch kein wutentbrannter Bilderstürmer, sondern ein Liebhaber der Künste.

Zwingli mass den Bauern in seinen Plänen ein grosses Gewicht bei. Von der familiären Herkunft her war er selbst ein Bauernsohn. Die Bauern waren weit davon entfernt, eine Herde naiver und gefügiger, braver Schäfchen zu sein. Sie wurden immer wieder in der Geschichte vergessen oder einfach nicht beachtet. Doch sie machten in der Zeit neun Zehntel der Bevölkerung aus. Sie erhoben sich jetzt in diesen Jahren gegen Leibeigenschaft und die Abgabe des Zehnten. Die Zürcher Bauern fassten in den Jahren 1522 bis 1525, dem Jahr des gewaltigen Deutschen Bauernkriegs, die neue, von Zwingli entworfene reformatorische Lehre als eine Art Befreiungstheologie auf. Das brachte unweigerlich scharfe Konflikte mit sich. Um diese Zeit nahm die Bauernbewegung in der Zürcher Landschaft vorübergehend revolutionäre Dimensionen an,

DIE
BAUERN

fiel dann aber wenig später nach den enttäuschenden Zugeständnissen der Regierung wieder in sich zusammen.

Die Beziehung der Bauern zu ihren Priestern war sehr eng, Spannungen und Zänkereien gehörten jedoch dazu. Die Bauern redeten damals ihre Priester mit ihrem Vornamen und der davor gesetzten Anrede Herr an. Die evangelische Kritik am Heiligenkult, an der Messe und an den Klöstern war eigentlich eine Revolution der religiösen Verhältnisse. Die Realität war im Bereich der Eidgenossenschaft unverhältnismässig viel angenehmer als nördlich des Rheins. Die Gemeinden verwalteten sich selbst und waren bewaffnet, sogar die wenigen Leibeigenen waren eigentlich nicht allzu sehr unterdrückt.

Der Zusammenhang mit dem deutschen Bauernkrieg war nicht eng. Natürlich haben die Vorgänge in unmittelbarer Nähe der Grenze die Zürcher Bauern angespornt. Aber Charakter und Verlauf der Bewegungen waren total verschieden.

Im Herbst 1522 hatte der Rat von Zürich ein Zehntenmandat an die Landschaft erlassen. Im Juni 1523 bezeichneten Wilhelm Röubli und Simon Stumpf den Zehnten als Almosen. Zwingli reagierte darauf mit seiner grundlegenden Predigt *Von göttlicher und menschlicher Gerechtigkeit*. Im Sommer 1524 und 1525 kam es in zahlreichen Dörfern der Landschaft zu aufgeregten Gemeindeversammlungen, teilweise zur Verweigerung des Zehnten, gelegentlich auch zu Drohungen gegen die Stadt und zu Revolten. Und es kam zum Ittingersturm. Der Rat bewahrte Ruhe und schritt nirgends mit Gewalt ein. Er animierte die Bauern, Ausschüsse zu bestellen und schickte zur Verhandlung Abgeordnete in die Dörfer. Ein Mandat des Rats vom 1.Juli 1525 stellte eine wohlwollende Prüfung zur Aufhebung des kleinen Zehnten in Aussicht, monierte jedoch, dass die Beschlüsse des Rats diesbezüglich nicht frei seien, er könne keine Pflichten aufheben, er würde Ungleichheiten schaffen oder alte Rechte antasten. Jetzt gab es auch schon Bauern, die aufgrund vager Versprechungen des Rats den kleinen Zehnten zurückbehielten, was natürlich die Spannungen verschärfte.

Die alten Forderungen der Bauern waren: Abschaffung des kleinen Zehnten, den Grossen hingegen, bestehend aus Wein, Korn und Hafer, will man leisten. Freie Jagd, freien Fischfang, Abschaffung der Leibeigenschaft, das waren die klaren Forderungen, hinzu kam freie Pfarrwahl, besonders aber das Recht, den Pfarrer abzusetzen.

In der Predigt *Von göttlicher und menschlicher Gerechtigkeit* geht Zwingli in der Argumentation noch weiter als die Bauern und ihre Pfarrer. «Nicht nur Leibeigenschaft und Zehnten, sondern unser ganzes Eigentumswesen ist ein Stück der menschlichen, das heisst unvollkommenen, groben, schwachen Gerechtigkeit und ein Symptom der Sündhaftigkeit unserer ganzen privaten und kollektiven Existenz. Trotzdem muss es, wie die Gewalt der Obrigkeit und unser gesamtes Recht, eingehalten werden, weil Gott dadurch vor Chaos und Untergang bewahren will. So müssen auch Zehnten und Zinsen, einmal nach menschlichem Recht vom Eigentümer erworben, gezahlt werden, solange die Obrigkeit, die hier kompetent ist, sie nicht aufhebt. Der Zehnten, obwohl menschliche Satzung, ist also dennoch von Gottes Wort wegen zu leisten.»

Zwingli legte besonderes Gewicht auf gewisse wirtschaftliche Erscheinungen des Frühkapitalismus. Schonungslos schildert er zum Beispiel die Auswirkungen des Monopolwesens, nennt betrügerische Wechselgeschäfte, die Bodenverschuldung, die behördlich manipulierte Inflation.

Obschon Zwingli die Vorrechte der Obrigkeit nicht preisgab, hielt er auch nicht mit seiner Überzeugung zurück, dass das Volk mit Steuern überladen sei und dass viele Abgaben falsch verwendet würden. So hält er in einer Predigt fest: «Dass sie [die Herren] die Welt in ihre Verzinsung und Eigenschaft gebracht, dass die Bauern doch keinen Grund haben, das wollen sie nicht bedenken, dass es für Aufruhr reicht.»

Der Rat verlangte nun für seinen endgültigen Entscheid von Zwingli ein zweites Gutachten. Er sollte den Untertanen anzeigen und zwar aus Gottes Wort, dass sie den Zehnten schuldig sind. Er bekannte, dass Zweckentfremdungen und andere Missstände eingerissen seien. Die Obrigkeit solle hier für Verbesserungen sorgen. Somit schloss sich das Mandat vom 14. August 1525 weitgehend diesem Gutachten von Zwingli an. Gleichwohl befürwortete Zwingli eine durchgreifende Reform in der Verwendung des Zehnten.

Im Mai 1525 wurde die Frage der Leibeigenschaft geordnet. Sie wurde gemäss dem Vorschlag der Leutpriester juristisch aufgehoben, damit fielen auch die uralten Zeichen der Leibeigenschaft. Das geschah auf der Basis eines Gutachtens von Zwingli und von Ratschlägen des Ausschusses der Zünfte. Der Rat stellte in Aussicht, die Leibeigenschaft aufzuheben und den kleinen Zehnten abzuschaffen, soweit dies ohne Verletzung der Ansprüche auswärtiger Herren möglich sei. Die Vertreter der Bauern fanden diese Zugeständnisse ungenügend. Man berief auf Pfingstmontag eine allgemeine Bauernversammlung nach Töss ein. Es kamen gegen 4000 Bauern, viele bewaffnet. Die Beschwichtigungsreden der Ratsherren von Zürich nützten nichts, sodass die Erregung der Bauern weiter wuchs. Als ein Teil von ihnen sich anschickte, das Kloster Töss zu überfallen, luden Ratsherren von Winterthur in ihre Stadt ein. Dort wurden die Männer ausgiebig mit Wein bewirtet und in den Häusern still gehalten. So nahm der Aufruhr ohne Ergebnis mit einem Trinkgelage ein Ende.

Der Misserfolg von Töss sowie die Niederlage der aufständischen Bauern im deutschen Reich machten die Zürcher Bauern mutlos für ihren Kampf. Im Jahr 1525 waren die Bauernunruhen fast über die gesamte Eidgenossenschaft hereingebrochen. Im Mai 1525 verlangten die Thurgauer Bauern von der Tagsatzung die Aufhebung der Leibeigenschaft, sodann die Pfarrerwahl durch die Gemeinde, die Verwendung des Zehnten für das Pfarramt, freie Jagd und freien Fischfang, und zudem das Recht, Landsgemeinden einzuberufen. Die Eidgenossen kamen ein kleines Stück entgegen, doch die Leibeigenschaft blieb erhalten. In St. Gallen, in Schaffhausen, überall stellten die Bauern Forderungen, meistens gingen sie in der Eidgenossenschaft leer aus. Der Zürcher Rat entschied am 14. August 1525, dass der kleine und der grosse Zehnten wie bisher zu entrichten seien. Nur der Zehnten auf die sogenannte zweite Frucht blieb abgeschafft.

Nach zähen Verhandlungen musste Zwingli in seinem zweiten Gutachten die Ergebnisse der Ratsverhandlungen formulieren; Sie blieben weit hinter seinen Vorstellungen zurück. Hätte er sich geweigert, wäre der Text vom reaktionären Amgrüt, Gegner der Bauern, aufgesetzt worden. Er war in Not, schreibt über das erste Blatt in Griechisch: «Gott ist meine Zuversicht.»

War der Reformator Zwingli damit ein früher Vertreter des Klassenkampfs? War seine Reformation eine Revolution? Dieser Meinung war zumindest Robert Grimm, Führer der sozialistischen Bewegung in der Schweiz und des Generalstreiks im Jahr 1918; dafür wurde er mit zwei seiner Mitstreiter zu je sechs Monaten Gefängnis verurteilt. Im Gefängnis schrieb er ein bemerkenswertes Buch, in dem er sich ausführlich zu Zwingli und zur Reformation äussert. Ob wir seine Deutung teilen oder nicht, Grimms Text ist noch immer lesenswert, weshalb wir seine wichtigsten Ausführungen über Zwinglis Reformation zitieren: «Wir unterschätzen weder die vorhandene Ideologie noch den geistigen Einfluss einer so überragenden Persönlichkeit wie die Gestalt Zwinglis auf den Gang der Ereignisse [...] Zwingli, der bedeutendste geistige Führer, Klassenkämpfer und Politiker der eidgenössischen Geschichte, verlieh der Reformation der deutschen Schweiz das Gepräge seiner starken Persönlichkeit, wurde ihr entschlossener, vor keinem Hindernis zurückschreckender Rufer, aber diese Rolle kam ihm nur zu, weil die objektiven Bedingungen nach einer Lösung der gesellschaftlichen Widersprüche drängten [...]. Zwingli verband die ökonomische und politische Reform mit der Umgestaltung des kirchlichen Denkens und der religiösen Moral. In seinen 67 Thesen, in seinem Parteiprogramm, wie man heute – im Ersten Weltkrieg – sagen würde, schuf er die moralische Rechtfertigung für die Expropriation der geistlichen Stiftungen und für die Zentralisierung der Grundrechte [...].

An die wirtschaftlichen und sozialen Interessen der Bauern anknüpfen, ihnen Erleichterung von drückender Not in Aussicht stellen, das hiess Perspektiven nach zwei Richtungen ziehen: Kampf gegen die ruinöse Reisläuferei und Reform der Feudallasten. Die Söldnerdienste hatten verheerend auf das wirtschaftliche Leben eingewirkt. Die Schweiz wurde nach den Erfolgen der Burgunderkriege zum eigentlichen Menschenmarkt, auf dem sich die

Grosshändler Europas überboten. Die Schattenseiten dieses Sklavenhandels bestanden nicht nur in der Verkommenheit zurückgekehrter Söldner, die, ehrlicher Arbeit entwöhnt, müssig gingen und der Mildtätigkeit zur Last fielen, wenn sie sich nicht durch Totschlag, Raub und Plünderung zu helfen suchten [...].

Sie haben sich dann, wie die Täufer-Bewegung noch zeigen wird, gründlich getäuscht, mussten sich täuschen, weil für ihren Kommunismus die geschichtliche Basis fehlte. Anstatt wie Waldmann gegen die Landschaft, führte er seine ersten Reformen mit den Bauern [...] Er gab den materiellen Zielen seiner Politik eine geistige Grundlage. Zwingli ist in gleichem Masse Theoretiker und Praktiker. Die Theorie bestimmte ursprünglich seine Praxis; die Praxis beeinflusste und modifizierte seine Theorie. Kühn und stürmend in seinem kirchlichen Auftreten, ist er als Politiker nicht minder ein entschlossener Ränkeschmid, energisch und unerschütterlich, sobald er das Reformationswerk gefährdet sieht. Er ist der hervorragendste Vertreter einer emporgekommenen Klasse [...].

Als Mensch imponierte der Zürcher Reformator durch die Konsequenz seines Auftretens wie durch die mutige Entschlossenheit. Im Rahmen und auf dem Hintergrund der historischen Ereignisse betrachtet erscheint Ulrich Zwingli als eine in sich abgerundete Persönlichkeit, die, wie selten eine andere Figur der Schweizer Geschichte, rein und strahlend in die fernen Jahrhunderte hinüberleuchtet [...].

Als aber die Bauern Miene machten, Zehnten und Bodenzinse auch dem Staat und Privaten gegenüber zu verweigern, drohte die Bewegung, dem Reformator über den Kopf zu wachsen [...]. Weil die von den Bauern angestrebte wirtschaftliche Befreiung gesellschaftlich noch nicht möglich war. So musste sich der Reformator entscheiden [...].

Nun erst hatte Zwingli dem Klassencharakter der Reformation die vollständige theoretische Begründung gegeben. Am 22. Juni 1525 lernen wir den Reformator als Klassenkämpfer kennen. Er verteidigte nun die herrschende Klasse gegen die Forderungen der Bauern. Die Bauern waren besiegt, sie hatten die Schlacht verloren.»

Politisch weit gefährlicher als die anderen bisher genannten Flüchtlinge, die Zwingli in Zürich beherbergte, war
der revolutionäre Tiroler Bauernführer Michael Gaismair.
Friedrich Engels nannte ihn «das einzige bedeutende
militärische Talent unter sämtlichen Bauernführern des
16. Jahrhunderts». Und Günther Franz, einer der besten
Kenner der Bauernaufstände im Reich, nannte 1933 Gaismair «die grösste Gestalt des ganzen Bauernkrieges, den
einzigen wirklichen Revolutionär und Führer», den allerdings «ausserhalb der Tiroler Grenzen niemand kannte».
Zwingli in Zürich kannte ihn, war mit ihm befreundet,
und die beiden haben zusammen, hier, als er in Zürich
auf Einladung Zwinglis Unterschlupf fand, zwei bemerkenswerte und höchst umstrittene politisch-strategische
Pläne entworfen, die für die europäische Politik von Reformation und Gegenreformation nicht zu unterschätzen
sind. Lange aber, vier Jahrhunderte lang, ist diese Begegnung Gaismairs mit Zwingli unbeachtet geblieben. Erst
vor vierzig Jahren hat Oskar Vasella die wenigen Doku-
mente ausgewertet und die menschliche und politische
Freundschaft sachlich und knapp dargestellt, allerdings
nicht in erster Linie unter dem Gesichtspunkt Zwingli-
scher und zürcherischer Asylpolitik, obwohl Gaismair
tatsächlich auf der Flucht vor den Tiroler Gewaltigen in
Zürich Unterschlupf gefunden hatte. Was an diesem Fall
geschichtlich interessiert, ist die politische Symbiose von
Zwingli und Gaismair und die beiden Arbeiten, die diese
Symbiose hervorbrachte.
Rund zwei Jahre nach Huttens Tod auf der Insel Ufenau,
im Sommer 1525, ist der Aufstand der deutschen Bauern
endgültig niedergeschlagen worden. Tausende Bauern lagen tot auf den blutverschmierten Schlachtfeldern, hun-
derte wurden gerädert, geköpft, gehängt, verbrannt. Die
Fürsten hielten überall wieder die Macht in ihren eisernen
Händen und übten Rache. Der grosse Maler und Bauernführer Jörg Ratgeb wird in Pforzheim gevierteilt. Tilman
Riemenschneider, Holzbildhauer und Bürgermeister in
Würzburg, Sympathisant der Bauern, wird verhaftet, gefoltert, enteignet, entehrt. Thomas Müntzer wird gefoltert
und hingerichtet. In Oberitalien gewinnen die national
gemischten Söldnertruppen von Kaiser Karl V. eine ent-

scheidende Schlacht gegen die Franzosen, deren König Franz I. gefangen genommen wird. Derweil heiratet Martin Luther die gewesene Nonne Katharina von Bora. Er veröffentlicht gegen Erasmus' Schrift *Vom freien Willen* seine Gegenschrift *Vom unfreien Willen,* und er behauptet darin, dass der Willen des Menschen nicht frei sei. In Österreich aber war im Sommer 1525 die Revolte der Bauern und Taglöhner noch in vollem Gang. In Tirol verbreitete sich der Aufstand in Windeseile. Erzherzog Ferdinand lavierte geschickt, gewann die gemässigten Oberschichten der Städte für sich und versprach, die Forderungen der Bauern und Bergarbeiter zu prüfen und bald einen Landtag einzuberufen, tat dies natürlich erst, als Klöster, Burgen, Schlösser in Flammen aufgingen, als in den Städten die Parasiten des Handels- und Wucherkapitals aus ihren Häusern geworfen, die verhassten Geistlichen aus den Tempeln geprügelt wurden. Die Artikel der Bauern richteten sich gegen die feudale Kirche, der die wirtschaftliche und politische Macht entzogen werden sollte. Ferdinand war militärisch schwach, ging deshalb auf das Verlangen nach einem Landtag ein, um eine Radikalisierung der Bewegung zu verhindern. Seine Zugeständnisse waren dürftig: Der Kampf gegen den Wucher blieb rhetorisch, die Einschränkung der Monopole ebenfalls reines Lippenbekenntnis. Man beschloss einige Abgaben für hörige Bauern abzuschaffen, man schuf einheitliche Masse und Gewichte, beschloss die Unterwerfung der Geistlichen unter das zivile Recht. Abgelehnt wurde die freie Allmendnutzung, abgelehnt die Aufhebung der Leibeigenschaft und der Frondienste, ebenfalls die Reform der Kirche.

Erzherzog Ferdinand machte ganze Arbeit: Im August wurde der Führer der Bauern, Gaismair, nach Innsbruck gelockt und dort sofort eingekerkert. Die Tiroler Bauern waren gelähmt, ihre Aktionen waren nicht mehr geplant, nicht koordiniert, viele liefen auseinander und manche gingen in ihre Dörfer zurück. Militärisch geschwächt, verloren sie vor Trient im September 1525 eine Schlacht. Michael Gaismair aber gelang im Oktober desselben Jahres die Flucht aus dem Innsbrucker Gefängnis. Ein paar Tage später tauchte er im Prättigau auf, kurz danach in Zürich.

Auch er hatte gehört, dass Zwingli ein Herz für Flüchtlinge hatte.

Der Innsbrucker Steckbrief, der in Tirol und in den benachbarten habsburgischen Ländern ausgehängt und in die Eidgenossenschaft geschickt wurde, beschrieb Gaismair so: «Ein langer, aufgeschossner, hagerer, dünner Mann, ungefähr 34 an Jahren, ein schwarz-braun-farbener dünner Bart, ein schönes Angesicht, ein beschorener Kopf, geht etwas bucklig und ist sehr wohl beredt.» Gaismair wurde 1491 in Sterzing geboren. Sein Vater war dort am Bergbau und am Handel über den Brenner beteiligt, auch am Kredithandel. Der Revolutionär stammte also aus der Oberschicht, er besuchte die Lateinschule, wurde Schreiber des Tiroler Landeshauptmanns, danach Sekretär des Bischofs von Brixen, und obwohl er ein beachtliches Gehalt bezog, war er bewegt vom sozialen Unrecht, das er überall sah. Er gewann Einblicke in die Macht. Er nutzte sein Arbeitsfeld als Anschauungsunterricht der politischen, wirtschaftlichen, religiösen Zutände im Land Tirol. Durch die reaktionäre Politik der Herrschenden, durch deren doppelzüngige, brutale Behandlung des Volkes wuchs sein soziales und politisches Gewissen. Er eignete sich Kenntnisse an über die Probleme Südtirols, schärfte seinen Weitblick.

Auf seinem Posten, mit seinen hervorragenden Sprachkenntnissen, wurde er auch in die Diplomatie eingeführt. Und auf den Feldzügen seiner Herren entwickelte er seine strategisch-militärischen Talente. Er war verheiratet, und als er im Innsbrucker Kerker sass, gebar seine Frau das vierte Kind. Bald wurde sein Hab und Gut versiegelt. Michael Gaismair war im heutigen Österreich eher unbekannt, aber als Tiroler im Tirol natürlich eine glänzende Figur.

Im Prättigau lebte und agitierte er unter gleichgesinnten Bauern, die sowohl antihabsburgisch als auch reformatorisch gesinnt waren. Hier traf der Tiroler Flüchtling auch Boten und Agenten, und in Chur den französischen Gesandten Geoffroy de Grangis, der den Auftrag hatte, den kaiserlichen und habsburgischen Truppen und Handelskolonnen die Bündner Pässe zu sperren. Und da die Bündner in ihrem Unabhängigkeitsdrang das deutsche

Reich und die Habsburger bekämpften, waren sie für eine bezahlte Mitarbeit mit den Franzosen und den Venetiern gern zu haben. Gaismair durchschaute dieses Kräfteverhältnis sehr schnell und mischte tüchtig mit. Er sah offenbar die Möglichkeit, die Bündner, die Franzosen und die Republik Venedig, ja sogar die Republik Zürich in einem Kampfbündnis gegen Österreich zu sammeln.

Dass der Tiroler Revolutionär mit diesen Vorstellungen in Zürich bei Zwingli auf Konsens, wenn nicht gar auf Begeisterung traf, kann heute als sicher angenommen werden. Ja, es bleibt sogar offen, wer von beiden den anderen zum politisch-strategischen Denken animiert hat.

Im November 1525 legte die Innsbrucker Regierung in Zürich scharfen Protest ein gegen die Anwesenheit Gaismairs und forderte dessen Gefangennahme und Auslieferung. Der Rat von Zürich liess sich nicht darauf ein, sodass jetzt sogar Frau Magdalena Gaismair mit den vier Kindern eintraf. Wo sie wohnten, wie intensiv die Kontakte zwischen Gaismair und Zwingli waren, ob Zwingli den Gast mit den Zürcher Räten zusammenbrachte, ob Gaismair nicht eher anonym blieb und nur mit Zwingli freundschaftliche Gespräche führte und dabei weitgehende Übereinstimmung der politischen Ansichten feststellte, das kann nicht rekonstruiert werden.

Zwingli setzte im Jahr 1525 seine Zeit zum grössten Teil für die Auseinandersetzungen mit dem gegnerischen Lager in der Eidgenossenschaft ein, für die Abwehr, für die seiner Meinung nach dringend notwendige Verteidigung und Sicherung des Erreichten. Die Feindschaft gegen ihn und Zürich war kaum mehr zu überbieten. Die beiden Lager suchten Verbündete auch ausserhalb der Eidgenossenschaft. Zürich war ja noch immer allein und reagierte in der Einkreisung und Isolierung langsam nervös. Es waren die Monate, in denen die eidgenössischen Urkantone das Bündnis mit Österreich, dem alten Erzfeind der Eidgenossen, von dem man sich befreit hatte, eng und aktiv zu knüpfen begannen. Zwinglis politischer Instinkt liess ihn die Gefahren spüren, rational analysierte er sie. Er dachte ausschliesslich im Interesse der neuen Lehre und deren Bevölkerung im gesamteidgenössischen Kontext. Und er dachte eidgenössisch und europäisch.

Gaismairs Aktivitäten galten, wo immer er agierte, in Venedig, in Graubünden oder in Zürich, der Vorbereitung eines neuen Aufstands in Tirol und der Bildung einer möglichst starken Allianz gegen Österreich. Zwingli sah klar das grosse Ringen um die Zukunft und um die Macht in Europa. Das hiess für ihn die Frage nach dem Überleben der Reformation zu stellen und zu beantworten. Den um die Hegemonie kämpfenden Mächten in Europa, dem habsburgischen Kaiser, dem Papst und dem französischen König versuchte Zwingli ein evangelisches, republikanisches Bündnis der eidgenössischen Städte unter der Führung Zürichs mit den süddeutschen Städten, mit Hessen, mit Tirol, mit Venedig und schliesslich mit Frankreich entgegenzustellen. Dafür wird sich Gaismair begeistert haben.

In den Diskussionen der beiden vermischten sich die Konzepte und Ideen, jeder identifizierte sich mit den Interessen des andern, man näherte sich einem grösseren gemeinsamen Gesamtinteresse, entwickelte Ideen und entwarf Pläne, die in zwei bedeutenden Dokumenten ihren Niederschlag fanden: in Gaismairs Tiroler Landesordnung und in Zwinglis Feldzugsplan.

Dass Zwinglis Einfluss auf dieses historisch gewichtige Dokument und sein Beitrag zu Gaismairs Politik und Pläne jahrhundertelang unterschätzt oder gar gänzlich unbeachtet blieben, ist fast logisch, denn die Geschichtsschreiber Gaismairs interessierten sich nicht für Zwingli und die Zwingli-Historiografen wussten kaum etwas über Gaismair. So galt der Tiroler in der deutschen Reformationsgeschichte beinahe als Müntzeraner, was weit entfernt liegt von Gaismair. Erst die neuen Forschungsergebnisse erkennen ihn eindeutig als Zwinglianer.

Seine Tiroler Landesordnung hat Michael Gaismair kurz nach seiner Abreise aus Zürich, vermutlich im Prättigau aufgesetzt, vielleicht in Zürich entworfen, jedenfalls taucht sie im Frühjahr 1526 in mehreren Exemplaren in Tirol auf. Mit diesem Vefassungsentwurf versuchte Gaismair den Tiroler Bauern wieder Mut zu einem neuen Aufstand zu geben, er wollte sie wieder formieren. Er entwarf eine Ordnung mit Zügen einer antifeudalen, evangelischen, demokratischen Republik, in der die Feudalherren entmachtet und enteignet worden sind, die Klöster aufgehoben und wie in Zürich als Krankenhäuser Verwendung fanden. Burgen und Schlösser sind geschleift, die Bergwerke der Regie des Landes unterstellt. Zehnten, Zinsen und Binnenzölle sind abgeschafft, dafür Ausfuhrzölle eingeführt. Es gibt eine Armenpflege, eine Bildungspolitik, Privilegien sind abgeschafft, Leibeigenschaft und Hörigkeit sowie Frondienste natürlich auch. Die Gesellschaftsordnung basiert auf dem christlich-ethischen Fundament, auf dem Denken der Zwinglischen Reformation: «Zuerst die Ehre Gottes und dann der gemeinsame Nutzen». Der vom Volk gewählten Regierung sollen drei Gelehrte angehören. Die Rolle der Prediger ist konkret gesellschaftsbezogen, ohne Sakralfunktionen, und die Bilder und die Messe «sind abgetan», der Kirchenschatz geht in die Landeskasse. Hier sind die Anregungen Zwinglis noch deutlicher sichtbar.

Tirol, als Durchgangsland des europäischen Warenhandels, muss natürlich die Pässe sichern. Dazu machte Gaismair praktische Vorschläge zur Militär-, Verteidigungs- und Bündnispolitik, in Kenntnis des Zwinglischen Feldzugsplans. Deshalb wird in der Literatur oft von einer «Verschweizerung» des Landes Tirol gesprochen oder vom «Werk eines ungewöhnlich klugen und radikalen Kopfes», von der «reifesten Frucht des deutschen Bauernkrieges».

Es wundert nicht, dass das grösste Bankhaus der Zeit, das Haus Fugger in Augsburg, auf Gaismairs Ermordung eine Kopfprämie von 1000 Gulden und eine Lebensrente von jährlich 400 Gulden aussetzte, die gegenüber einem Knechtjahressold von unter 20 Gulden astronomisch wirkte. 1532 hat sich die gewünschte, ja die befohlene Tat erfüllt. Der Mann wurde erstochen.

Fast ebenso klar ist Gaismairs Mitwirken an Zwinglis Feldzugsplan sichtbar. 1525, im Jahr des deutschen Bauernkriegs, war die Eidgenossenschaft damit beschäftigt, die Republik Zürich zurück zum alten Glauben und zur alten Politik zu zwingen. Mehrere diplomatische Interventionen Zürichs bei den eidgenössischen Orten blieben erfolglos. Man bat die drei Bünde, die eidgenössischen Gegner Zürichs in ihrem Treiben nicht zu unterstützen.

Zürich wollte nichts anderes, als die freie Predigt in der Eidgenossenschaft. Doch der Widerstand der Waldstätte wurde immer stärker. Der Prozess der Trennung beschleunigte sich. An mehreren Tagsatzungen des Sommers 1525 fanden Verhandlungen über den Ausschluss Zürichs aus dem Bund statt. Die Kriegsgefahr wuchs: Die fünf Orte wollten die Ketzerei in Zürich beseitigen, Zürich hingegen wollte den Widerstand gegen die freie evangelische Predigt brechen. Mit der Abschaffung der Messe in Zürich war für die Altgläubigen das Mass voll, für sie stand damit die katholische Lehre schlechthin auf dem Spiel.

Man kann sich vorstellen, wie der hagere, etwas bucklige Gaismair um die Jahreswende 1525/26 in Zwinglis Arbeitszimmer sitzt, während die Glocken des Grossmünsters nebenan kräftig läuten, wie die beiden Männer, Zwingli, 42, Gaismair, 35, sich über politische und militärische Entwicklungen der antihabsburgischen Allianz unterhalten, wie sie sich dafür begeistern, den Habsburgern die Pässe zu sperren, wie sie die Österreicher von Westen und Süden gleichzeitig angreifen wollen. Und wahrscheinlich staunt der Eine über die Kenntnisse des Anderen. Zwingli schöpft aus seinen Literaturstudien der Griechen und Römer, weiss deren Strategie und Taktik mit seinem realistischen Sinn leicht auf die aktuelle Situation anzuwenden. Gaismair hat praktische Erfahrungen als Sekretär eines kriegführenden Fürsten. Die beiden ergänzen sich ausgezeichnet. Gaismair erläutert Zwingli die Lage in Tirol. Zwingli wird Gaismair von seinen Illusionen in Bezug auf die Schweiz zu befreien versucht haben.

Wahrscheinlich bringt Zwingli seinen Feldzugsplan nach der Abreise des Tiroler Freundes aufs Papier, wie oft in Eile, skizzenhaft, als Gegenmassnahmen zum Kampf der fünf Orte um die religiöse Einheit zugunsten des alten Glaubens. Der Autor betont, diese oder jene Idee sei nur ein Ratschlag. «Zürich dürfe nicht zuerst losschlagen, müsse aber bereit sein.» Er befasst sich mit der inneren Lage der Republik, macht Anmerkungen zum Heer, zur militärischen Führung, dann zur Aussenpolitik und zu den Bündnissen. Er entwirft einen militärischen Operationsplan, der in Wirklichkeit ein Manöver gegen das habsburgische Österreich war, unter Einbezug der mit Zürich verbündeten Städte im süddeutschen Raum. Er denkt sogar an eine Friedensvermittlung durch Frankreich. Für die Eidgenossenschaft entwickelt er Ideen einer Umgestaltung der Herrschaftsverhältnisse, vor allem natürlich in den gemeineidgenösssischen Vogteien. «Das ist ja gerade das Revolutionäre an Zwinglis Ideen», schrieb Vasella, «dass er unbekümmert um die eidgenössischen Orte solche Pläne in direkten Unterhandlungen mit den Untertanen zu verwirklichen gewillt war.»

Gegen die drohende Einkreisung hat der Reformator für den äussersten Fall vorgedacht. Vier Eventualpläne wurden entworfen, je nach Richtung, aus welcher der Feind kommen könnte. Einbezogen wurden das Tirol, die Alpenpässe, das Allgäu, Konstanz, Lindau, Strassburg. Die militärischen Kenntnisse des einstigen Feldpredigers sind erstaunlich. Der Feldzugsplan stützte sich auf zu knüpfende Bündnisse. Denn die Reformation ist auch ein politisches Geschehen und die politische Verbindung der evangelischen Gebiete dringend notwendig.

Ob der Feldzugsplan Zwinglis defensiv, aus Notwehr, oder offensiv konzipiert war, darüber haben sich die Chronisten und die Geschichtsschreiber bis heute gestritten. Selbst über das strategische Dispositiv sind Einschätzungen von «dilettantisch» und «unfreiwillig komisch» bis «fachlich erstaunlich» und «genial» zu finden.

Michael Gaismair führte 1526 den zweiten Salzburger Aufstand. Nach dessen Scheitern floh er nach Venedig. Dort wurde er in die militärischen, politischen und diplomatischen Dienste genommen, übrigens auch als Vermittler von Zürcher Interessen. Es gelang ihm jedoch nicht, die Republik Venedig zum Losschlagen gegen Tirol zu gewinnen. In Padua soll er wie ein Kardinal Hof gehalten haben.

Noch zwei Mal begegneten sich Zwingli und Gaismair in Zürich. 1530 schenkt die Limmatstadt dem Bauernführer das Bürgerrecht. Doch Gaismair konnte in Venedig nichts mehr erwirken. Die Republik hatte mit Habsburg einen Friedensvertrag abgeschlossen. Die antihabsburgische Koalition kam nie zustande. Michael Gaismair wurde 1532 von einem durch Habsburg oder vom Bankhaus

Fugger gedungenen Mörder auf seinem Hof in Padua erstochen. Die Auftraggeber weigerten sich, dem gekauften
Mörder den Lohn auszuhändigen.

Oskar Farner nannte Zwingli seinem Temperament nach
einen Sanguiniker, seinem Naturell nach einen Willens-
menschen, «doch keine kalt rechnende Natur, sondern
von warmherziger und gefühlvoller Art». Zwingli habe in
der heiligen Schrift die Entdeckung gemacht, dass Gott
nicht ein Gedankending, sondern eine objektiv lebendige Realität sei, und er sei vom urmächtigen Schock dieser Begegnung überwältigt gewesen, unter viel Ringen
und Beten zur Gewissheit der Sündenvergebung in Jesus
Christus gelangt. Er las sich über Jahre immer tiefer in die
Bibel ein; nun hörte er stets noch lauteren Ton aus ihr heraus. Aber immer wieder breche die sonnige Art bei ihm
durch, die mit ihrer mächtig erfrischenden Natürlichkeit
seine Zürcher sogar im Gotteshaus belustigte. Zwinglis
Munterkeit sei stets gedämpft und beherrscht gewesen
von einem ungleich herberen Lebensgefühl.

Und über seine Situation in Zürich sagte er: «In Zürich
bin ich, atme ich, ja erhebe ich meine Stimme wie eine
Posaune, sodass man in des Papstes Lager in Rom meine
Stimme nicht nur gut hört, sondern auch Angst davor hat,
es mit mir zur offenen Schlacht kommen zu lassen.»

In Zwinglis Seele war das Gefühl in Schach gehalten
durch den Verstand, gebändigt durch seinen Willen.
Manche Biografen wollten dem Reformator überhaupt
kein Gefühl attestieren. Doch seine Bücher und Schriften verraten viel Leidenschaft und viel warmes Gefühl. Er
liebte die Tiere, hatte ein Bedürfnis nach musikalischer
Erquickung, nach Pflege der Geselligkeit. Natürlich ist da
die Liebe zu seiner Frau und seinen Kindern, zu seinen
Verwandten. Die Verstandeskomponente wurde vielerorts zu stark betont in der Biografik. Trotz intellektueller
Begabung ist Zwingli nicht Akademiker, sondern Praktiker geworden. Er wollte Erkenntnisse in die Tat umsetzen,
wahr machen.

ÜBER
ZÜRICH
ERHEBE
ICH MEINE
STIMME

Im Krisenjahr 1531, als Zwingli die Entlassung aus seinem Amt beantragte und als ihn die Zürcher Räte aufs Eindringlichste baten, das Ersuchen zurückzuziehen, kamen ihm die Tränen. Auch am Ende der zweiten Disputation war er überwältigt vom Erfolg und die Gefühle und Freudentränen übermannten ihn. Und als Anfang 1531 eine alte griechische Komödie aufgeführt wurde, mit Musik, die er komponiert hatte, da war die Ergriffenheit des Reformators nach Zeugnissen ebenfalls sichtbar. Er weinte vor Freude.

Wie konnte Zwingli es jahrelang im Trommelfeuer der Gegner und Feinde aushalten? Das ist höchste Anerkennung und Bewunderung wert. Ungezählte Male entging er knapp einem Anschlag. Er war ein überragendes Vorbild.

Oskar Farner, der vier Bände über Zwingli mit insgesamt annähernd 2000 Seiten als sein Lebenswerk herausgegeben hat, erwähnte im vierten Band der Biografie das Gebet bei Zwingli und sagte, dass Zwinglis Nachfolger Heinrich Bullinger dieses Thema in seiner Reformationsgeschichte nicht schuldig blieb, obgleich es ein intensives und hoch persönliches Thema war. «Das Gebet vor der Kirche hielt Zwingli mit grossem Ernst, er hielt streng zum Gebet und betete auch besonders viel und stet.»

Seelsorgerisch hat Zwingli ungezählte und zum Teil schwer zu erfüllende Ratschläge erteilt: an Pfarrkollegen, an einen Mönch in Como, an viele Kranke und Ratlose, an Unglückliche, an Heiratswillige, einer mit einem evangelischen Geistlichen vermählten Dame, die gegenüber ihrem Mann im Ungewissen war, dann an mehrere Berner Seelsorger, an die er über Heirat und Scheidung ein ausführliches Schreiben richtete. Oder denken wir an die Helferdienste Zwinglis an Emigranten, an Vertriebene und Ausgesetzte. Einem Kartäuser-Prior, der die Kutte ausgezogen hatte, gewährte er in seinem Haus ein paar Tage Unterkunft.

Zwingli konnte ohne Weiteres sagen, dass er immer zuverlässige Freunde gehabt hatte. Vielleicht waren seine Freundschaften notgedrungen abhängig von der reformatorischen Praxis. Dazu sagte er: «Lasst uns eifrig Gottes Sache treiben, und wir werden sehen, wie die Freundschaft damit zugleich wächst und erstarkt; sind wir dann auch einmal in irgend einem Punkte verschiedener Meinung, so wollen wir artig und wie Freunde streiten.»

Die ersten oder frühesten Freundschaften pflegte er zu Leo Jud und Thomas Wyttenbach. Sie begannen im Jahre 1506 in den Basler Hörsälen. Zu den Glarner Freunden gehörten Heinrich Loriti, genannt Glarean, Valentin Tschudi, Zwinglis Lieblingsschüler und Aegidius Tschudi, der nachmalige Geschichtsschreiber, später eher ein Gegner als ein Freund.

Dann kamen die beiden Einsiedler Franz Zink und Diebold von Hohengeroldseck, Administrator des Klosters Einsiedeln, hinzu. In Luzern war 1522 Myconius hart bedrängt, sodass Zwingli diesen aufforderte, nach Zürich zu kommen. Im Zürcher Kreis gehörten dazu: der Chorherr und Custos Heinrich Utinger, der Fraumünsterpfarrer Dr. Heinrich Engelhart, Rudolf Rey, Kämmerer des Grossmünsterstifts, Erasmus Schmid, später Pfarrer in Stein am Rhein, Kaspar Grossmann, Kaplan am Spital in Zürich, Johann Jakob Ammann, Griechischlehrer, und Georg Binder, Lehrer am Grossmünsterstift. Eine besonders enge und liebevolle Beziehung hatte Zwingli zu dem jungen Hebräischlehrer Jakob Ceporin, der so unerwartet früh verstorben war; und dann zu dem reifen Nachfolger Pellikan.

Zwingli pflegte auch Freundschaften unter den Räten, ganz besonders zu Bürgermeister Markus Röist, und später zu Diethelm Röist, dessen Sohn. Zu nennen sind auch die Brüder Heinrich und Jakob Werdmüller, Johannes Füssli, Ulrich Funk, Ulrich Stoll, alles Räte, der Buchdrucker Christoph Froschauer. Den Süddeutschen Wilhelm von Zell aus Mindelheim nannte er selbst «die Hälfte meiner Seele». Auch Frauen gehörten zu seinen Freundschaften: Regula Schwend, die Witwe des Kaspar Murer von Basel, Anna Keller, Schaffnerin im Kloster Oetenbach, Elisabeth Effinger und die Witwe Anna von Griessenberg. Umfangreich ist seine Korrespondenz; es gibt von ihm mehrere Briefe im Umfang von 20 Buchseiten, argumentativ in der Lehre seiner Philosophie und Theologie. Die bedeutendsten Briefpartner sind: Oekolampad in Basel, der Berner Münsterpfarrer Berchtold Haller, der Berner

Dichter und Maler Niklaus Manuel, der St. Galler Arzt und Bürgermeister Joachim Vadian, von dem Zwingli an der St. Galler Synode im Dezember 1530 sagte: «Ich weiss keinen solchen Eidgenossen», sodann die Bündner Jakob Salandronius und Johannes Commander, die Schaffhauser Sebastian Hofmeister und Erasmus Ritter, der Luzerner Johannes Zimmermann, Chorherr zu Beromünster, der Zuger Chronist Werner Steiner. Doch auch weit ins Ausland hinaus hat der Briefschreiber Zwingli gewirkt: nach Strassburg zu Wolfgang Capito und Martin Bucer; nach Konstanz zu Thomas und Ambrosius Blarer; nach Augsburg zu Urbanus Rhegius; nach Memmingen zu Christoph Schappeler; nach Ulm zu Konrad Sam. Wichtig sind ausserdem die Korrespondenzen mit dem Landgrafen Philipp von Hessen und dem Herzog Ulrich von Württemberg.

Zwingli war Humanist, da wird der Weg zur Liebe der Kunst und Betrachtung nicht allzu weit gewesen sein. Doch vermutlich ist in seiner bäuerlichen Herkunft und in der dogmatischen Herleitung der Bildlosigkeit im Tempel ein grosses Missverständnis über ihn zu finden. Er hat mehrfach betont, dass er mehr als andere Menschen Lust und Freude habe an schönen Gemälden und Statuen, weshalb diese ihn kaum verletzt haben. Eine Bedrohung des Glaubens sah er nur, wenn diese im gottesdienstlichen Raum auftraten. Am Grossmünster befanden sich zum Beispiel zwei Karl den Grossen darstellende Steinbildnisse, das eine war im Gotteshaus selbst, das man dann auch samt den übrigen sogenannten Götzen entfernte, war es doch verehrt worden, das andere aus Stein war draussen an dem einen der beiden Türme. Das könne ruhig dort bleiben, weil es für niemanden gefährlich sei, sollte man sich allerdings daran versündigen mit Abgötterei, wäre es auch wegzutun.
Wie gern Zwingli seine Hand bot, auch gute bildende Kunst für die Förderung seiner Sache nutzbar zu machen, sieht man daran, dass er freudig begrüsste, wenn

ZWINGLIS STELLUNG ZUR KUNST

seine Buchdrucker, vor allem Froschauer, Schriften von Zwingli mit hiefür angefertigten Zeichnungen und Holzdrucken, insbesondere für die Zürcher Bibelübersetzung mit Kunstwerken von Holbein dem Jüngeren und anderen Künstlern schmücken liess.

Man hat Zwingli vorgeworfen, er habe aus Mangel an musikalischem Wissen die Gemeinde nicht mehr singen und den Organisten nicht mehr spielen lassen. Doch wenn es einen Kenner auf dem Gebiet gab, so war er es. Zwingli war zweifellos der musikbegabteste der drei grossen Reformatoren gewesen. Vor allem war er ungewöhnlich geschickt. Ein Musikinstrument konnte er in kürzester Zeit erlernen. Als er 1511 als junger Priester in Glarus seinen Freund Glarean empfing, war Glarean gewiss, dass er seinem Ueli Freude machte, wenn er ihm einen Ferienbesuch mit den Worten ankündete: «Wenn ich komme, so wollen wir guter Dinge sein und Trompeten blasen.»

Als Zwingli gegen Ende 1518 ans Grossmünster berufen wurde, wollten ihm einige Herrschaften einen Strick drehen aus solch weltlichen Vergnügungen, die ihm nicht wohl anstünden. Dazu hatte er kurz und bündig das Urteil bereit: «Wenn dies nicht unverschämte und ganz und gar unverständige Esel sind!» Bullinger berichtete, dass er immer mal wieder seine Laute oder Geige hervorholte. Im Herbst 1520 reklamierte er die nach Luzern ausgeliehenen Motetten des damals berühmten Zürchers Ludwig Senfl, der in Bayern am Hof tätig war. Erzfeind Johannes Faber konnte es sich nicht verkneifen, Zwingli seinen Unernst vorzuhalten, den er mit seinen Hoflauten, Geigen und Flöten treibe. Zwingli gibt höhnisch zurück: Hoflauten? Er wisse nicht, was das sei; das müsse dem Höfling Faber doch bekannter sein.

An der St. Galler Synode im Dezember 1530 habe er eines Abends die Sänger und Musiker der Gallus-Stadt zu einer Musikaufführung in die Räume des Klosters zusammengerufen. Und alle waren voller Lust und Begeisterung. Auch über den Gemeindegesang äusserte er sich positiv. Wichtig sei, dass im Gotteshaus mit Verständnis gesungen werde, im Unterschied zum gedankenlosen Jolen gewisser Chorgesänge. Es wurde auch behauptet, Zwingli habe in Zürich den Gemeindegesang abgeschafft. Das ist ebenfalls unwahr, denn vor der Reformation kannte man in Zürich nur den Chorgesang, aber keinen Gemeindegesang.

Ja, Zwingli hat tatsächlich auch von der Arbeit gesprochen. Interessant, der Philosoph und Theologe Zwingli sprach von der Arbeit angesichts wirtschaftlicher, sozialer und sittlicher Misere. Auf diesem Boden propagierte er die Arbeit zur Kräftigung der Republik Zürich, als gesellschaftliche Alternative zur bezahlten Massenmörderei im Dienste fremder Mächte. Er polemisierte nicht gegen den Müssiggang schlechthin und plädierte nicht für fleissiges Arbeiten irgendjemandes für irgendjemand, sondern – man beachte – er wetterte gegen den Müssiggang der Landsknechte, der Reisläufer, Soldherren und Menschenhändler. Es wolle sich niemand mehr mit Arbeit nähren. Eigennutz sei Trumpf. Wenn der Mensch arbeite, müsse er nicht befürchten, dass er sich mit dem Blut der Unschuldigen speise und beflecke. Es wurden im reformatorischen Prozess etwa 60 katholische Feiertage aufgehoben, und es blieben immer noch rund so viele. Das Fasten wurde beseitigt, und dies waren sowohl religiöse wie soziale Massnahmen.

Arbeiten sei dem Menschen so natürlich wie dem Vogel das Fliegen, sagte Zwingli. Was ist denn gegen diesen humanistischen, aufklärerischen Satz einzuwenden? Da ist nicht die Rede von Krampfen, von Geldscheffeln. Natürlich kommen diese Moral, Ideologie, Religion, diese politischen konkreten Forderungen der aufstrebenden neuen gesellschaftlichen Schicht entgegen. Für ein «christliches Sparta», eine der vielen dümmlichen Floskeln über das «zwinglianische Zürich», hätten die sich bedankt.

Übrigens kommen bei Max Weber – dem theoretischen Kronzeugen für die Zusammenhänge von reformatorischem Puritanismus und Kapitalismus – Zwingli und die zürcherische Reformation mit keinem Wort vor. Weber befasste sich mit dem Calvinismus als einer Wurzel des englischen Puritanismus und mit «Luthers Berufskonzeption», sodann mit dem Pietismus, dem Methodismus und den aus der täuferischen Bewegung hervorgewachsenen Sekten oder Glaubensgemeinschaften. Das waren die Quellen des protestantischen Puritanismus im England des 17. Jahrhunderts, alles aber auch Bewegungen wesentlich nach der Reformation von Zwingli. Darin war Weber ein deutscher Wissenschaftler: Er nahm Zwingli gar nicht wahr.

Selbstverständlich ist hier anzumerken, dass die Reformation und ihre Ethik und ihre sittlichen Reformen und ihre Hochschätzung der Arbeit der städtebürgerlichen Auffassung von einem nützlichen Leben entsprachen, was insgesamt die Entwicklung des Kapitalismus und der gesellschaftlichen Produktion beschleunigte. Nur, sittliche Reformen, Sittenmandate waren in der Dekadenz des Spätmittelalters, in der Blütezeit der religiösen Ketzerei fast überall in Europa das Gebot der politischen Behörden, sofern sie an einer politischen und ökonomischen Entwicklung interessiert waren. Und das war das Bürgertum in Zürich allerdings im höchsten Masse, nachdem es seine Macht befestigt hatte.

Luther hat mindestens so grosses Gewicht auf die Arbeit gelegt wie Zwingli, allerdings auf die Arbeit der Bauern, die bevorzugt Ackerbau für ihren Fürsten betrieben hatten. Luther ist nie als Begründer eines Puritanismus bezichtigt worden. Zwingli sprach von der Arbeit vor dem Hintergrund der wirtschaftlichen, sozialen und sittlichen Misere.

Zwingli riet den Zürcher Handwerkermeistern, ihre Söhne besser einen weltlichen Beruf lernen zu lassen, statt Geistliche aus ihnen machen zu wollen, weil am christlichen Handwerk mehr für eine christliche Zukunft liege. Es wundert nicht, dass die Handwerker Zürichs Zwinglis Hausmacht darstellten.

Im 13. Jahrhundert kam in Zürich das Seidengewerbe auf. In der Folge der Zürcher Zunftrevolution von 1336 brach das Seidengewerbe ein. Erst im nachreformatorischen Zürich erlebte die Seide eine Blütezeit. Entscheidende Anstösse für den Aufschwung bekam Zürich im Jahr 1555 durch den Zuzug der Locarneser Protestanten. Zürich war eine Handwerker- und Zunftstadt mit etwa 7000 bis

8000 Einwohnern, wobei diese Zahl durch die Pest immer wieder grossen Schwankungen ausgesetzt war. 1587 gründeten die beiden Werdmüller David und Heinrich eine Gesellschaft zur Herstellung des Wolltuchs. Mit einem weiteren Tessiner, der ihnen Zugang zur industriellen Florettseidenherstellung eröffnete, begann dann der Aufstieg Zürichs zur Gewerbestadt, deren Seidenproduktion weltberühmt wurde.

Die Leistungen, welche die Handwerker und Arbeiter für die Gesellschaft erbracht haben, waren vielfältig: Vermeidung von unreifem Obst auf dem Markt, Kontrolle der Gewichtssteine, Reinigung der Gassen, Absonderung der Pockenkranken, tätige Armenpflege, da aus dem Predigerkloster ein Krankenhaus wurde, Mushafen für die Hungernden. Das sind bereits Pflichten einer Gewerbepolizei.

WIRTSCHAFT, GELD UND REICHTUM

Sechs Prozent der Bevölkerung besassen zu Beginn der Reformation 61 Prozent des Vermögens aller Stadtbürger. Zürich trieb vor allem Rebbau, doch auch Obst und Gemüse wurden angebaut. Der Weinbau war über lange Zeit als Reichtum der Stadt und der Republik hoch angesehen. In den Jahren 1526/27 bis 1533 machte in grossen Gebieten der Eidgenossenschaft, auch in Zürich, die Getreideteuerung den Menschen schwer zu schaffen. Beim Klostersturm in Ittingen wurde zuerst das Hauptportal aufgebrochen, dann aber ging es gleich zur Küchentür, wo die hungrigen Massen Essen und Trinken verlangten, dann ging es gegen den Speisegaden. Erst aber unter dem Einfluss des Weins zerstörten sie das Gotteshaus. Es wurden auch Tiere weggeschafft, Kühe, Kälber, Schweine und Hühner. Der Mangel an Getreide war zeitweise eine verheerende Plage. Am 6. September 1530 hatte eine sechsköpfige Kommission, zu der auch Zwingli gehörte, getagt und über die Teuerung und die Kornversorgung beraten. Es wurde ins Auge gefasst, bei süddeutschen Städten Getreide zu kaufen, eine Strategie, die angesichts der zurückhaltenden Marktpolitik der österreichischen Stellen rasch verwirklicht werden müsse. Man beriet auch eine Kontrolle über heimische und fremde Kornhändler. Jedenfalls hat Zürich eine latente Versorgungskrise und schliesslich auch den baren Hunger zur politischen Waffe geschmiedet. Zürich exportierte Getreide und Wein, importierte aber Butter, Käse, Ziger und Fleisch. Die Innerschweizer Orte taten es genau umgekehrt.

Die altgläubigen Landesteile häuften bei überschaubaren Personengruppen Kapital an durch Sold- und Pensionengelder. In den neugläubigen Landesteilen gab es Fortschritte in der Produktion, in der Arbeitsmoral und es gab weit weniger kirchliche Feiertage. Nach Jahren und Jahrzehnten gab es hier eine Einwanderung fremder Protestanten aus Spanien, Italien, den Niederlanden, aus England und mit den Hugenotten aus Frankreich. Das waren in der Regel hochqualifizierte Arbeitskräfte, die Unternehmen gründeten.

Wie wir bereits gesehen haben, gab es in Zürich um 1500 in Kirche und Politik grosse Missstände. Das Gewerbe hatte bloss lokale Bedeutung. Nur die Soldherren, die «Pensionenritter», strichen fortwährend Gewinne ein. Gleichzeitig war offensichtlich, dass das Selbstbewusstsein der Gewerbetreibenden stieg. So wurden die meisten Zürcher Zunftherren, die im Grossen Rat sassen, durch ihre wirtschaftspolitischen Interessen zu Gegnern der Solddienste. Und das alles passierte, ehe Zwingli nach Zürich kam. Es waren die Voraussetzungen dafür, dass der Toggenburger Leutpriester aus Einsiedeln nach Zürich geholt wurde. Er sollte die Emanzipationsbewegung der städtischen Gemeinschaft aus der bischöflichen Oberhoheit religiös-ideologisch untermauern und befördern. Das war die Wunschvorstellung der Zünfter.

Trotz der grossen Seuchen nahm in jenen Jahrzehnten, zwischen 1480 und 1520, fast in ganz Europa die Bevölkerung stark zu. Auf dem Gebiet des Zürcher Stadtstaates – etwa dem heutigen Kantonsgebiet vergleichbar – stieg sie von 28000 auf 53000 Einwohner. Dieser Zuwachs hatte starke Auswirkungen auf die Preis- und Lohnstruktur. Die politischen und wirtschaftlichen Zielsetzungen der Zürcher Oberschicht und die religiösen, ethischen und politischen Neuerungsideen von Zwingli deckten sich in einigen Punkten. Er geht mehr als jeder der Reformatoren von der Not des Volkes aus. Predigt und politisches Handeln gehen bei ihm Hand in Hand. Darin wurde Zwingli von einer Mehrheit des Grossen und Kleinen Rats weitgehend unterstützt.

Je weiter sich Zwingli biblisch und sozial vorarbeitete in der belebten Kommune, je grössere Gruppen und Schichten vom reformatorischen Credo und Geschehen erfasst wurden, desto tiefer drang der Leutpriester in alle Bereiche des gesellschaftlichen Lebens vor. Er predigte, publizierte Schriften, beriet den Rat, hielt Dispute und Reden mühelos stundenlang durch. Er ritt aufs Land zur Agitation, empfing Gäste zu Debatten, arbeitete nachts an der Übersetzung der Bibel, schrieb Bücher, führte einen immensen Briefwechsel mit Humanisten, Königen und Fürsten, war zudem auch ein geselliger, musischer, musikalisch begabter Mensch.

Zwingli beschäftigte sich zum Beispiel auch eingehend mit den Stadtfinanzen, mit den aufblühenden internationalen Kartellen und Banken, dem Monopolwesen, den betrügerischen Wechselgeschäften, der Bodenverschuldung, dem Goldhandel, und mit den vom Staat willkürlich festgesetzten Grundpreisen. Und es ist typisch für ihn, dass er sich meistens so ausdrückte, dass ihn auch das Volk verstand: «Den Goldpreis und den Preis der Grundnahrungsmittel lasst ihr auf und ab wallen wie das Meer bei Ebbe und Flut. Bei Ebbe wird gekauft, bei Flut wird verkauft, und der Unterschied wird eingesteckt.»

Der Reformator brachte Eigentum mit Eigenliebe und Eigennutz in Beziehung und sah in allen dreien Sünden. Der Mensch reisst in seiner Ichsucht die Güter an sich und lässt den Nächsten hungern. Privateigentum ist toleriert, ja geschützt durch das Gebot *Du sollst nicht stehlen*. Der Mensch müsse sich bewusst sein, dass alles, was er hat, ihm geschenkt sei.

Über die Monopole predigte er so polemisch, dass einige Chorherren im Grossmünster sich immer wieder beim Rat beschwerten, wie zum Beispiel, als sie etwa hören mussten: «Natürlich, die Einigkauf, da einer eine Ware allein in seiner Hand hat, wie diese Fugger das sündhaft teure Salz: ein ganz ungöttliches Gewerbe! Die ganze

Christenheit sollte sie vertreiben und abstellen wie eine Verschwörerbande! Aber was macht die Obrigkeit, die netten Männlein? Sie beschirmen die Finsternis im hellen Licht und beschützen jene, die das Volk an Leib und Seele verderben.»

Über Besitz und Reichtum lässt sich Zwingli in einer Predigt so vernehmen: «Die Grossen und Fürnehmen haben sich mit Wollust also überfüllt, dass sie davon betrübt worden sind. Überhaupt: Nur jener Besitz ist rechtmässig, welcher der Befriedigung der lebensnotwendigen Bedürfnisse dient [...] Reichtum ist wie Klebstoff, daran man gefangen wird wie die Vögel. Darum nennt Christus die Reichtümer billigerweise ungerecht, weil wir zum Privateigentum machen, was Gott gehört, worüber er uns aber Verwalter sein lässt. Was wir nicht nach seinem Willen gebrauchen, weil alle Reichtümer ungerecht sind. Das zeigen die ersten Christen deutlich, die alle ihr Hab und Gut miteinander teilten und als Brüder miteinader lebten. Aber was haben wir Christen heute mehr als den Namen [...] Aller Reichtum ist des Teufels! Konsequent gedacht, wäre christliches Leben ein riesiger Aufruhr, wo die Starken den Reichen alles wegnehmen.»

So weit kam es nicht in Zürich. Zwingli hatte einen ausgeprägten Sinn für das Machbare. Und viele seiner sozialen und wirtschaftlichen Massnahmen nutzten der Bevölkerung und halfen der wirtschaftlichen Prosperität der Kommune.

Vor den Bauernunruhen in der Zürcher Landschaft lavierte Zwingli geschickt. Wo ist schon Theorie in jedem Fall eins zu eins in die Praxis umzusetzen? In öffentlicher Rede bestritt er das göttliche Recht des Zehnten. In der Praxis brachte er aber Linderungen nur punktuell durch. Auch bezüglich der Zinsen gelang ihm nicht die Abschaffung, aber er setzte eine staatlich kontrollierte Handhabung durch, die den Wucher verbot.

Der Stadtstaat kam zu Reichtum. Zwingli machte aus Klöstern Spitäler. Viel Geld wurde für die Witwen- und Waisenfürsorge und die Armenpflege verwendet. Den Bettel konnte man verbieten. Der Markt wurde geordnet und kontrolliert, sowohl die Ware wie die Gewichtssteine und die Preise. Der Reinigung der Gassen wurde Aufmerksamkeit geschenkt. Pockenkranke wurden hospitalisiert. Man organisierte einen besseren Feuerschutz.

Zwinglis Kernsätze waren Merksätze: «Man muss der Obrigkeit ein weiches Herz einpflanzen [...] Es ist wahr: die Guten unter den Herrschenden sind wie Distel in der Wüste [...] Kann ich was dafür, dass es Tyrannen gibt wie Flöhe im August [...] Dass die, die Behüter, Beschützer und Beschirmer sein sollten, nichts anderes sind als Bescheisser und Belüger. Ach, da könnte einem die Galle überlaufen [...] Die Obrigkeit ist die Dienerin der Güte und Gerechtigkeit [...] Wir wissen, dass aller Aufruhr, der je auf dem Erdreich gewesen, allein aus der Übertreibung der Gewaltigen gewachsen ist.»

Die Reformatoren feierten die Arbeit fast als eine Art Dienst an Gott. Luther stellte den Ackerbau ins Zentrum, Zwingli das Handwerk. Doch das asketische Schuften wurde erst nach Zwingli hineininterpretiert und, ihn verfälschend, oft als Zwinglische Botschaft bis zur historischen Farce zitiert. Unbestritten ist, dass der Zürcher Stadtstaat von der Zwinglischen Reformation in seiner Entwicklung entscheidend bestimmt und geprägt worden ist.

In Zürich wurde gerätselt, warum gerade im Zwinglischen Zürich die Frauenhäuser nicht geschlossen wurden. Während der ganzen Zeit, als Zwingli im Grossmünster das Evangelium predigte, blieben die Freudenhäuser offen, es gab lediglich die Vorschrift, den minderjährigen Bürgersöhnen den Zutritt zu untersagen. Bern hingegen meldete, allerdings auch erst 1531, man habe das Frauenhaus abgetan und die Dirnen ausgewiesen. Die noch gut erhaltene Liegenschaft in Bern wurde an fromme Hausleute vermietet.

Luzern, jener katholische Ort, der die ganze Zeit die heftigsten Angriffe gegen Zwingli abschoss, sagte ebenfalls, allerdings erst im Jahr 1572, die Schliessung seiner Bordelle zu. Allerdings wurde diese Massnahme schon nach vier Monaten wieder zurückgenommen, denn die Bevölkerung hatte das rigide Regime nicht goutiert.

ZWINGLI UND DIE FREUDEN-HÄUSER

Die fahrenden Frauen luden in Zürich im Kratzquartier, jenem damals etwas verlotterten Streifen Land zwischen Fraumünster und Seeufer, zu ihrem Gewerbe. Man setzte einen Kratzvogt ein, der das Gebiet im Auge behielt, der zum Bordellbetrieb schaute. Er wachte auch darüber, dass nicht mit Karten oder Würfeln um Geld gespielt wurde; diese Vorschriften waren um einiges schärfer formuliert als die Regeln für die Dirnen. Nach ein paar Jahren fand der Rat eine elegante Lösung: Er sanierte das sumpfige Gelände, der morastige Ort wurde in einen Werkplatz für Steinmetzen und Bildhauer umgewandelt. Aber es verschwand nur eines der beiden Freudenhäuser.

In jenen Jahren wurden Dutzende von Mandaten von der Zürcher Obrigkeit erlassen wegen Winkelwirtschaften, nächtlichen Saufgelagen, «überflüssigen Abendtrünk», Trinkritualen, Exzessen, Gastereien, Festgelagen, «gästlen» und «zächen», nächtlichem «Unwesen der Jugend», Nachtlärm, Geschrei, nächtlichen Schlittenfahrten, Unfug, Vandalenakten, Sachbeschädigungen, Nachtfrevel, nächtlichem Tanzen, nächtlichem Singen, Masken, Fasnacht und so weiter. Nie vonseiten Zwinglis oder eines Pfarrers, es handelte sich stets um Mandate der Obrigkeit. Zwingli meinte dazu: «Zu unserer Zeit, wenn es eine belehrende, nützliche Erholung ist, gestatte ich Spiele. Belehrend ist das Schach. Da lernt man auslaufen, zögern, auch Posten aufstellen und Hinterhalt legen. Doch soll man Mass halten. Ich habe Leute gesehen, die ernste Geschäfte beiseite liessen und allein diesem Spiel frönten.» Zwingli zählte zu den Leibesübungen Schnelllauf, Weit- und Hochsprung, Steinstossen, Fechten und Ringen. Vom Schwimmen schien er weniger zu halten, er sehe im Schwimmen weniger Nutzen, obwohl es zeitweise lustig sei, die Glieder im Wasser zu strecken und ein Fisch zu werden.

Zwingli sah sich häufig genötigt zu Verleumdungen, die über ihn ausgestreut wurden, Stellung zu nehmen. Interessant ist, dass er nur auf die Lügen, die seine Lehren betrafen, reagierte. Verleumdungen über seine Lebensführung liess er auf sich beruhen, auch wenn sie erfunden oder erlogen waren. In schonungsloser Offenheit ging er 1522 in einer Predigt auf die zwei Punkte ein: «Sagt man euch, ich sündige mit Hoffart, Fressen und Unlauterkeit, so glaubt es ruhig, denn ich bin tatsächlich einigen Lastern unterworfen. Sagt man euch aber, ich wolle um Geld das Unrecht lehren, so glaubt es nicht, man schwöre, wie sehr man wolle.»

Zur Liste der Vorwürfe von Chorherr Hofmann gegen seine Kanzelverletzungen antwortete Zwingli gelassen: «Ich kanns nicht lassen, muss auch mal scherzhaft über Dinge reden. Aber es ist ein grosser Unterschied zwischen scherzen und schmähen.»

Aber auch er war zu Schmähungen fähig. So nannte er die Kardinäle Päpstinnen, die ja den Papst gebären. Die Bischöfe, die Aufseher sein sollten, nannte er Wegseher, den Weihbischof nannte er Viehbischof. Die Klöster waren für ihn Kotzhäuser. Luzern, die «Leuchtenstadt», die giftig gegen ihn spie, leuchte noch weniger als die Finsternis.

Und für den ständig auf Reisen befindlichen Kirchenoberen schlägt Zwingli das folgende Gebet vor: «Herr, beschütze unseren Papst, denn du allein weisst, wo er ist.»

Bevor wir uns mit Bern und Basel befassen, fassen wir nochmals zusammen, welches die vier hartnäckigsten Schauplätze der Reformation während Jahren waren: Erstens waren es die Konstaffel, zweitens die Pensionenherren, drittens die täuferischen Bewegungen und viertens die Bauernunruhen.

Der Widerstandsherd war das Gesellschaftshaus Zum Rüden an der Limmat unweit der Wasserkirche. Dort berieten die Constaffelherren ihre gegenüber Zwingli feindlichen Pläne. In den Zunftstuben der Handwerker, Kleinkaufleute und auch Bauern wurde die reformatorische Bewegung wohlwollend oder gar mit froher Stimmung aufgenommen. Darob waren die begüterten Geschlechter, die gesellschaftlich zur Constaffel gehörten, keineswegs begeistert. Für sie standen empfindliche Einbussen ökonomischer Art auf dem Spiel. An die massgebenden Persönlichkeiten wurden beträchtliche Jahrgelder aus-

VIER «KAMPF-PLÄTZE» FÜR ZWINGLI

bezahlt. Die vornehmen Herren der Constaffel führten den Kampf kaum je offen. Zwingli machte dennoch keine Konzessionen und Kompromisse.

Die Pensionenherren operierten erst recht anonym und verborgen. Der Rat setzte am 11. Oktober 1526 eine Kommission ein. Während vier Tagen fand ab dem 30. Oktober ein Reisläuferprozess statt. Zwingli war Initiant, Zeuge und Ankläger. Das Gericht bestand aus elf Männern. Mehrere Angeklagte hatten Pensionen in der Höhe von 30, 90, jedoch auch 300, 600, ja sogar 800 und auch 1000 Gulden erhalten. In Zürich löste der Prozess grosse Erregung aus. Man hielt die Stadttore tagelang geschlossen. Um Geständnisse zu erzwingen, wurde zum Teil die Folter angewendet. Dem Ratsherrn Jakob Grebel wurde nachmittags um zwei Uhr am 30. Oktober 1526 am Fischmarkt das Haupt abgeschlagen. Gründe dafür waren: Er nahm schon vor fünf Jahren vom Papst, vom Kaiser und vom französischen König besonders hohe Beträge entgegen; ausserdem hatte er ansehnliche Summen, die ihm für seinen Sohn ausbezahlt worden waren, nicht an dessen Witwe weitergegeben.

Inzwischen berief sich die Täufer-Gemeinde ausschliesslich auf die christliche Urgemeinde. Bezeichnungen wie «Spirituöser», auch «Geistler» waren im Umlauf. Was die Kindertaufe anging, hatte der Reformator mit der biblischen Begründung der Täufer zunehmend Mühe.

Im Brief an Vadian vom 28. Mai 1525 argumentiert Zwingli: «Es handelt sich eben gar nicht um die Taufe, sondern um Aufruhr, Verschwörung und Ketzerei. Lehren sie doch zugleich, ein Christenmensch könne kein obrigkeitliches Amt bekleiden, und bei all ihren schändlichen und verlogenen Behauptungen schreien sie stets: ‹Man muss Gott mehr gehorchen, als den Menschen [...]›. Alles menschliche Gefühl haben sie abgelegt und dafür dasjenige von wilden Tieren angenommen, und das nennen sie dann christlich.»

Zwingli war sich darüber im Klaren, dass es im Grunde gar nicht um die Taufe, sondern um einen Aufruhr und eine ketzerische Abspaltung ging. Er kam seinen Gegnern aber entgegen, indem er zugab, seinerseits den Beweis dafür nicht erbringen zu können, dass die Kindertaufe im Neuen Testament vorgesehen und befohlen sei; aber ebensowenig seien ja auch sie, die Extremisten, in der Lage, umgekehrt aus der Heiligen Schrift heraus festzustellen, dass es verboten sei, Kinder zu taufen. Als die Täufer festhielten, man soll nicht taufen, bis der Glaube zur Vollkommenheit gekommen sei, da gab Zwingli als Realist zurück: «Dann müssten wir alle ungetauft bleiben.»

Die Täufer-Bewegung flutete aufs Land hinaus, nach Zollikon und ins Bachtelgebiet. Zwingli wurde als Drache tituliert. Der Drache mahnte aber unermüdlich zur Mässigung. «Was mich betrifft, habe ich, sooft man vor dem Rat ihretwegen verhandelte, mich nachdrücklich für sie eingesetzt, und meine Fürsprache hat es dann auch erreicht, dass der Rat so schonend mit ihnen verfahren ist [...] Keine andere Obrigkeit übt grössere Milde, als die unsere [...].»

Es gab Zeugen, die bewunderten Zwinglis in der Hitze des Gefechts an den Tag gelegte Überlegenheit und Schlagfertigkeit. Er liess es nicht am entwaffnenden Scherzwort fehlen.

Während der zweiten Disputation brach der Reformator für die unterdrückte Landbevölkerung in seiner Schrift *Der Hirte* eine Lanze. Und etwas später sagte er bereits: «Was mich betrifft, will ich mit der Begehrlichkeit und Unbotmässigkeit der Bauern nichts zu tun haben; aber es muss hier ein Mass eingehalten werden.» Es ging schon seit Jahren um die Abschaffung des kleinen Zehnten, die Abgaben für Gemüse, Obst und Wurzelfrüchte, dann um den grossen Zehnten, Korn, Roggen, Weizen, Gerste, Hafer, Wein und Heu. Zwingli gab den Bauern zu bedenken und rührte damit an ihr Ehrgefühl: «Wie müsste es das Evangelium in Misskredit bringen, wenn ihr gleicherweise aufrührerisch sein würdet als wie jene, denen das göttlich Wort verwehrt würde.»

Am 5. Juni 1525 strömten die Massen in Töss zu einer Volksversammlung zusammen, etwa 4000 Mann aus dem Zürcher Bauernland. Man schickte Bürgermeister Walder mit sechs Mitgliedern des Rats zur Beruhigung der aufgeregten Menge. Die Herren hatten es schwer, zu Wort zu kommen und wurden immer wieder durch Zurufe über-

schrien. Die Klosterfrauen liessen Körbe voll Brot und
Weinkrüge in die Menge hinaustragen. Es war ein Wunder,
dass das Kloster nicht gestürmt und in Brand gesteckt wurde. Schliesslich räumten die Massen das Feld. Das Mandat
vom 22. Juni zur Entrichtung des Zehnten war dann eine
Pflicht. Da der Bauernaufstand im Reich mit ungeheurer
Gewalt und geballter Kraft niedergeschlagen wurde, hatten die hiesigen Bauern offensichtlich keine Lust mehr zu
heftigerem Aufbegehren. Zwingli schrieb ein zweites Gutachten, in dem er die Bauern zu Gehorsam gegenüber der
Obrigkeit ermahnte. Erreicht haben die Bauern nur die
teilweise Aufhebung der Leibeigenschaft.
Und was waren die Gründe der Innerschweizer, die Reformation derart abzulehnen? Es gab einfach keine Voraussetzungen für eine Begeisterung. Die Innerschweiz hatte
vornehmlich patriarchalische Verhältnisse. Die ökonomische Basis war das Reislaufen. Es gab kaum Handwerker, fast nur Bauern. Man war gegen die wachsende
Vormachtstellung Zürichs und Zwinglis. Die Kirche war
bereits stärker kommunalisiert als in Zürich, die Wahl
der Pfarrer etwa lag in den Händen der Gemeinde. Und
gegenüber Veränderungen der eidgenössischen Aussenpolitik war man in der Innerschweiz äusserst skeptisch.

Die Annäherung von Bern, dem mächtigsten Ort der Eidgenossenschaft, an die Zürcher Reformation, begann
schon in Baden. Dort war die Berner Delegation verärgert
über die Altgläubigen, die eine Verurteilung der Ketzerei
in Zürich wollten. Sollte in den Badener Akten die Wahrheit verstellt oder unterdrückt, das Protokoll den Teilnehmern vorenthalten werden, dann müsse das ernsthafte
Folgen haben. Derweil gab der St. Galler Johannes Kessler
eine Hymne über die Beharrlichkeit Zürichs zum Besten:
«O Zürich, Zürich, dich hat Gott bekrönt mit dem Gold
seines Wortes!»
Die Prediger von Bern, Basel, Schaffhausen, St. Gallen,
Glarus, Graubünden, Mühlhausen, Konstanz, Strassburg
waren jetzt in der Verfassung, in der sie Mut schöpfen

**DURCH-
BRUCH IN
BERN**

konnten für den reformatorischen Prozess. Zwingli organisierte eine Konferenz, an welcher diese Stände aufgehäufte Beschwerden gegen die sieben Orte vorbringen konnten. Es war nun jedermann klar, dass es nur Frieden im Bund geben würde, wenn Zürich seinen eigenen Gottesdienst einrichten könnte, davon war Zürich nicht bereit, auch nur einen Millimeter abzuweichen. Bern hatte noch vor seinem Übertritt zur Reformation genau dies anerkannt.

Es begann damit, dass im Grossen Rat in Bern an Ostern 1527 in den Wahlen eine starke evangelische Mehrheit zustande kam. Auch in Bern waren es die Zünfte, deren Drängen den Ausschlag gab. Am 15. November 1527 wurde der Beschluss gefasst zu einem grossen Religionsgespräch. Wortführer war in Bern der Münsterprediger Berchtold Haller, ferner gehörte zur führenden Truppe der Spitalmeister Lienhard Tremp, dann Sebastian Meyer und der Stadtarzt Valerius Anshelm, schliesslich der Chorherr Nikolaus von Wattenwil sowie Zwinglis ehemaliger humanistischer Lehrer Heinrich Wölfflin, genannt Lupulus. Noch war die Disputation unsicher. An Zwingli gingen Hilferufe der Berner: «Komm herüber und hilf uns!» Dann in der zweiten Hälfte November: «Es schreien schon viel Leute nach Dir. Mach doch, dass du kommen kannst!» Haller erfüllte schon der Gedanke daran, seinen Zwingli auf der Berner Münsterkanzel zu sehen, mit wahrem Entzücken: «O! was für ein willkommeneres und wünschenwerteres Glück könnte den Berchtoldern, ja den Bernern überhaupt zuteil werden, als wenn wir auch nur einmal durch Zwingli den Herrn verkündigen hörten.»

Zwingli richtete am 10. Dezember 1527 an den Zürcher Rat das schriftliche Gesuch, er möchte ihm mit einer Anzahl Gelehrten die Teilnahme am Gespräch in Bern gestatten. Der Rat übernahm sogar die Kosten für die Teilnahme. Am 2. Januar 1528 brach die Gruppe auf. Die Berner schickten eine Ratsbotschaft entgegen. Und der Zürcher Rat liess es sich nicht nehmen, 300 wohlgerüstete und bewaffnete Männer aufzubieten. Bis die Meldung bei Luther in Thüringen ankam, waren es schon 1000 bewaffnete Männer. Zwingli sei einem Triumphator und glorreichen

Feldherrn gleich tausend Mann stark nach Bern gezogen, teilte Martin Luther mit.

Ab Lenzburg waren die Berner für sicheres Geleit besorgt. So erreichte man am 4.Januar Bern ohne weiteren Zwischenfall. In Bern boten einige Patrizier Zwingli, dem Hochprominenten, ihre Häuser an, doch dieser blieb mit seiner Gruppe im Haus des Spitalmeisters.

Am Montag, 6.Januar begann die Disputation in der Barfüsserkirche. Der Stadtbaumeister richtete den gottesdienstlichen Raum nach Zwinglis Instruktionen ein. In der weiten Kirche war ein Podium, darauf standen zwei Tische, dann Stühle für die Präsidenten: Vadian aus St.Gallen, Propst Niklaus Trachsel aus Interlaken, Dekan Niklaus Briefer von Basel, Herr Apt von Gottstadt und der Comthur von Küsnacht, Konrad Schmid. An einem der genannten Tische hat Zwingli seinen Platz erhalten, die notwendigen Bibeln in den drei Sprachen vor sich. Die vier Bischöfe waren nicht da. Aus Basel war Johannes Oekolampad anwesend. Die inneren Orte waren auch nicht gekommen. Luzern hatte die Teilnahme verboten. Man schätzte 450 Geistliche und etwa 100 süddeutsche Städtevertretungen sowie die Zürcher Abordnung. Also waren mehrere hundert Delegierte anwesend.

Die Disputation stand im Banne Zwinglis. Er trat für die Autonomie der Einzelgemeinde ein. Bei den ersten der zehn Thesen blieb er im Hintergrund und trat erst bei der Abendmahlsfrage hervor. Trotzdem hatte er in den drei Wochen mehr als hundertmal das Wort ergriffen. Die anderen Hauptredner waren Haller, Kolb, Oekolampad, Bucer und Capito. In der künftigen Schicksalsfrage des Abendmahls blieb Zwingli der Sieger gegenüber dem Spiritualisten Capito aus Basel. 235 Priester machten sich die Thesen zu eigen, 46 verwarfen sie.

Am 30.Januar sprach Zwingli im schon von Bildern geräumten Münster zu Treue und Standhaftigkeit. Am 2.Februar schwor die gesamte Bürgerschaft einhellig, der Obrigkeit auf dem vom «Wort Gottes» gewiesenen Weg in geistlichen und weltlichen Dingen zu folgen. Und am 7.Februar gab der Berner Rat sein Reformationsmandat heraus. Dreizehn Artikel waren die Grundlage zu einer neuen Kirchenverfassung. Messe und Bilder waren in der

Stadt abgeschafft. Den Pfarrern war ab jetzt erlaubt, sich ehrbar zu verheiraten. Klosterinsassen durften bleiben oder austreten.

Der Rat hat sein Mandat in allen Gemeinden zur Abstimmung gebracht. Er gab gleichzeitig bekannt, dass alle Pensionen abgeschafft seien, den Täufern drohte, dass sie nicht mehr geduldet waren. In der Eidgenossenschaft wurde ein Gleichgewicht der Kräfte hergestellt und die gefährliche Isolierung der Republik Zürich behoben. Die süddeutschen Städte Strassburg, Mühlhausen, Ulm, Augsburg und weitere Kommunen begannen sich den reformierten Schweizer Orten kirchlich und politisch zu nähern. Natürlich war die Berner Disputation auch gleichzeitig die faktische Zweiteilung der Eidgenossenschaft in zwei Religionsparteien. Doch alles, was in Zürich eingerichtet wurde, eignete man sich auch in Bern an. Noch im Jahr 1528 wurden Altgläubige aus den beiden Räten entfernt. Man griff die Jahrgelder an, die in Bern noch immer mächtige Anhänger fanden. Auch Niklaus Manuel gehörte zu ihnen.

Als der Tross der Zürcher Reformierten auf dem Heimweg nach Bremgarten kam, waren dort die Stadttore geschlossen und verbarrikadiert. Die Zürcher Truppen stiessen sie kampf- und humorlos auf. Als sich der Zug der Berngänger, immerhin ein paar hundert Menschen, durch die Kleinstadt Bremgarten bewegte, war die Stadt wie ausgestorben.

In Basel hatten bereits früh ein paar Persönlichkeiten für die Schriften von Martin Luther geworben. So kam damals auch Zwingli zu seinem Luther-Erlebnis. Er wurde schon vor seiner Zeit in Zürich von Wolfgang Capito und von Konrad Pellikan in die Luther-Schriften eingeführt. Im November 1522 kam Johannes Oekolampad nach Basel, er soll einer der gebildetsten Schweizer Reformatoren gewesen sein. Er suchte sein Auskommen als Lektor in einer Basler Druckerei, bevor er an der Universität über Jesaja, dann über den Römerbrief las.

BILDERSTURM IN BASEL

Die Basler Universität war davon abgesehen ein rechtes Bollwerk der alten Ordnung und des alten Glaubens. Das kümmerte jedoch Oekolampad überhaupt nicht, er hielt schon 1525 anstelle der Messe ein evangelisches Abendmahl. Oekolampad hatte mit seiner ruhigen und souveränen Art als Delegationsleiter an der Badener Disputation ein grosses Ansehen erworben. Und im Jahr 1528 heiratete er die bemerkenswerte Wibrandis Rosenblatt aus Säckingen. Mit Oekolampad hatte sie einen Sohn und zwei Töchter. 1532 nahm sie Capito zum Mann. 1542 dann Bucer.

Nachdem die Kunde von der Berner Disputation nach Basel drang, setzte die Spinnwetternzunft bereits die Entfernung der Bilder und den evangelischen Gottesdienst in fünf Stadtkirchen durch. Die Basler Regierung schmeichelte sich noch, ein Gleichgewicht zwischen beiden Bekenntnissen zu behaupten. Im Januar 1529 zeigten sich nur 800 Katholische gegen 3000 Evangelische.

Oekolampad gab einen Hirtenbrief heraus, der offen auf die Probleme mit den Täufern, den Lutheranern und den Papisten einging. Am 25./26. Dezember drohte ein Bürgerkrieg. Am 30. Mai 1529 sollte in Basel eine Disputation stattfinden. Am 9. Februar 1529 brach der Aufruhr los. Einen Bildersturm gab es am 10. April 1528 in der Martinskirche, dort wurden an diesem Karfreitag Bilder von den Altären gerissen und achtlos auf einen Haufen geschmissen. Der Basler Reformator Oekolampad, Leutpriester zu St. Martin, verurteilte diesen Akt. Aber trotzdem drangen am Ostermontag etwa 30 Männer in die Kirche des Augustinerklosters ein. Die Bilderstürmer wurden auf Befehl des Rats gefangen genommen. Sie wurden aber bald wieder freigesetzt.

Höhepunkt des Bildersturms war der Montag der Herrenfasnacht am 8./9. Februar 1529. In der Barfüsserkirche vereinigten sich rund 800 Bürger. Sie schickten Vertreter ins Rathaus, um dem Rat ihre Forderungen zu unterbreiten. Es sollten ein dutzend Ratsherren aus ihren Ämtern entlassen werden. Unzählige Bürger besetzten das Zeughaus, und viele hatten sich bewaffnet. Der Rat gab dem Druck nach und ebnete der Reformation den Weg. Auf dem Münsterberg waren rund 200 Gesinnungsbrüder versammelt, sie waren auf den Münsterplatz marschiert und polterten zornig an die Tore. Bewaffnete Gruppen drangen gewaltsam ins Münster ein, zerschlugen in Raserei Kruzifixe und Bilder. Über den ganzen Nachmittag habe sich der Bildersturm ereignet. Am Aschermittwoch wurde dann alles Brennbare auf dem Münsterplatz aufgestapelt und angezündet.

Erasmus von Rotterdam, der beim alten Glauben geblieben war, hinterliess an 9. Mai 1529 einen kurzen Beschrieb dieses Basler Bildersturms: «Von Standbildern wurde nichts unversehrt gelassen, weder in den Kirchen noch in den Vorhallen, noch in den Kreuzgängen, noch in den Klöstern. Was von den gemalten Bildern vorhanden war, wurde mit einer Übertünchung von Kalk bedeckt; was brennbar war, wurde auf den Scheiterhaufen geworfen, was nicht, wurde Stück für Stück zertrümmert. Weder Wert noch Kunst vermochten, dass irgend etwas geschont wurde.»

Die erste Synode in Basel wurde am 11. und 12. Mai 1529 abgehalten. Am 14. und 15. Dezember führte Basel die Kirchenzucht ein. Oekolampad starb im Jahr 1531.

TRENNUNG VON ERASMUS

Es gingen mehrere Briefe zwischen Erasmus und Zwingli hin und her. Einige sind allerdings verloren gegangen. Die Begegnung mit Erasmus war für Zwingli unter dem frischen Eindruck des Neuen Testaments ein tiefgreifendes Erlebnis gewesen. Danach kühlte die Beziehung ab. Es war im Jahr 1522, dass Zwingli daran dachte, den grossen Mann nach Zürich zu locken, ihn in seiner Nähe zu haben. Es gelang ihm sogar, den Zürcher Rat für seine Idee zu gewinnen, dem hohen Gast sogar das Zürcher Bürgerrecht zu schenken, honoris causa. Zwingli und Erasmus hatten sich aber schon zu weit voneinander abgesetzt. Und Erasmus lehnte dankend ab.

«Ich bin Dir und Deiner Stadt für Eure mir erwiesene Gewogenheit sehr verbunden», schrieb Erasmus. «Doch mein Wunsch ist eben, ein Weltbürger – oder besser ein Weltfremder – zu sein, der allen gehört. Möge ich der Bürgerschaft des Himmels eingeschrieben sein dürfen! Dorthin verlangt es mich ja inmitten so mancher mir immer von neuem zusetzender Krankheiten.» Er mahnte den Zürcher Prediger zur Mässigung, die Sache sei ohnehin auf bestem Wege, er habe keinen Grund, über fehlendes Verständnis zu klagen. «Ich weiss bestimmt, dass mir der Kaiser freundschaftlich gesinnt ist, und auch das ganze Kardinalskollegium will mir wohl; ich habe höchstens vor gewissen wutentbrannten Dominikanern etwas zu befürchten [...] Wir werden bald sehen, wohin sich die christliche Sache neigt. Wir haben einen Theologen zum Papst. Was mich betrifft, so werde ich, soweit es die gegenwärtige Zeit erlaubt, die Sache Christi nicht im Stiche lassen, so lange ich lebe [...] Kämpfe Du, mein lieber Zwingli, nicht nur tapfer, sondern auch klug! Dann wird Dir Christus helfen, dass Du auch erfolgreich kämpfst.»

Später schrieb er: «Du mächtig gelehrter Zwingli, ich habe einige Seiten Deines Archeteles gelesen – da beschwöre ich Dir beim Glanz des Evangeliums, dem Du, wie ich weiss, so einzigartig gewogen bist und dem wir alle, so viele wir uns Christen nennen, gewogen sein müssen: bitte, wenn Du wieder einmal etwas heraus gibst, so gehe mit der ernsthaften Sache ernsthaft um und vergiss dabei nicht das Mass und die Besonnenheit, wie dies einem evangelischen Menschen entspricht! Gehe mit gelehrten Freunden zu Rate, bevor Du etwas der Öffentlichkeit preisgibst! Ich fürchte, die Verteidigungsschrift werde Dir grosse Gefahr eintragen und dem Evangelium zum Schaden gereichen; schon in dem Wenigen, das ich gelesen habe, ist Vieles, um dessentwillen man Dich nach meiner Ansicht hätte warnen sollen. Ich zweifle nicht, dass Du mir dies – klug, wie Du bist – gut aufnehmen wirst. Denn aus einem um Dich sehr besorgten Herzen habe ich ja geschrieben, spät in der Nacht.»

Der Text Archeteles, ungefähr zehn Seiten stark, beschäftigt sich mit dem Konstanzer Bischof Hugo von Hohenlandenberg, ein theologischer Text, kaum polemisch scharf, natürlich keine Bittschift. «Je mehr Du, Bischof Hugo, den Herren herauskehrst, desto verhasster wirst Du Dich allen machen [...] So darf man nichts tun, was mehr nach Herrschsucht als Einsicht oder göttlicher Erleuchtung schmeckt.»

Was kommt in dem Text vor? Die Apostelgeschichte. Die Busse. Echte und falsche Apostel. Papst Leo X. und Kaiser Karl V. haben in der Bannbulle gegen Luther und dem Edikt des Reichstags von Worms 1521 die neuartigen Lehren verdammt. Warum hat man den Bischof zum Fürsten gemacht? Dann werden da leichtfertige Schwätzer, Betrüger und Gewinnsüchtige erwähnt. «Denn wo ist in der ganzen Diözese Konstanz so einmütig Deine Lehre angenommen wie in Zürich?»

Typisch für den König des Humanismus, dass er ängstlich oder zumindest vorsichtig ist, dass er sich nicht entscheiden kann, dass sein sanftes Temperament einen auch nur leicht polemischen Text mit halb entschiedener Verächtlichung ablehnt. Er schrieb übrigens mehrere Briefe an den Zürcher Rat, warnte diesen vor dem Flüchtling Ulrich von Hutten, führte eine ziemlich scharfe Polemik und gegenseitige Beschuldigung, was für einen so grossen Monsieur eine Art Armutszeugnis darstellt.

Der Ferdinandische Bund der Österreicher mit den fünf Innerschweizer Orten organisierte im Juni 1529 eine Zusammenkunft, man befasste sich mit der Frage, «wie und wann man die Sache in die Hand nehmen wolle». Vom in Luzern wohnenden Heisssporn Thomas Murner wurde ein Brief abgefangen, in welchem stand: «Die Glocke ist gegossen, wir werden sie bald kräftig läuten, dass der Ton weit erschallen soll. Wir wollen den Glauben bald miteinander teilen mit langen Spiessen und scharfen Halbarten.» Also war man zum Glaubenskrieg entschlossen. Die Verhaftung und schliesslich auch Verbrennung des evangelischen Pfarrers Jakob Kaiser in Schwyz entpuppte sich als gefährliche Kriegsfackel. Zürich wollte die fünf Orte niederwerfen, noch ehe ihre Verbündeten eingetroffen waren. Am 8. Juni 1529 kam die Zürcher Kriegserklärung. Die katholischen Vögte schritten zunehmend zu schärferer Unterdrückung der evangelischen Bewegung.

Max Wehrli, ein Polterer der seltensten Sorte, sass im «Roten Schwert» in Zürich und geiferte gegen die evangelische Sache. Er wurde in Zürich gefasst und strengstens verhört und dann kurzerhand enthauptet, weil es sich erwiesen hatte, dass er rücksichtslos gegen die Thurgauer Untertanen vorgegangen war. Murner selbst sagte: «Zu den Waffen greifen wir nur im äussersten Notfall und wenn der Gegner einen dazu zwingt. Wir halten gerne Frieden, aber der neue Glaube hat die Art, dass er sich selbst und andern Leuten keine Ruhe lässt.»

Und Zwingli schrieb im Frühjahr 1529: «Der Friede, auf den gewisse Leute so sehr aus sind, ist Krieg, nicht Friede. Und der Krieg, für den wir so eifrig rüsten, ist Friede, nicht Krieg; denn wir dürsten ja nach niemandes Blut und werden auch im Schlachtgetümmel nicht wohl daran leben. Es geht uns nur darum, dass der Oligarchie der Lebensnerv abgeschnitten wird [...] Wir haben nichts Grausames im Sinn, sondern all unser Vorhaben zielt auf Freundschaftliches und Väterliches. Wir wollen nichts anderes, als die Freiheit der Verkündigung schützen.» Es gab Beschwerden von katholischer Seite über die Schmähungen wie: «Fünförtli, Sennhüttli, Milchkühe, Tanngrotzen, Verräter». Umgekehrt wurden die Zürcher Ketzer genannt.

Es war nicht zu bestreiten, dass Zwinglis Politik zurzeit nichts anderes war als kriegerische Absicht. Für ihn ging es zunehmend um den evangelischen Sieg. Die Berner hatten jedoch keine Lust, Zwinglis Aktionen zu unterstützen. Sie waren ohnehin ganz eindeutig nach dem Westen der Schweiz orientiert. Sie hatten Appetit nach Savoyen und der Waadt. Bern und Basel erklärten, erst zu den Waffen zu greifen, wenn Zürich überfallen werde. Zwingli hingegen meinte, die Rechtsbrüche der Unterwälder müssten mit Waffengewalt ausgeschaltet werden. Er entwarf einen detaillierten Kriegsplan. Zwingli wurde erneut zum Strategen, er zeichnete auf einem Situationsplan die Flüsse Limmat, Reuss, Aare sowie die Lage der Orte Zürich, Baden, Mellingen, Bremgarten, Luzern, Bern, Unterwalden, Schwyz und Uri ein.

Nun stand den Zürchern eine gegenüber den Innerschweizern überlegene Heeresmacht zur Verfügung. Die Berner nahmen mit 6000 Mann in Bremgarten Stellung. Die Basler postierten sich mit 800 Mann bei Lunkhofen.

Die Fünförtischen hatten es auf 9000 Mann gebracht, ihre Truppen waren ausserdem mangelhaft ausgerüstet. Zürich drängte zum Vormarsch. Das Hauptheer war am 9. Juni bei Kappel angelangt. Würde man jetzt angreifen, so wäre die Sache gewonnen, dachte man: die Front des Gegners eindrücken, mit fliegenden Fahnen in Zug und Luzern einmarschieren und die Annahme der Friedensbedingungen – die Garantie der freien Verkündigung in allen Teilen der Eidgenossenschaft – erzwingen.

Da erschien der Glarner Landammann Hans Aebli von Baar und sagte, es herrsche nun allgemein tiefe Traurigkeit, dass es unter Eidgenossen tatsächlich zum Krieg kommen müsse, deshalb bitte man um einen Aufschub, man könnte sogleich Verhandlungen aufnehmen. Mit Tränen in den Augen redete er von Frauen und Kindern, es sei ein grosser Jammer. Zwingli erhob den Warnfinger: «Gevatter Ammann, Du wirst noch Gott müssen Rechnung geben.» Dass der Zürcher vor dem Glarner Recht bekommen sollte, würde sich zwei Jahre später am gleichen Ort zeigen.

Es wurde also verhandelt. Klar, dass sich Zürichs Plan mit der Ausweitung der evangelischen Bewegung über die ganze Schweiz nicht verwirklichen liess. Zwingli: «Nicht auf Grausames sinnen wir, sondern auf Gutes und Vaterländisches. Habt also keine Angst vor unseren Plänen. Sie sind friedfertiger und gerechter als gewisse Leute behaupten.»

Nach der für Zwingli so ärgerlichen Intervention Aeblis schrieb er an seine Zürcher Obrigkeit, er trage ohne Unterlass grosse Sorge für die gegenwärtigen Angelegenheiten. Natürlich war eine hervorragende Gelegenheit an ihm vorbeigerauscht. Aber jetzt war die Rede vom knappen Brot auf der Seite der unterlegenen Innerschweizer und von der fehlenden Milch bei den Zürchern. Sie richteten gemeinsam eine Milchsuppe an, das ergab die Kappeler Milchsuppe, sodass der Strassburger Jakob Sturm bewundernd sagte: «Ihr Eidgenossen seid wunderbare Leute, wenn ihr schon uneins seid, so seid ihr eins, und vergesst die alte Freundschaft nicht.» Doch Zwingli liess sich nicht täuschen. Die Soldaten wurden durch Trommelwirbel zur Predigt gerufen. Man betete gemeinsam. Niemand fluchte. Im ganzen Heer wurde keine einzige Dirne gesehen. Es gab ein sportliches Programm mit Springen, Werfen und Steinstossen; auch wurde viel gesungen.

Im Feldlager mahnte Zwingli: «Tut um Gottes Willen etwas Tapferes!» Die Zürcher verlangten eine Auseinandersetzung über die Streitpunkte, die noch in der Schwebe waren. Niklaus Manuel sprach für die Berner gegen ein striktes Verbot der Pensionen.

Endlich, am Samstag 26. Juni, zog die zürcherische Hauptmacht, da sie inzwischen 18 Tage im Feld gelegen hatte, wie ein Triumphzug in die Stadt ein. In der Predigt des nächsten Sonntags ging der Reformator auf die kommenden Gefahren des harmlosen Spiels ein. Bereits im Vorherbst 1529 verhängte Zürich eine Proviantsperre über die Fünförtischen, denn sie konspirierten von Neuem mit Österreich. Es war also nicht weit zum nächsten Waffengang.

Durch Zwinglis Kopf fuhren schon seit einiger Zeit grossräumige politische Pläne. Der junge Fürst Philipp von Hessen war erst 27 Jahre alt, als er mit Zwingli in nähere Bekanntschaft trat; er war durch Herzog Ulrich von Württemberg auf den Zürcher Reformator aufmerksam gemacht worden. Dieser sass oft in Zwinglis Predigten, da er aus seinem Reich ausgeschlossen war, also in Zürich sich in einer Art Exil befand. In Kassel und Marburg wurden dem hessischen Fürsten Zwingli-Schriften in die Hände gespielt, er fing ziemlich schnell Feuer. Er hatte den genialen Plan, das Abendmahl an den Verhandlungstisch zu bringen und den Reformatoren stärkere Bündnisse zu verschaffen. Philipp von Hessen plante Schlichtungsgespräche zwischen Wittenbergern und Zürchern. Es war erstaunlich, dass ein Fürst so ernsthafte Pläne mit sich herumtrug und den «Schwarmgeistern» aus Zürich, wie Luther sie regelmässig nannte, noch immer eher Kredit geben konnte.

«Hochgelehrter, lieber Herr» wendet sich der Fürst an den Reformator. «Wir stehen in Arbeit und Handlung den Luther, den Melanchthon und auch andere, die des Sa-

LANDGRAF PHILIPP VON HESSEN

kraments halber Eurer Meinung sind, an gelegenem Ort zusammen zu bringen, ob Gott, der barmherzige und allmächtige Gnade verleihen wollte.» Er hatte nun Zwingli als Wortführer der Schweizer und der Süddeutschen auserkoren, denn bisher war Oekolampad dafür bestimmt. Zwinglis am 7. Mai 1529 an den neuen Freund gerichtete Antwort ist von Jubel begleitet. «Ehre sei Gott in der Höhe! Mag er wohl im Himmel sitzen, so lenkt und leitet er doch zugleich alles auf Erden! Deinen Sinn erleuchtet er derart mit Einsicht, dass Du siehst, wie man im Unglück zu Hilfe eilen kann, und er kräftigt dein Herz in dem starken Willen, die Frommen zur Eintracht zurückzubringen.» Die Verwirrung rühre hauptsächlich daher, «dass wir nur wenige Dir ähnliche Könige und Fürsten besitzen; würden nämlich daher andere wie Du handeln, so würde niemand mehr unverhörter Sache dem öffentlichen Gerede preisgegeben. Du allein strebst ja bei dem grossen Zwiespalt dahin, dass niemand im Irrtum straucheln kann, da Du die Führer im Streit so eifrig zusammenzubringen versuchst, dass wir miteinander einsehen lernen, was keiner für sich allein weiss und was die starrköpfige Unwissenheit lichtscheu fürchtet. So fahre denn fort, erlauchtester Fürst, und lass Dich nicht durch irgendwelche Quertreibereien von einem so frommen Plane abbringen! [...] Wenn es nur der göttlichen Vorsehung gefällt – es wird ihr aber zweifellos gefallen, sofern wir Gott nicht auf eine andere Weise erzürnen –, werde ich willig und gerne mich einstellen. So teile denn nur Ort und Zeit mit, möglichst günstig gewählt, sodass die, deren Erscheinen Du hauptsächlich wünschest, früher als irgendeiner von den Gegnern in Kenntnis gesetzt werden, wann man kommen soll; so wird es sich ja machen lassen, dass wir schon bei Dir sein werden, bevor die Feinde der Wahrheit annehmen können, dass wir schon zur Reise aufgebrochen sind. Doch was zeige ich, der Blinde, dem Hellsichtigen den Weg? Ist alles festgesetzt, so lass unserm Rat einen Brief zukommen, mit dem Du mein Erscheinen verlangst; lass indes diesen Brief in meine Hände gelangen, damit ich ihn im geeigneten Zeitpunkt übergebe. Sollte der Rat weiterhin die Anreise verweigern, so werde ich, wenn es der Herr zulässt, mich dennoch auf den Weg machen.»

Am 1. Juli 1529 liess der Landrat die Einladungen ergehen. Zwingli werde auf den 29. September in Marburg erwartet. Danach sah Zwingli dem freudigen Ereignis mit grosser Zuversicht entgegen. Die Reise war allerdings für die Schweizer mit einigen Gefahren verbunden, es mussten dafür einige Wegstrecken durch katholisches Hohheitsgebiet zurückgelegt werden. Der Landrat riet zur Route über den Hunsrück, die sei weniger riskant. Er verpflichtete sich, ein starkes militärisches Geleit aufzubieten. Zwinglis Reise wurde geheim gehalten, selbst seiner Frau sagte er nur, er habe Geschäfte in Basel; und im Rat wussten nur ein paar wenige von des Reformators Aufbruch. Zwingli schrieb, bevor er sich auf den Weg machte, dem Bürgermeister und dem Rat einen Brief und erklärte ihm das Projekt in Marburg. Die Reise begann am 6. September in Basel zusammen mit Kaufleuten, die nach Frankfurt zogen, und zwar per Schiff. In Strassburg machte die Reisegesellschaft einen Halt von elf Tagen. Man predigte im Münster, man erfuhr viel Wissenswertes über die politische Lage. Zwingli war erschüttert, zu erfahren, dass der österreichische Herzog die Absicht verfolgte, die reformierten Schweizer und die freien Städte einzeln anzugreifen. Zwingli predigte am Sonntag den 12. September im Strassburger Münster.

Luther und Melanchthon hätten lieber gesehen, ihr Fürst hätte ihnen die Teilnahme verboten. Luther erklärte unentwegt, die Zusammenkunft werde zu nichts führen. Er war nicht einmal zu bewegen, die Reise fortzusetzen, bevor er nicht vom Landgrafen und seinen Leuten in Empfang genommen worden war. Man kam also in entgegengesetzter Stimmung zusammen. Dann aber bekam die Versammlung doch noch etwas Weltbedeutendes. Doch Luther blieb die ganze Zeit eher gehässig.

Am 18. September blies die Gruppe um Zwingli zum neuen Aufbruch. Vierzehn Pferde standen jetzt bereit. Die pfälzische Begleitung wurde durch die Truppe des Landgrafen Philipp von Hessen abgelöst. Und als man im Schlosshof zu Marburg einritt, da begrüsste der Graf die Gäste aufs Liebenswüdigste. Zwingli und dem Grafen wurde wohl bewusst, dass das ein historischer Moment war.

Am Donnerstag, den 30. September trafen Luther, Melanchthon, Justus Jonas und Kaspar Cruciger ein. Am 2. Oktober kamen die süddeutschen Lutheraner, Osiander, Johannes Brenz und Stephan Agricola von Augsburg an.

Dass der junge Fürst vor den Gesprächen aufgeregt war, konnte man verstehen. Nun machte der Graf mit den Hauptdarstellern etwas, was ihm niemand zugetraut hatte: Er bot die beiden Schweizer und die beiden deutschen Hauptdarsteller zu Zweiersondierungen auf. Luther sollte mit Oekolampad und Zwingli mit Melanchthon unter vier Augen reden. Es sei darum gegangen, herauszufinden, ob irgendetwas vorhanden war, was dem Frieden dienen könnte. Die Auseinandersetzung zwischen Zwingli und Melanchthon dauerte sechs Stunden, die zwischen den zwei anderen, Luther und Oekolampad, nur drei. Diese kamen weniger gut miteinander zurecht. Der Basler fühlte sich hinterher «mitgenommen» und verglich Luther mit dem auf der Badener Disputation keifenden Eck. Immer noch spukte in den Köpfen des Luther-Kreises der schwarmgeistige Spiritualismus der Schweizer. Schweizer Reformatoren? Schwärmer? Zwingli war das Gegenteil eines Schwärmers. Er liebte die Vernunft. Luther nannte die Vernunft eine Hure, Zwingli aber war weitgehend ein Rationalist.

Die erste Hauptverhandlung wurde auf den 2. Oktober morgens um 6 Uhr angesetzt. Der Konferenzort war nicht der Rittersaal, sondern ein Privatraum. Luther, Melanchthon, Zwingli und Oekolampad sassen am Tisch. Nach Schätzung von Teilnehmern kam man auf 50 oder 60 Anwesende, Zwingli schätzte höchstens die Hälfte davon. Es wurde in deutscher Sprache verhandelt, Zwinglis Wunsch war Latein gewesen. Luther machte auch darüber seine Sprüche: Die Schweizer sprächen «ein filzicht, zotticht Deutsch, möchte einer schwitzen, eh ers versteht». Luther wollte auch keine Protokollierung der Voten. Er begann gleich am Anfang schon, vermeintliche Irrlehren der Schweizer aufzuzählen, es wurden sieben gezählt.

Die Schweizer erhoben Einspruch: Man sei wegen des Abendmahls zusammengekommen. Luther entgegnete: «Nun gut, es sei also. Aber ich bezeuge öffentlich, dass ich mit den Schriften jener nicht übereinstimme, und ich will das kundgetan haben, damit man daheim nicht sage, ich hab das Maul nicht dürfen auftun [...] Und Vernunft will ich nicht hören.»

Samstag und Sonntag, den 1. und 2. Oktober, wurde vom frühen Morgen bis zum späten Abend debattiert. Luther war auf der einen Seite der Wortführer, während auf der anderen Seite sich Zwingli und Oekolampad die Arbeit teilten; der Basler befasste sich vor allem mit der Heiligen Schrift, während der Zürcher sich mit der dogmatischen Seite beschäftigte. Was das Abendmahl betrifft, so versteifte sich Luther auf den Buchstaben des Textes: Dies ist mein Leib. Dass Christi Leib im Brot sei, dass das Brot Christi Leib selbst sei. Zwinglis Überzeugung, Brot und Wein seien nur ein Symbol für Leib und Blut Christi, lehnte Luther ab.

Der Landgraf führte die Kämpfer auf beiden Seiten mit seiner souveränen und schmiegsamen Art, dass die Gegensätze meist nicht gehässig wurden. Hart auf hart wurde es trotzdem dann und wann. Einmal unterbrach Luther Zwingli: «Ihr redet gehässig!» Und dann: «Ihr habt eine schlechte Dialektik!» Und später: «Ihr seid in Hessen, nicht in der Schweiz!» Und Zwingli einlenkend: «Ihr wollet entschuldigen! Es ist eine Landart bei uns, so zu reden.» Der Landgraf nickte Zwingli zu und sagte: «Die Entschuldigung nehme ich an. Herr Doktor Luther, nehmet die Art zu reden nicht zu schwer.» Und man ging zum Essen.

Luther: «Wenn Gott mir gebieten würde, Mist zu essen, so würde ich es tun.» Da weist Zwingli eine solche Zumutung zurück: «Derartiges verlangt Gott nicht. Die Werke, die Gott gebietet, gebietet er zum Heil und zum Guten. Gott ist wahr und Licht, er führt nicht ins Dunkle [...].» Dann bedankte sich Luther bei den Schweizern: «Ich befehle euch Gott und seinem Urteilsspruch. Euch danke ich, Herr Oekolampad, dass ihr sorgsam eure Sache dargelegt habt, nicht herbe, sondern freundschaftlich. Auch euch, Herr Zwingli, danke ich, mögt ihr auch herber gewesen sein. Verzeihet, bitte, wenn ich harte Worte gegen euch sprach, ich bin ja Fleisch und Blut. Ich möchte, dass die Sache gegenseitig beigelegt werde.» Zwingli: «Ich bitte euch, Doktor Luther, verzeihet meine Herbigkeit. Ich habe stets den grössten Wunsch nach Freundschaft und wünsche sie noch.» Das sagt Zwingli mit Tränen in den Augen. Und dann sagte Luther einen Satz zu Oekolampad: «Bittet Gott, dass ihr nun zur Einsicht kommt!» Der Angeredete erwiderte: «Bittet auch ihr, ihr habt es ebenso nötig!»

Als Zwingli wiederholt eine Stelle aus dem Neuen Testament in Griechisch zitierte, ärgerte Luther das sehr, er sah darin Renommiererei, denn er war im griechischen Testament nicht so beschlagen wie sein Gegenüber. Zu Bucer sagte Luther: «So reimet sich unser Geist und euer Geist nicht zusammen, sondern es ist offenbar, dass wir nicht einerlei Geist haben.»

Das Gespräch scheiterte dem Anschein nach an der Unnachgiebigkeit Luthers in der Abendmahlsfrage, in Wirklichkeit aber war der Grund die tiefergehenden Unterschiede zwischen fürstenstaatlicher und bürgerlich-republikanischer Reformation.

In der Frühe des 5. Oktobers gab der Landgraf das Zeichen zum Aufbruch. Am Samstag, 16. Oktober, erreichte die Schweizer Mannschaft Basel. Am Montag, 18. Oktober, ging es nach Zürich, wo man tags darauf eintraf.

Am nächsten Tag schon schrieb Zwingli an Joachim Vadian einen Brief, in dem er über die Marburger Gespräche berichtete: «Gnade und Friede vom Herrn! Worauf Du gespannt bist, das will ich Dir kurz schreiben. Nachdem wir unter sicherem Geleit nach Marburg geführt waren und Luther mit seinen Begleitern angekommen war, ordnete der fürstliche Landgraf an, Oekolampad solle mit Luther und Melanchthon mit Zwingli getrennt, ohne jeden Schiedsrichter, die Auseinandersetzung versuchsweise beginnen, will sagen: sie sollten gegenseitig erkunden, ob sich in ihren Lehrsätzen etwas finden liesse, das zu einem Friedensschluss beitragen könnte. Dabei hat sich Luther den Oekolampad so vorgenommen, dass der bei mir im Vertrauen darüber klagte, er sei von neuem dem Eck in die Hände gefallen. Aber das darfst Du nur verschwiegenen Leuten weitersagen. Aber da Melanchthon überaus glatt wie ein Aal war und wie ein Protheus alle möglichen Gestalten annahm, nötigte er mich, zur Feder zu greifen und sozusagen mit Salz meine Hand zu wappnen und zu trocknen, um so den Entschlüpfenden und sich in alle erdenklichen Flucht- und Schlupfwinkel Drückenden unerbittlich festzuhalten. Daher schicke ich die Kopie einer Niederschrift von einigen aus hunderttausenden seiner Aussagen, doch unter der Bedingung, dass Du sie nur verschwiegenen Leuten mitteilst, d.h. solchen, die daraus keine Fortsetzung der Tragödie anzetteln, denn auch Philipp selbst besitzt eine solche Kopie. Die Niederschrift stammt nämlich von mir, aber er hat alles durchgesehen, gelesen und einiges selbst diktiert. Wir jedoch wollen nicht die Einleitung einer neuen Tragödie bieten.

Dieses Gespräch dauerte in meinem Fall sechs, bei Luther und Oekolampad drei Stunden. Anderntags stiegen vor dem Landgrafen und einigen Schiedsrichtern – höchstens vierundzwanzig – Luther und Melanchthon, Oekolampad und Zwingli in die Arena; der Kampf zog sich über diese wie über drei weitere Sessionen hin. Denn im Ganzen waren es vier, in denen vor den Schiedsrichtern der Kampf glücklich verlief. Wir hielten Luther nämlich entgegen, dass er die dreimal leichtfertigen Sätze: *Christus hat nach seiner göttlichen Natur gelitten* und *Christi Leib ist überall* aufgestellt habe, und dass er das Bibelwort: *das Fleisch ist nichts nütze* selbst in einem andern Sinne, als er jetzt behaupte, ausgelegt habe. Aber liebenswürdig, wie er ist, gab er auf all das keine Antwort, ausser dass zu dem Satz: *das Fleisch ist nichts nütze*, erklärte: ‹Du weisst doch, Zwingli, wie die Alten alle im Verlauf der Jahrhunderte und mit wachsender Urteilskraft die biblischen Texte immer wieder anders behandelt haben.› Er sagte: ‹Leiblich wird der Leib Christi in unsern Leib hineingegessen, doch zugleich will ich mir die Möglichkeit vorbehalten, ob auch die Seele den Leib esse›, während er kurz vorher erklärt hatte: ‹mit dem Munde wird der Leib Christi leiblich gegessen, die Seele isst ihn nicht leiblich.› Er sagte, der Leib Christi komme zustande durch diese Worte ‹das ist mein Leib›, gleichgültig was für ein Bösewicht es sei, der diese (Einsetzungs)worte spreche. Er gab zu, dass der Leib Christi begrenzt sei. Er gab zu, dass das Zeichen des Leibes Christi Eucharistie genannt werden könne.

Wie er diese ungezählten anderen widersprüchlichen, widersinnigen und törichten Sätze so daherblökte, unermüdlich wie das Geplätscher am Strand, so wurde er doch von uns widerlegt, sodass sogar der Fürst selbst uns bestimmte, obwohl er das in der Öffentlichkeit vor gewissen andern Fürstlichkeiten verschleierte. Der Hessische Hof fiel so fast ganz von Luther ab. Der Fürst gestattete ausdrücklich, dass man unsere Bücher ungestraft lesen dürfe. Er duldet jetzt auch nicht mehr, dass die Pfarrer, die unserer Lehre beipflichten, abgesetzt werden.

Johann von Sachsen war nicht anwesend, aber Ulrich von Württemberg. Zuletzt ging man auseinander nach der Annahme der Übereinkunft, die Du demnächst gedruckt lesen kannst.

Die Wahrheit hat so offenkundig die Oberhand gewonnen, dass, wenn jemals einer unterlegen ist, Luther mit seiner Unverschämtheit und Schmähsucht vor aller Augen unterlegen ist, allerdings nur vor hellsehenden und gerechten Richtern; mag er unterdessen so laut schreien, wie er will, er sei unbesiegt geblieben usw. Auch den Gewinn haben wir davongetragen, dass, nachdem wir in den übrigen Dogmen der christlichen Religion einig geworden sind, die Päpstler nicht länger hoffen können, Luther werde ihre Partei ergreifen.

Das schreibe ich Dir, noch ganz erschöpft von der Reise. Wenn Du zu uns kommst, wirst Du alles vollständig zu hören bekommen. Ich meine nämlich, noch einige andere Gedanken mitgebracht zu haben, die zum Schutze der Religion und gegen die Alleinherrschaft des Kaisers zu verwirklichen sind, und die wir auch Euch zu gegebener Zeit unterbreiten müssen.

Inzwischen leb wohl und grüsse alle Freunde! Dein Huldrych Zwingli.»

Luther und Zwingli waren Bauernsöhne. Dann aber ist die Gemeinsamkeit zwischen den beiden schon fast vorbei.

Martin Luther wurde mit viereinhalb Jahren, wahrscheinlich im März 1488, auf die Schule in Mansfeld geschickt. Hier herrschte der brutale mittelalterliche Lehrbetrieb. So seien, gemäss Luther, «manche Präzeptoren so grausam wie die Henker gewesen». Er sei einmal vor Mittag fünfzehnmal durchgeprügelt worden, ohne jede Schuld; er habe deklinieren und konjugieren sollen, obwohl er es noch nicht gelernt habe. Das war wohl eine Übertreibung. Aber der Unterrichtsstoff wurde rücksichtslos eingepaukt: die zehn Gebote, das Glaubensbekenntnis, das Vaterunser und das Ave Maria. Die Rute war beständig in der Hand des Schulmeisters.

Ein tieferes Verständnis zu religiösen Fragen oder zur Kirche scheint es im Elternhaus Luthers nicht gegeben zu haben. Der Vater, von Beruf Bergmann, also eher ein herber Mann, war autoritär und oft gewalttätig. Die Mutter glaubte an Teufel, böse Geister und Gespenster, die sie für böse Taten verantwortlich machte. Die Welt ist eigentlich des Teufels Reich, davon war Luther selbst überzeugt. Auch der Hexenglaube bereitete ihm sein Leben lang Angst. Und er förderte die Hexenverfolgung.

Luther sei der «typische Angstgequälte unter den Reformatoren», so urteilt Oskar Pfister, ein Schüler von Freud und Pfarrer an der Predigerkirche in Zürich in seinem 1944 erschienenen Buch *Das Christentum und die Angst*, in dem er Psychoanalyse und Theologie zusammenführt. Er habe «sein ganzes Leben hindurch an schwerer Angst» gelitten: Angst vor dem Teufel, vor Dämonen, Angst davor, von Gott nicht zur Seligkeit auserwählt worden zu sein.

Luther reiste im Herbst 1510 nach Rom in Ordensangelegenheiten. Sein Rom-Erlebnis war sehr diffus. Von der Kunst der Renaissance nahm er keine Kenntnis, *David* von Michelangelo in Florenz hat er nicht gesehen.

Richard Marius, der amerikanische Luther-Forscher, schrieb: «Zu dieser theologisch motivierten Angst kamen Luthers Angst vor Hexerei (als Höhepunkt eines Kampfes zwischen den Mächten des Lichts und der Finsternis), seine Neigung zu Niedergeschlagenheit und Melancholie, eine harte Kindheit, ein nervöses Temperament und ein brillanter Intellekt hinzu, all dies prägte den Menschen Luther. Man giesse diese Mixtur in den intellektuellen Schmelztiegel von Scholastik, Humanismus, Nominalismus und Rationalismus.»

Luther lehnte die Einmischung des Staates in Glaubensangelegenheiten strikte ab. Er war nicht gewohnt, mit Behörden und Räten direkt zusammenzuarbeiten. Und die Vernunft, mit der Toleranz verschwistert und verschwägert, nannte er einmal «eine Hure».

Luther war der Reformator eines Fürsten und eines Fürstentums. Luthers Politik, wenn wir denn davon reden können, hing ganz vom religiösen Gesichtspunkt ab. Luther war selbst in Lehre und Ritus so konservativ wie möglich, aber er war tiefsinnig und vom Mysterium durchdrungen. Luther hatte schon vor Kaiser und Reich gestanden, im Jahr 1521, übrigens sehr mutig, ehe Zwingli überhaupt eine Anfechtung erfuhr. Als Luther von Rom verdammt wurde, bezog Zwingli noch eine Pension aus Rom. Die ganz grosse Aufmerksamkeit war immer auf Luther, weniger auf Zwingli gerichtet.

Luther wollte eigentlich nur reinigen. Er wollte nicht einmal die Bilder abschaffen. Er begnügte sich damit, den Aberglauben zu bekämpfen. Luther war ein mittelalterlicher Mönch und er blieb immer ein Augustinermönch.

Er hat Katharina von Bora geheiratet, hat aber diese Heirat vor allen seinen engsten Mitarbeitern und Freunden so lange es ging geheim gehalten. Diese Heirat sei «nicht in fleischlicher Liebe oder Hitze erfolgt, sondern um mit der Tat zu bekräftigen, was ich gelehrt habe». Seine Braut war 26-jährig. Erasmus von Rotterdam kommentierte die Hochzeit: «Ich hoffe», schrieb er im Frühjahr 1526, «die Frau würde Luther milder machen. Er hat aber wider alles Erwarten gegen mich ein zwar sorgfältig ausgearbeitetes, aber so giftiges Buch wie bisher noch nie losgelassen.» Erasmus bezieht sich hier auf Luthers harte Antwort über den freien oder unfreien Willen, den es seiner Überzeugung nach für den Christen nicht gab.

Ein Beispiel ist die Haltung und die Idee, die Luther und Zwingli zum Abendmahl hatten. Luthers tiefe Überzeugung vom Abendmahl war die Tatsache, dass im Abendmahl konkret Christi Fleisch und Blut gespeist wird. Für Zwingli war das jedoch ein Symbol.

Luther hatte zwischen 1505 und 1511 drei Mal eine Generalbeichte abgelegt und mitunter täglich zwei Mal gebeichtet. Doch die Furcht vor dem strafenden Gott und vor der ewigen Verdammnis nahm in ihm ständig zu und steigerte sich bis zum Hass gegen den Gott der Willkür.

Aristoteles galt der ganze Hass Luthers. 1517 schrieb er an seinen Freund Johannes Lang: «Nach nichts brennt mein Herz so sehr als danach, diesen Schauspieler, der mit seiner priesterlichen Maske zu gründlich angeführt hat, zu entlarven und seine Schande vor aller Welt aufzuweisen [...] Ich würde die Behauptung nicht scheuen, er sei der leibhaftige Teufel gewesen.» Luthers Beziehung zu Aristoteles ist der Hass des Theologen gegen den Philosophen. Luther nennt Aristoteles «einen verdammten, hochmütigen, einen Wortspieler und Täuscher des Geistes, ein Verführer der scholastischen Doktoren». Er wettert ganz gründlich und grundsätzlich gegen die Philosophie.

Luthers Urteil über Zwingli war fertig gebildet, ehe Luther eine Schrift von Zwingli gelesen hatte. Zwingli war für ihn ein Schwarmgeist, der mit den Täufern und mit Müntzer in einer Verdammnis lag. Wather Koehler sagte: «Luther hat nie zu Zwingli Vertrauen gefasst, während Zwingli zu Luther aufzuschauen nie vergass.»

1525 spricht Luther den aufständischen Bauern das Recht zum sozialen Protest ab, das Vermischen von Glauben und sozialem Protest, also Politik, ist nach Luther verboten. Luther entwickelt Sympathie für die Hierarchie. 1525 erscheint seine Schrift *Wider die räuberischen und mörderischen Rotten der Bauern,* die sämtliche seiner Kollegen verstörte, es war eine Aufforderung an die Fürsten, «dass sie hier besser den Himmel mit Blutvergiessen verdienen könnten als andere mit Beten». Nach seiner Ansicht «haben Regierende nur Rechte und Untertanen nur Pflichten».

Im Marburger Gespräch haben sie zum Teil aneinander vorbeigeredet. Mit Schimpfwörtern wurde nicht gespart. Die Lutheraner waren «Fleischfresser», die Zwinglianer waren «vom Teufel geritten». Koehler: «Im allgemeinen war Zwingli der vornehmere Kämpfer, der über den Dingen stehen konnte, da für ihn die Glaubensreife nicht am Abendmahl hing.»

1526 wettert Luther gegen das freie Gewissen. 1530 spricht er sich für die Todesstrafe für Täufer aus. 1532 verlangt er die Ausweisung der Zwinglianer aus dem Reich. 1536 die Ausweisung der Juden aus Sachsen, 1543 veröffentlicht er seine berüchtigte Schrift *Von den Juden und ihren Lügen* zum Vernichtungsprogramm gegen die Juden. «Was sollen wir Christen nun tun mit diesem verdammten, verworfenen Volk der Juden?» Er schlug sieben Schritte als scharfe Barmherzigkeit, wie er es nannte, vor:

1. Ihre Synagogen niederbrennen.
2. Ihre Häuser zerstören und sie wie Zigeuner in Ställen und Scheunen wohnen lassen.
3. Ihnen ihre Betbücher und Talmudim wegnehmen, die ohnehin nur Abgötterei lehrten.
4. Ihren Rabbinern das Lehren bei Androhung der Todesstrafe verbieten.
5. Ihren Händlern das freie Geleit und Wegrecht entziehen.
6. Ihnen das «Wuchern» (Geldgeschäft) verbieten, all ihr Bargeld und ihren Schmuck einziehen und verwahren.
7. Den jungen starken Juden Werkzeuge für körperliche Arbeit geben und sie ihr Brot (Flegel, Axt, Karst, Spaten, Spindel) verdienen lassen.

Der geniale Sprachschöpfer Martin Luther, der grosse Bibelübersetzer, ist in die Geschichte der religiösen Toleranz eingegangen, weil er der erste war, der den Begriff Toleranz öffentlich und schriftlich verwendet hat, auch wenn er der Toleranz eigentlich eine Abfuhr erteilte. In seinem Brief vom 12. Juni 1541 an den Regensburger Reichstag unter dem Vorsitz von Kaiser Karl V. nimmt Luther Stellung zum Ringen um Konkordia zwischen Katholiken und Protestanten. «Unter den gegebenen Umständen kann eine Toleranz nichts taugen, da auch die halbe Konkordia nichts taugt und alles nur auf Täuschung und Hinhalten abgestellt ist.»

Zwinglis Familie war eine republikanische, grossbäuerliche Sippe, mit mehreren Brüdern und Schwestern. Drei Brüder gingen den universitären Weg, zwei starben jedoch früh, die vier anderen waren Bauern. Zwingli hatte wahrscheinlich eine ziemlich glückliche Jugend, zunächst bei seinem Onkel in Weesen am Walensee, dann in Höheren Schulen in Basel und Bern. Uns ist nichts bekannt von einer geplagten Jugend oder von Angstvisionen. Er lernte viele Musikinstrumente, die ihn sein Leben lang mit Freude begleiteten.

Oskar Pfister sagte: «Zwingli ist der Humanist unter den Reformatoren [...] Dies soll besagen, dass bei ihm die Rücksicht auf das Menschenwohl und die Menschenwürde eine viel gewichtigere Rolle spielt als bei Luther und Calvin.» Zwingli habe Frömmigkeit und Menschlichkeit nicht trennen können, wie das bei vielen Religionsführern der Fall war. Zwingli habe die Furcht vor Gott zur Ehrfurcht sublimiert. Zwingli sei zuerst durch das Ergriffensein von der menschlichen Not gedrängt, er sei viel stärker an der Liebe und ihrer Verwirklichung unter den Menschen orientiert. Zwingli habe niemals auch nur annähernd so stark unter der Angst gelitten wie Luther. Der Toggenburger habe eine liebevolle, nicht allzu strenge, fromme Erziehung in einer grossen Bauernfamilie gehabt.

Zwingli war als Reformator eingebunden in eine Kommune, eine Stadt, eine Republik und arbeitete mit den Räten vertrauensvoll zusammen. Er verfolgte von Anfang an politische Zwecke, eine Umgestaltung der Eidgenossenschaft war der Mittelpunkt seiner Ideen und Ziele.

Zwingli war bei Weitem durchgreifender im Verwerfen und Umbilden in den Bedürfnissen und immer dem täglichen Leben zugewandt, dabei nüchtern und verständig. Doch hat Zwingli eine Kontrollinstanz über die Bürgerschaft geschaffen, die mit sogenannten Kundschaftern, einer Art Spitzel, die Bürger in der Sittlichkeit eng an die Kandare nahm, die ganze Stadt war eingespannt in die sittliche Zucht. Man staunt, dass die Bevölkerung sich kaum gewehrt hat, daraus könnte auch geschlossen werden, dass die Menschen das Regime entweder lockerer nahmen oder sich einfach dreinschickten.

Zwingli hatte längst nicht so gewaltige Stürme zu bestehen, wie sie in Luther die geheimsten Tiefen des inneren Seelenlebens erschütterten. Alles Geschehen und Tun war in Zwingli auf die Gesellschaft gerichtet. Er nahm einen Anlauf zur Verbesserung des Lebens eines ganzen Volkes. Zwingli wollte die totale Umwandlung. Er war ein geradezu neuer, aufgeklärter Mensch.

Mit der Synode, in Zürich erstmals 1528 durchgeführt, wurde eine Institution wie die Disputationen geschaffen. Hier kamen Prädikanten und Pfarrer zusammen, vertreten waren auch Laien. Den Vorsitz hatte Zwingli in seiner Kompetenz als Leutpriester, assistiert von Leo Jud. Die Synode sollte zwei Mal im Jahr, im Frühling und im Herbst, stattfinden. Zwingli entwarf eine Synodalordnung, auch der Pfründen, der Fragen der Gottesdienstordnung. Die Synode wurde durchleuchtet. Da gab es unendliche Klagen über Pfarrer. Noch war die neue Zeit kaum zehn Jahre wirksam. Bildung holt man nicht so schnell auf.

DIE SYNODE

Zwingli wurde als Organisator und Leiter dieses demokratischen Elements hohes Lob durch seinen späteren Nachfolger Heinrich Bullinger zuteil. «Darin war Zwingli ein einsichtsvoller und scharfsinniger Begründer, welcher die mannigfaltigen Verhältnisse mit grossem Geschick umfasste: es konnte kein fruchtbares Mittel erdacht werden, um die sittlichen Zustände zu überwachen und zu verbessern. Er ist überall wachsam, in allem vorsorglich, er begegnet nach allen Seiten, kämpft mit mancherlei Waffen. Die Einen wendet er durch Furcht vor der Strafe vom Bösen ab und treibt sie zu musterhafter Vollbringung des Rechten und Guten an; die Andern gewinnt er durch Liebe, Wohltaten und Mahnung und ähnliche Mittel für die Pflichterfüllung oder weckt sie aus der Trägheit oder bewahrt sie vor Abwegen. Nach Beendigung der Zensur ermahnt er zum Eifer in allem Guten, zur Sittenreinheit, zur Rechtschaffenheit und Liebe, zur Erkenntnis und Ausübung des göttlichen Willens, kurz zu einem Christo würdigen Leben. In diesem Allem befolgt er jedoch nur die Aufträge seiner Obrigkeit.»

Zwingli war jedoch seit etwa 1526 sein früheres feines Gespür für die Scheidung von weltlichem und geistlichem

Thema zunehmend abhanden gekommen. Vor allem der Basler Oekolampad konnte sich nicht damit abfinden, dass die kirchliche Macht in die Hände der politischen Behörde gelegt werden sollte. Am 17. September 1530 schreibt er an seinen Freund in Zürich: «Noch unerträglicher als der Antichrist wird die Obrigkeit sein, die den Gemeinden ihre Autorität wegnimmt. Die Obrigkeit führt das Schwert, und das mit Recht. Aber Christus hat uns eine Medizin und ein Heilmittel gegeben, womit wir gefallene Brüder kurieren sollen. Bleibt der Kirche ihre Würde erhalten, so wird sie mit dem Heilmittel ihrer Ermahnung immer noch Gewinn schaffen, auch wenn sie die Betreffenden dem Satan übergibt zum Verderben des Fleisches; müssen aber alle vor die Obrigkeit gebracht werden, so wird die Obrigkeit entweder ihr Schwert stumpf machen oder aber durch allzu hartes Strafen das Evangelium in Misskredit bringen. Christus hat nicht gesagt: ‹Hört er nicht, so sage es der Obrigkeit›, sondern er hat gesagt: ‹der Gemeinde!›.»

Die Auffassung Zwinglis von der Zusammenarbeit von Kirche und Staat fand schliesslich in seiner kurz vor seinem Tod veröffentlichten *Expositio fidei* den folgenden Ausdruck: «Die Kirche ohne Obrigkeit ist mangelhaft und unvollständig; so lehnen wir die Obrigkeit keineswegs ab und wünschen Ihre Beseitigung durchaus nicht, wie man fälschlich von uns behauptet; im Gegenteil, wir lehren ihre Notwendigkeit für die Vollkommenheit des Kirchenkörpers ab [...] Kurz: in der Kirche Christi ist die Obrigkeit ebenso notwendig wie das Predigtamt, mag auch dieses den Vorrang haben. Wie der Mensch nur aus Seele und Leib bestehen kann – mag auch der Leib der niedrigere Teil sein – kann die Kirche nicht ohne Obrigkeit bestehen, mag auch die Obrigkeit die gröberen und vom Geistigen entfernteren Angelegenheiten anordnen und besorgen.»

Oskar Farner meint zu diesem wichtigen Punkt, für Zwingli sei die Obrigkeit darum so unentbehrlich, weil «die sichtbare Kirche nun einmal viele Widerspenstige und Ungehorsame hat». In einem Brief vom 7. März 1531 an den Berner Haller schrieb Zwingli: «Unsere Kirche – ich könnte ebenso gut sagen: unser Rat, sofern er in der Bemühung um die Frömmigkeit und das Werk Gottes genau dasselbe betreibt, was sich auch für die Kirche Christi gehört –, hat weiter nichts anderes im Auge als das Wohlergehen der Sache Christi.»

An eine friedliche Koexistenz beider Konfessionen war nun nicht mehr zu denken. Die Gegensätze verschärften sich beinahe täglich und überall von Neuem. Die Eidgenossenschaft hatte sich längst gespalten in zwei sich feindlich gegenüberstehende Lager. Es war ein Flickenteppich, der sich zeigte: in den zu Solothurn gehörenden Dörfern waren von insgesamt 46 Gemeinden nur noch 14, die sich an Bilder und Messe hielten. Zwischen Bern und Zürich drifteten die Wege immer mehr auseinander; griff Zürich etwas an, so konnte man sicher sein, dass Bern ihm in den Arm fiel. In Zürich wurde immer heftiger auf kriegerische Auseinandersetzungen gedrängt, zu denen die Berner schon geografisch mehr Abstand hatten, Bern hielt sich weit mehr zurück. Der von Zwingli noch immer stark beklagte Friedensschluss, wie er vom Glarner Landammann Aebli 1529 inszeniert wurde, hat er nie überwunden.

Zwingli war überzeugt, dass das Volk in der Innerschweiz insgeheim von der evangelischen Botschaft erfasst war, würde es nicht von einer schlechten, geldgierigen, tyrannischen Obrigkeit verführt. Er war der Meinung, dass eine solche Regierung gestürzt werden müsste, das ging aus seiner Sicht von göttlicher und menschlicher Gerechtigkeit hervor. Die menschliche Gerechtigkeit hatte sich nach der göttlichen zu richten. Göttliche und menschliche Gerechtigkeit, das war Zwinglis Antwort, darin hat er in bemerkenswerter Weise die politische und soziale Ordnung nach evangelischem Verständnis skizziert. Der Bürgermeister Röist hielt sich in manchen Fragen des Evangeliums für farbenblind; er brauchte Zwingli, um die Probleme im richtigen Licht zu sehen.

Der Reformator hatte einen meist sehr grossen Einfluss, doch er war immer nur Berater. Obgleich er sich in grundsätzlichen Fragen meistens durchsetzte. Aber es ist eher eine Fehleinschätzung, das System in Zürich eine Theokratie zu nennen. Wer hatte die Macht? Wer war Regent? Nicht die Theokraten. Es waren der Grosse und der Kleine Rat. Der Grosse Rat hielt immer die Fäden in der Hand. Dass Zwingli den Räten die religiösen und sozialen Normen predigte, nach denen sie handelten, machte ihn natürlich stark.

Zwingli war der hochbegabte Sohn einer Familie, in welcher die Politik Tradition war. Sie waren einflussreiche Bauern, sie stellten die Ammänner der Talschaft. Zwingli fühlte sich immer als Eidgenosse, er hatte viel Weltliches, aber all sein Trachten galt der Eidgenossenschaft.

Der Zürcher Versuch, die Bündnispolitik im Ausland aufzubauen, fand in Bern kaum Verständnis oder wenig Billigung. Die Berner hatten sich auch von den Marburger Gesprächen ferngehalten. Ihre Abneigung gegen kriegerische Aktionen im Osten und im Zentrum der Schweiz waren festgefügt, mindestens bis zu ihrer Eroberung der ganzen Waadt im Jahre 1536. Der Berner Junker Niklaus Manuel erschien am Vorabend des Ersten Kappelerkriegs persönlich in Zürich vor dem Rat und entwickelte seine Berner Politik: «Das Wort Gottes forderte nichts anderes als Frieden und Einigkeit. Mit Spiess und Hellebarden können wir wahrlich den Glauben nicht in die Herzen pflanzen. Um des Glaubens willen hat man noch keinen Krieg angefangen. Es heisst: Wenn dich einer auf den rechten Backen schlägt, so halte ihm den linken hin.» Hier wird die göttliche Gerechtigkeit gegen die menschliche ausgespielt. Niklaus Manuel ergänzte: «Auch ich war anfangs in euerm Irrtum und wollte gewalttätig vorgehen, aber ich liess mich belehren.»

Zwingli wusste natürlich auch, dass das Evangelium zum Frieden verpflichtet und dass es denen in den Arm fällt, die dreinschlagen wollen. Er hat es auch mit dem rechten Wort mit aller Entschiedenheit vertreten. Im Rat sagte er: «Wir dürsten nicht nach jemandes Blut, wir haben nichts Grausames im Sinn; wir wollen nur die Freiheit schützen.» Es bestehe weder die Absicht, «zu rauben noch zu brennen noch zu schlachten, sondern allein, dass wir das Unrecht bekämpfen». Zwingli wollte die Gegner mit dem zürcherischen Aufgebot erschrecken und damit erreichen, dass jene der freien Verkündigung freie Bahn geben.

Zwingli erweiterte seine diplomatischen Aktivitäten in den letzten zwei Jahren seines enormen Einsatzes für das Evangelium aufs Entschiedenste. Ein Burgrecht zwischen Hessen und Zürich kam zustande. Doch Zwingli war umstellt von vielfältigen Feindschaften. Einen von gnadenlosen Vorurteilen gekennzeichneten, erbitterten Widerstand hatte der Zwinglische Reformationsaktivismus zu erdulden. Lutheraner wüteten auf ihren Kanzeln gegen die Zwinglianer, meistens fanatischer und hasserfüllter als gegen die Römischen. Was da vor sich ging, war nicht zu erkennen. Eines war aber klar: Das Luthertum wollte die Zwinglianer nicht aufkommen lassen. Sie hatten schon zu viel Einfluss. Die ganzen den Zwinglianern zugeschriebenen Klischees wie Schwarmgeister und dergleichen machten die Lutheraner blind. Bucer meinte: «Die Wut der Lutheraner ist grösser, als alle Guten sich vorstellen können; sie überflutet die eigenen Dämme.» Bucer bat Melanchthon zwei Mal um eine Unterredung, wurde aber nicht empfangen.

Am allerheftigsten aber reagierte der alte Erzfeind der Reformatoren, Professor Johannes Eck, mit seiner sogleich veröffentlichten lateinisch geschriebenen Zurückweisung der Artikel Zwinglis: «Zwingli, dieser neue Prediger und Bischof von Zürich, muss vernichtet werden, vernichtet auch Oekolampad, vernichtet Capito, Zwick, Bucer, Simpert und ihre Gesinnungsgenossen; wie trockene Zweige sind sie auf Befehl des Herrn ins Fegefeuer zu werfen.» Zwingli liess gegen die Lästerreden Ecks eine publizierte Gegenschrift aussenden. Doch die Eckschen Hasstiraden waren beispiellos.

Ein anderer Gesandter war in Italien unterwegs in diplomatischer Mission. Es ging um Venedig, welches diplomatisch bedroht war. Doch sollte der Kontakt zum Dogen vorerst noch geheim bleiben. Der junge Rudolf Collin bekam von Zürich den Auftrag, in Venedig zu sondieren. Als er in der Ebene von Brescia von zwei Strassenräubern überfallen wurde, hat er den einen mit seinem Säbel niedergestochen und den anderen in die Flucht geschlagen. Am 28. Dezember 1528 hat der Gesandte aus Zürich vor dem Senat von Venedig seine Mission vorgetragen. Er sprach von den zwei Communen Venedig und Eidgenossenschaft, nämlich zwei verbundenen republikanischen Staatswesen. Der Doge ging darauf ein, machte Versprechungen, «mit Leib und Gut, mit Kriegsleuten, mit Proviant und Geld helfen zu wollen», konnte jedoch nicht verbergen, dass der Kaiser eben mit Venedig Frieden geschlossen hatte. So kam am 19. Januar 1529 der Gesandte Collin ohne Ergebnis nach Hause. Die Venezianer hatten ihn mit 20 Gulden Reisekosten abgespeist.

Am 3. September 1531 setzte Zwingli ein Schreiben auf an Herzog Franz II. Sforza von Mailand. Darin warb der Reformator um ein Bündnis mit dem italienischen Stadtstaat. «Ich weiss, wie sehr ein festes und günstiges Bündnis beiden, sowohl dem mailändischen als dem schweizerischen Volke von Nutzen sein kann. Deshalb wolle Deine Hoheit, wenn es Dich nicht belästigt, geruhen, auf diese Fragen zu antworten. Was immer Du uns anvertraust, wird einem zuverlässigen Herzen und wie einem Stein gesagt sein. Unser Herr und Gott möge Dich Deinem Staate unversehrt bewahren. Amen. Gib mir Befehl und Auftrag, worin ich immer für Dein Interesse etwas tun kann. Zürich, 3. September 1531. Deiner erlauchten Hoheit Diener Huldrych Zwingli.»

Natürlich wurde dieses Schreiben so kurz vor Zwinglis Tod aufgesetzt, dass auch aus diesem Bündnis nichts wurde.

Doch das gewesene Neujahr 1531 bescherte dem Reformator ein glückhaftes Erlebnis, welches ihm Tränen in die Augen drückte: Eine Theateraufführung eines Textes des sechsten Stücks von Homers Odyssee und der Komödie Plutos des Aristophanes. Die Aufführung fand in der ehemaligen Stiftsschule am Grossmünster statt, die von Zwingli in eine philologisch-theologische Lehranstalt mit humanistischem Einschlag umgewandelt worden war und später Karolinum genannt wurde. Die Mitspielenden waren der nachmalige berühmte Zürcher Naturwissenschafter Conrad Gessner; dann Gerold Meyer von Knonau, der Stiefsohn des Reformators; Leonhard Wirth; Conrad Grebel, nicht der bekannte Wiedertäufer, sondern ein Junker aus Baden; Nikolaus Zehnder, ehemals Augustinermönch, und Jos Has, ebenfalls ein Geistlicher. Georg Binder hatte Regie geführt und die Hauptrolle übernommen; auch Rudolf Collin war an der Produktion beteiligt. Natürlich wurde griechisch gespielt. Huldrych Zwingli hatte dazu die Musik geschrieben. Überliefert ist davon leider gar nichts: kein Text, keine Musik.

Die Eidgenossenschaft stand nun kurz vor der Katastrophe. Und es war vor allem Zwingli, der nach wie vor zum Waffengang drängte. Er beschwor die Zürcher, Mut aufzubringen, Initiative zu ergreifen, die Gegner durch einen Präventivkrieg in die Knie zu zwingen. Doch die Berner mahnten, endlich von einer kriegerischen Aktion abzusehen. Bern plädierte für eine Proviantsperre, das sei die mildere Massnahme als eine Kriegserklärung. Die Sperre wurde beschlossen. Und Zwingli gab zur Antwort: «Denn schlägt er nicht, so wird er geschlagen.»

Es ergriff ihn eine Verbitterung über die Unbelehrbarkeit der katholischen Orte. Das Gebot der Stunde war für ihn der Angriffskrieg. Im Juli 1531 hat sich Zwingli mit Rücktrittsgedanken befasst. Am 26. Juli, ohne noch einmal zu predigen, erwog er, die Stadt zu verlassen. Er hielt die zögernde Haltung seiner Räte nicht mehr aus. Die Schwergewichte seines Rats, Bürgermeister Röist und Walder und mehrere andere eilten zu ihm an die Kirchgasse und kehrten, ohne ihn umgestimmt zu haben, ins Rathaus zurück. Er liess sich auf eine Bedenkzeit ein. Die Rücknahme seiner Demission folgte schon am nächsten Tag. Doch Zwingli muss gespürt haben, dass sein Einfluss nachgelassen hat. Er blieb zwar auf dem Posten, doch ihm war klar, dass die Situation durch das Zaudern unhaltbar wurde.

Zu vermeiden war der Krieg nicht mehr. Für die Reformation war Zürich empfänglich, weil sie die Macht nicht nur erhalten, sondern sogar zum Machtausbau führen konnte. Aus dem Feldlager in Kappel schrieb Zwingli an den Rat der Republik Zürich: «Wir sind nicht ausgezogen, um Blut zu vergiessen.» Er wollte keineswegs die fünf Orte besetzen und diese zum neuen Glauben zwingen.

Es lag an Zwingli, zum Krieg zu drängen. Aber es lief vieles schief, ja katastrophal: eine neue Kriegsordnung,

Sparmassnahmen bei den Truppen, ein täuferischer Antimilitarismus, mangelhafte Disziplin und schliesslich ein versteckter Anti-Zwingli als Kommandant der reformierten Vorhut. Dann zu spät eintreffende Truppen auf dem Schlachtfeld und eine markante Unterlegenheit der kämpfenden Mannschaft. Der Reformator soll, als er seine Freunde in Not sah, selbst zur Waffe gegriffen haben und wurde schwer verwundet. Ein Hauptmann aus Unterwalden soll ihm den Todesstoss gegeben haben. Die Luzerner stellten das ganze Geschirr, welches Zwingli angeblich getragen haben soll, genüsslich aus.

Der Glaubenskrieg war ein Bruderkrieg, das empfanden die meisten Kämpfer so. Das drückte auf die Kampfmoral, das verunmöglichte eine klare, vorausdenkende Organisation. Zürich beantragte mehrfach den Krieg, die anwesenden Orte waren dagegen. Zwinglis Idee war, Zürich und Bern sollten die Eidgenossenschaft führen, «gleich wie zwei Ochsen vor dem Wagen, die an einem Joch ziehen, denn es wird keine Sache, weder in der Eidgenossenschaft noch davor geben, die zwei Städte seien denn daran». Und Zwingli warb unermüdlich um die Gunst der Berner.

Ein Zürcher Chronist, Hans Edlibach, liess sich mit Überzeugung folgendermassen vernehmen: Nie sei man so schlecht und elendiglich ausgezogen mit dem Stadt-Banner wie am 11. Oktober 1531. Ein anderer Chronist sagte: «So war die Mehrheit nachts in Eile aufgebrochen. Am Ende waren sie müde vom Marsch, etliche erlagen kraftlos am Hügel, einige waren schon ganz blöd geworden.» In voller Rüstung marschierten sie mehrere Stunden, auch bergauf, manche erbrachen sich, einige wurden ohnmächtig.

Die Fünförtischen hatten schon seit dem 8. Oktober mobilisiert. Die Vorhut der Zürcher machte sich am 10. Oktober auf den Weg über den Albis. Das Hauptheer folgte nach. Es fehlten Pferde zum Einspannen der Geschütze. Disziplin war nicht vorhanden, Moral ebenso wenig. Zürich hatte einen Kriegsrat von 23 Köpfen, was schnelle Entscheidungen verunmöglichte. Und was die neuen Sparmassnahmen zum spürbaren Malaise machte in den Zürcher Truppen, das drückte auch auf die Stimmung.

Am Vormittag hatte man die Stadt verlassen, am Abend erreichten sie das Kloster Kappel und bezogen das Nachtquartier. Göldli war ein falscher Kommandant. Wer hat ihn auf diesen Posten berufen? Er sollte nach der verlorenen Schlacht vor ein Kriegsgericht gestellt werden. Die Klage auf Verrat wurde zwar fallen gelassen. Aber manche seiner Massnahmen waren in hohem Masse verdächtig. Ausserdem war für die Soldaten der Sold herabgesetzt, so waren Offiziere und Mannschaft verärgert.

Die Fünförtischen setzten sich am gleichen Vormittag des 11.Oktober aus der Ebene zwischen Zug und Baar mit etwa 7000 oder 8000 Mann in Bewegung. Sie wussten, dass bei Kappel nur eine kleine Zürcher Einheit lag, und beabsichtigten, diesen Vorteil auszunützen. Kurz vor 12 Uhr erschien bei Göldli ein berittener Bote, der die offizielle Kriegserklärung der fünf Orte überbrachte. Dann wurde das altgläubige Heer von einem ehemaligen Kappeler Mönch durch das sumpfige Gelände auf die östliche Seite des Buchenwäldchens geführt. Joner, der Abt des Kappelklosters glaubte, dass das fünförtische Heer es nicht schaffen würde, mit den Geschützen die sumpfige Ebene zu passieren. Doch entgegen der Einschätzung Joners ging der Durchmarsch schnell voran. Um 15 Uhr war das ganze Heer dort versammelt. Man dachte, es sei für einen Angriff bereits zu spät, riskierte aber, am kommenden Tag die ganze Truppe der Zürcher gegen sich zu haben, nur wenig zahlenmässig unterlegen. Die gesamte in Kappel beteiligte zürcherische Streitmacht zählte etwa 3500 Mann, also etwa die Hälfte der Gegner. Denn das lang ersehnte Banner unter Hauptmann Lavater und mit Zwingli mit nur 700 Mann erreichte erst spät das vorgesehene Schlachtfeld, ausserdem komplett erschöpft und hungrig, durstig, und es waren weit weniger als vorgesehen. Die Mobilmachung war katastrophal verschlampt und vernachlässigt worden. Der Aufbruch erfolgte improvisiert, überstürzt und lustlos.

Um 4 Uhr in der Früh, aufgrund eingelaufener Berichte, trat der Grosse Rat im Rathaus zusammen, da wurde der Antrag, sofort ein Fähnlein nach Kappel zu schicken, aber abgelehnt; es sei nicht so schlimm und schon gar nicht dringlich. Dann kamen zwei weitere Hilfsgesuche; endlich erfolgte der Beschluss, das Fähnlein mit 700 Mann zu schicken.

Morgens um 8 Uhr kamen die Herren Hauptmann Rudolf Lavater, einige Offiziere und Zwingli zusammen. Auch mit dem Sturmläuten hatten die Zürcher unter Uneinigkeit grosse Probleme, was die Mobilisierung erschwerte. Die Schlacht ging am 11. Oktober verloren. Es war schliesslich eine Gruppe disziplinloser, kriegslüsterner Innerschweizer, die das Blutvergiessen inszenierten. Zwei Mal konnten die Zürcher den Feind zurückdrängen. Die Zürcher waren im Artillerieduell überlegen, dann nahm der Druck zu. Hals über Kopf stürzten sich die Zürcher Soldaten in den Bach des Mühlegrabens. Mehrere waren im Bach ersoffen. Das Handgemenge mit Schlagen, Stechen, Werfen war nun total. Auch Zwingli griff zu, nach dem Chronisten befand er sich im dritten Glied der Schlachtordnung. Zwingli wurde von einem Stich ins Bein getroffen, er richtete sich auf, wurde dann in den Unterleib getroffen. Dann erhielt er einen Spiessstich unters Kinn. Das zürcherische Heer löste sich auf. Die Niederlage war vollständig. Es kam zur allgemeinen Flucht.

Die Schlacht kostete die Zürcher 512 Mann. Zwingli soll nach der Schlacht noch gelebt haben. Am Abend durchsuchten die Katholiken das Feld nach Toten und Verwundeten. Zwingli wird auf seinem Angesicht gelegen haben. Die Umstehenden sprachen mit ihm. Er wollte keine Beichte und keinen Priester. Dann trat ein zornentbrannter Altgläubiger vor und gab Zwingli den Todesstoss. Aber das Schlimmste war die folgende Schändung. Das fünförtische Kriegsgericht beschloss die Vierteilung des Leichnams. Damit wurde angezeigt, dass Zwingli ein Landesverräter und Ketzer war. Der Leichnam wurde dann zu Asche gemacht, was bedeutet: Er wurde als Ketzer verbrannt. Die Sieger blieben noch drei Tage auf dem Schlachtfeld.

In Zürich und Kappel schlich sich das Gerücht ein, dass Herzog Ferdinand von Österreich aufrüste, gegen Zürich einen militärischen Schlag zu führen.

In den Tagen vom 12. bis 15. Oktober trafen die Hilfskontingente von Schaffhausen, St. Gallen, Thurgau, aus dem Toggenburg ein. Die Berner zogen über Lenzburg her-

an. Die Fünförtischen bezogen ihre Stellung in Otten-
bach und Maschwanden. Die Katholiken brachten jetzt
10000 Kämpfer auf, die Reformierten aber 25000 Mann.
Aber das Ende dieser Schlacht brachte den Katholiken
im Nahkampf nochmals den Sieg. Der Angriff erfolgte
nachts um 1 Uhr, da die Reformierten völlig unvorbereitet
waren, eine Abwehr fand kaum statt. Es wurden etwa 600
Mann regelrecht abgeschlachtet. Die Reformierten verloren mehr Opfer als in der Schlacht bei Kappel, obwohl sie
jetzt in der Übermacht waren.
Zürichs und Zwinglis Militärpolitik hat Schiffbruch erlitten. Es war unübersehbar, was nun aus Zürich werden
würde. Zwar schien das reformierte Lager mit Bern, Basel,
St.Gallen und Schaffhausen und Zürich noch intakt sowie grösser als das der Katholiken. Wie aber die Fünförtischen jetzt vorgehen würden, war nicht vorauszusehen.

Der Wunsch nach Beendigung der kriegerischen Handlungen sowie der Eintritt in Friedensverhandlungen nach
der Schlacht waren weit verbreitet. In Zürich wurden vor
allem die Kreise um den gefallenen Zwingli angegriffen.
Die Beschlüsse des Zürcher Rats vom 9.Dezember 1531
waren entscheidend. Die Obrigkeit ging auf die Begehren der Landschaft ein. Sie wählte Heinrich Bullinger
zum Nachfolger Zwinglis. Dann begann es damit, dass
das Landvolk mit den Fünförtischen in Verhandlungen
trat. Aus den Beratungen ging ein Friedensvertrag hervor.
Die Besiegelung folgte vier Tage später. Damit war der
Kriegszustand zwischen den Katholiken und den Evangelischen beendigt. Bern übernahm das Abkommen am
24.November. Am 22.Dezember und 31.Januar 1532 folgten Basel und Schaffhausen. Dieser Landfriede sicherte
den katholischen Orten bis zum Zweiten Villmergerkrieg
von 1712 das politische Übergewicht in den eidgenössischen Verhältnissen, trotz ihrer eklatanten Minderheit.
Was aber erstaunen mag: Die Anerkennung der Aufspal-
tung der konfessionellen Verhältnisse war ebenfalls be-
siegelt. Allerdings unterzeichnete das reformatorische

**LANGER
FRIEDEN**

Zürich eine Feststellung, dass der «wahre christliche Glaube römisch-katholisch sei!».

Und dennoch, jeder eidgenössische Ort sollte innerhalb seiner Grenzen bestimmen, welcher Konfession seine Bewohner angehörten. Es ist nicht zu leugnen, dass die fünf Orte einer weisen Mässigung zustimmten, obwohl der deutsche Kaiser die völlige Rekatholisierung der Eidgenossenschaft wünschte.

In Aarau machten die fünf Orte das Recht des Siegers geltend. Bremgarten und Mellingen mussten sich verpflichten, die bisherigen Traditionen wiederherzustellen. Im Thurgau und Rheintal liess man den Reformierten nicht so ohne weiteres Ruhe und freie Hand. Sie mussten die Klöster wiederherstellen. In Solothurn mussten etwa 70 evangelische Familien die Stadt verlassen. Die katholische Restauration war nicht so blutig wie die Reformierten erwartet hatten.

Die Mehrheit der Zürcher Bevölkerung wollte nichts wissen von einer Verabschiedung von der Reformation. Doch machte sich eine mehr oder weniger scharfe Ablehnung der Verflechtung von Religion und Politik bemerkbar. Die Pfarrer sollten sich mit der Verkündigung des Wortes zufriedengeben, denn die wirklichen Meister in der Stadt seien die Ratsherren. In der Kritik der letzten Entwicklungen kamen allerdings die Beanstandung der katastrophalen Kriegsmobilmachung, die fehlende Kampfbereitschaft und die nicht minder fragwürdige und dilettantische Schlachtführung des evangelischen Bündnisses nie zur Sprache.

Zürich gab jetzt seine Bündnisse mit den übrigen reformierten Orten wie auch mit Hessen, Strassburg und Konstanz auf. Auch die Verbindungen zum deutschen Protestantismus, die ohnehin nie eng, teilweise sogar feindselig waren, wurden nun endgültig unterbunden.

Bullinger wurden folgende Bedingungen auferlegt: Beschränkung auf Verkündigung von Gottes Wort, keine Einmischung in weltliche Angelegenheiten. Das war eine Einengung der Freiheit in der Verkündigung. Bullinger erklärte: Sofern die Räte nicht verbieten, was die Schrift über das weltliche Regiment sage, zu predigen, seien sie einverstanden.

Ganz sicher konnte sich die Reformation in der Schweiz nicht mehr ausbreiten. Und teilweise wurde sie in den Gemeinen Herrschaften sogar rückgängig gemacht. Die Heimkehr der Truppen war schmachvoll. Die Stadt hatte Tote zu beklagen. Auch Zorn verschaffte sich Luft, und die Forderung, den Reformator und die Prädikanten für schuldig zu erklären. Gleichwohl hielten die meisten Menschen an der erneuerten Kirche fest und die Landschaft stärkte dabei der Stadt den Rücken. Die Leute waren demnach der Ansicht, die Reformation, die ihnen Zwingli gebracht hat, sei eine Art Segen.

Ein Prädikant, der sich jetzt mutig hervorwagte, war derjenige von St. Peter, Leo Jud. Der Rat erwog, die vakante Stelle am Grossmünster mit Leo Jud zu besetzen. Jud scheute sich nicht, die Lauen, die Feigen und die Verrräter offen beim Namen zu nennen. Den Platz am Grossmünster aber wollte er nicht, dazu war er nicht ausgewogen genug. Er war zufrieden mit der Wahl von Bullinger zum Antistes, zum obersten Geistlichen der zürcherischen Republik, der eine ruhige und souveräne Person war.

Natürlich, Zürich war schwer geschlagen worden, in zwei sehr kurzen Schlachten, das Heer war auseinandergelaufen und einem Zusammenbruch sehr nahe. Auch Bern war gedemütigt worden, obwohl Bern kaum Verluste hatte. Aber auch Bern musste die Bedingungen des Gegners akzeptieren. Noch waren die reformierten Orte den katholischen zahlenmässig überlegen. Zürich zahlte eine Kriegsschuld von 55000 Pfund, die bis zum Jahr 1540 abbezahlt war.

Die Reformation der ganzen Eidgenossenschaft war gescheitert. Im reformierten Lager machte sich jetzt Unsicherheit, Resignation und Verzweiflung breit. Das politische Zürich durchlebte eine tiefe Krise. Die politische Ausrichtung verlangte nach einer gründlichen Änderung. Das Verhältnis Staat–Kirche erforderte einen Kurswechsel. Das Verhältnis Stadt–Land musste neu definiert werden. Die Landschaft musste stärker einbezogen und beachtet werden. Es ging jetzt um Konsolidierung, man wollte eine Beruhigungspolitik betreiben. Die Reformation aber war in Zürich nie gefährdet. Im Grossen Rat mussten einige Mitglieder ersetzt werden, die in der Schlacht gefallen waren, und einige, die sich als Kriegsschreier hervorgetan hatten. Sie wurden aus dem Rat entfernt.

Die zwei engsten Mitarbeiter Zwinglis, Leo Jud und Myconius, getrauten sich kaum mehr auf die Strasse. Myconius verzog sich bald nach Basel, wo er eine Pfarrstelle übernahm. Während Leo Jud sich intensiv dem Thema des Verrats am Evangelium widmete. Er entwickelte sich zum realitätsfremden Eiferer und wurde als Pfarrer vom St. Peter nur nicht abgesetzt, weil er von Bullinger geschützt wurde. Denn Bullinger war massvoll und standhaft. Er führte langsam zu einer gewissen Befriedigung der religiösen Gegensätze und schliesslich zur Abstinenz an kommenden europäischen Auseinandersetzungen mit Waffengewalt. Er hielt die Prophezei und die Synode in bester Verfassung, er war ein begnadeter Seelsorger und kümmerte sich um die Tessiner Flüchtlinge.

Zwingli war 1531 der Überzeugung, dass Zürich und Bern gemeinsam die katholischen Orte nach alttestamentarischem Vorbild «strafen» müssten. Zwingli unterschied dabei eindeutig bei der Bestrafung der Schuldigen zwischen Grundherren, Pensionären, Klerus, Söldnerführer und dem notleidenden Volk, das verschont werden müsse. Doch im Jahr 1531 hatte Zwingli keine Geduld mehr. Bern hatte einen wenig harmloseren Weg gewählt mit der Proviantsperre, die Zwingli abgelehnt hatte, weil damit die Falschen bestraft würden.

Doch die Kritik an Zwingli von Leonhard Ragaz (1868–1945) – die schweizerische Leitfigur der religiös-sozialen Bewegung –, dieser habe seinen Pazifismus nicht bis zum Ende durchgehalten, kann man nachvollziehen. Er führte in seiner grossen Rede 1931 auf dem einstigen Schlachtfeld in Kappel «über den grössten Schweizer» und «diese Schweizer Katastrophe» aus: «Wo hat je ein Schweizer so gross gedacht, wo je ein Schweizer die Schweiz so gross verstanden? [...] Er wurde euch unbequem. Der demokratisch-schweizerische Neid und ehrsüchtige Kleingeist kamen obenauf [...] Glaubet darum ja nicht, dass ein sicheres und sattes Durchschnitts-Christentum etwas mit Zwingli zu tun hätte oder dass er ein Heiliger von Kirchenräten und Regierungsräten gewesen sei.» Sein Drängen zur Schlacht nannte Ragaz «schuldigen Irrtum».

«Die Schuld Zwinglis wird umso tragischer, als es ja gerade der Kampf gegen den schweizerischen Militarismus ist, der den Ausgangspunkt seines prophetisch-reformatorischen Weges bildet [...] Das Schlachtfeld von Kappel werde uns allen immer mehr zum Gericht.»

Ein anderer grosser Theologe der Zeit, auch ein Schweizer, Karl Barth (1886–1968), gestand seinen Studenten in Göttingen ein, er sei nicht zuletzt durch Zwingli zur Sozialdemokratie geführt worden; doch Zwingli habe eben kein fertiges Bauwerk, sondern eher eine Bauruine hinterlassen, denn Zwingli sei ja kein Professor, sondern ein viel beschäftigter Leutpriester und Politiker gewesen.

Zwingli wollte ab 1519 seine neue Lehre und Praxis der Kirche durchsetzen. Das tat er mit den Mitteln der Disputationen, mit seinen Schriften und seinen Predigten, also geistig, argumentativ, demokratisch. Er brauchte die Mehrheit der Geistlichen und der Räte und des Volkes. Er brauchte Beschlüsse des Rats, den Konsens der überwiegenden Mehrheit, denn die Reformation musste dann auch verteidigt, musste nicht nur durchgesetzt, sondern sie musste verankert und gesellschaftlich konsolidiert werden. Und das ging nur mit der Hilfe der staatlichen Organe. Nichts war selbstverständlicher als dass in *einem* Staat, egal wie dieser Staat gebaut war, absolutistisch oder halbdemokratisch, republikanisch wie in Zürich, dass es in *einem* Staat *eine* Religion gab. Es ist ein Unding, Zwingli deswegen zum Schöpfer der Staatskirche für alle Zeiten zu stempeln und ihn für die Verteidigung der Staatskirche zu missbrauchen.

Nachdem die Glaubenseinheit hinweggefegt war, entstanden mehrere Orthodoxien, Glaubensbekenntnisse, Kompromisse, Pluralismus in der Religion. Intoleranz und Toleranz stellten sich immer schärfer gegeneinander. Hegel sprach vom «Sieg des christlich-theologischen Freiheitsprinzips über das mittelalterlich katholisch-papistische Autoritätsprinzip durch die Reformation».

Es entstand ein Staatensystem mit Partikularbedürfnissen der Staaten. Es war die Epoche der Entdeckungen und Eroberungen, der Unterdrückung und Ausrottung von ganzen Völkern. Es entstanden gigantische Religionskriege. Im 16. und 17. Jahrhundert machte der Begriff, welcher schon Luther verwendete, erneut von sich reden: die «Tolerantia», die Toleranz. Doch die Intoleranz war noch allgemeine Praxis. Die Frage lautete: Kann ein Untertan, der nicht die gleiche Konfession hat wie die Obrigkeit trotzdem ein loyaler Untertan sein? Antwort: nein! Ausgeschlossen! Folge: Verfolgung durch die jeweils herrschende Konfession! Nach der Reformation wurden die Glaubensbekenntnisse in ganz Europa durch Reformierte und Katholiken blutig verfolgt. Der Dreissigjährige Krieg (1618–1648) verwüstete ganz Deutschland. Zwei Machtblöcke standen einander gegenüber, beide Lager konfessionell gemischt, denn das katholische Frankreich unterstützte das protestantische Lager unter der Führung des lutherischen schwedischen Königs, da es um die Vorherrschaft in Europa ging.

In Europa herrschte von 1570 bis 1630 zwischen dem evangelischen und dem katholischen Lager wie in der Schweiz eine Art Eiszeit, mit wirtschaftlichen und sozialen Krisen, Hungersnöten, Missernten, Hexenverfolgungen, Angst, Neid, Hass, Aberglauben, Elend, Krankheiten, Epidemien. Die Glaubensbekenntnisse waren verhärtet. Die Hoch-Zeit des Teufelswahns und der Hexenprozesse war keineswegs das Mittelalter, sondern die frühe Neuzeit, genau die Zeit zwischen 1570 und 1630, Jahrzehnte nach Zwingli. In Zürich erschien 1632 aus der Feder von Ludwig Lavater eine Schrift zur Auslegung des Buches Hiob. Für Lavater war die Welt vom Bösen belagert. Das Buch erreichte viele Auflagen und wurde von fast allen Bürgern gelesen. Magie und Okkultismus waren in der Zeit sehr verbreitet. Zwingli schien fast vergessen. Weitere zehn Jahre später gab ein Landpfarrer im Thurgau eine *Magiologia* heraus, auch sie war sehr erfolgreich. Und um die Jahrhundertwende 1700 war in der Stadt ein Antistes und Grossmünsterpfarrer am Werk, mit Namen Dr. Antonius Klingler, der im Jahr 1701 einen fanatischen Hexenprozess angeführt hat. Ihm fielen sieben Frauen und ein Mann aus dem Dorf Wasterkingen nördlich des Rheins, noch im Zürcher Unterland, zum Opfer. Es war der letzte Hexenprozess in Zürich.

Überraschend kommt uns die Tatsache vor, dass schon Ende des 16. Jahrhunderts Zürich bereits wieder an der

Tagsatzung teilnahm, ja sie sogar leitete. Und im Jahr 1547 lud Zürich zum eidgenössischen Schützenfest ein, man beherbergte Delegationen aus vielen Orten des alten Glaubens, von Ratsleuten und Musikanten begleitet. Man feierte die Freundschaft und den gemeinsamen Wehrwillen, und dies vor dem Hintergrund europäischer Konfessionskriege.

Im 16. Jahrhundert wurden keine grossen Bauten errichtet. So stabil das politische System war, so erstarrt waren Politik und gesellschaftliche Verhältnisse. Am liebsten wurden Brunnen gebaut, denn die Reformation verlangte Nützlichkeit von künstlerischen Werken.

Einen sehr schweren Stand hatte das Theater. Zwischen 1525 und 1575 stand in Zürich das Schul- und Bürgerdrama hoch im Kurs. Es wurden Fasnachtsspiele und Bibeldramen aufgeführt. An der Lateinschule wurden zur humanistischen Bildung antike Stücke inszeniert. Bullinger hatte sogar selbst ein Drama geschrieben. Dann wurde die Spiellust immer stärker eingeschränkt. Bis Ende des 16. Jahrhunderts starb das Theater völlig aus. Im Jahr 1623 verlangten junge Theaterfreunde mehr Toleranz gegenüber der Bühne. Da holte der Antistes Johann Jakob Breitinger, ein verbiesterter Theologe, zu einem Rundumschlag gegen Theaterfreuden aus. Er gab eine Schrift heraus unter dem Titel *Bedenken von Comödien oder Spielen*. Theater sei in der Bibel nirgends erwähnt. Theater sei sündhaft. Für ihn hatte es heidnische Herkunft. Nach den Kirchenvätern sei Theater nichts anderes als «Mausefallen des Teufels». Diese Haltung hielt bis ins 18. Jahrhundert an.

In der Entstehung des schweizerischen Bundesstaats, als es erneut zwischen Katholiken und Protestanten 1847/48 zu einer Auseinandersetzung mit Waffengewalt kam, wurde offensichtlich, dass die katholische Urschweiz in mancher Hinsicht stehen geblieben war. Die vorwiegend reformierten Radikalen, die dann im Freisinn und in der Soziademokratie und im Liberalismus aufgingen, machten sich stark für einen Schweizer Bundesstaat. Man verlangte gar ein Volksrecht auf Revolution. Und man richtete sich ein auf einen Bürgerkrieg. Die katholischen Konservativen, es waren Aristokraten, Klerus, aber auch bäuerliche Schichten in der Innerschweiz, wollten weder den Liberalismus noch die Säkularisierung, sie blieben dem Papst treu, holten die Jesuiten an ihre Lehranstalten, sie gründeten den Sonderbund und baten benachbarte Monarchien um militärische Hilfe. Die Radikalen erklärten den Konservativen den Krieg. Er dauerte vier Wochen, forderte 150 Tote und 400 Verletzte. Dann war der Weg frei zur Schaffung des Bundesstaats, einer liberalen, föderalistischen Demokratie.

So wie die Luther-Porträts von Lucas Cranach, den man den Hofmaler Luthers, ganz sicher aber der deutschen Reformation nennen kann, das Bild Luthers geprägt haben, so hat der Zürcher Maler Hans Asper mit seinen beiden Zwingli-Porträts von 1531/32 und 1549 sowie der Gedächtnismedaille von Jacob Stampfer aus dem Jahr 1531 sein Bild bestimmt. Cranach war zwar in seiner Zeit ein äusserst erfolgreicher Vielmaler, Geschäftsmann und Propagandist. Obwohl weit unter Grünewald, Dürer oder Holbein, ist er dem Maler Asper in Zürich weit überlegen. Cranachs Luther ist der rundliche, sinnliche, fleischige Mönch, jedenfalls ein Mensch aus Fleisch und Blut. So gelangte er über die Jahrhunderte ins Bewusstsein. Aspers Zwingli dagegen ist ein Neutrum, streng, eckig, unpersönlich, leblos, unsinnlich, beinahe unmenschlich. Zwar scheinen die beiden Asper-Gemälde auf den ersten Blick gewinnend zu sein, apart, doch blickt man genauer hin, sind beide Porträts hilflose, steife Malerei. Asper hat Zwingli halbwegs gekannt, vielleicht hat er ihn ein paar Mal gesehen, wohl vor allem als Prediger. Er hat ihn aber weder gemalt noch gezeichnet, solange Zwingli lebte. Zwingli unternahm alles, um einen tendenziell möglichen Personenkult um ihn zu vermeiden. Kaum aber war Zwingli tot, malte Asper diesen im Profil nach der Vorlage des Holzschnitts von Jacob Stampfer, dessen Werk auch erst nach Zwinglis Tod gefertigt wurde. Asper avancierte sehr rasch zum Porträtisten der Zürcher Bürger und Patrizier. Aber kaum je geriet ein Porträt so unpersönlich,

DAS
ZWINGLI-
PORTRÄT

ohne individuelle Züge. Die Leere, der völlige Ausdrucksmangel, ist dem Reformator unangemessen.

1549 malte er Zwingli nach 18 Jahren ein zweites Mal. Zu diesem Zeitpunkt schien er sich für Zwingli noch weniger zu interessieren. Er malte in Tempera und Öl, auf eine stattliche Holztafel von 51 x 62 Zentimeter. Zwingli hält eine aufgeschlagene lateinische Bibel in den Händen, eine groteske Fehlleistung für Zwingli, der immer deutsch predigte. Ausserdem sind die bedeckten Ohren ausgerechnet bei Zwingli, der dem Anhören des Gottesworts höchste Priorität war, ein krasser Regiefehler.

Dieses zweite Porträt ist noch steifer, noch lebloser und inhaltlich noch abstrakter. Aber dieser Aspersche Zwingli ging in das Bewusstsein von Generationen ein, es war das Bild von einem strengen, überhöhten, von uns wegblickenden Geistlichen. Dieser Versimpelung zum geistlichen Puritaner und theologischen Schrift-Prinzipienreiter bediente sich auch der Denkmalgestalter Heinrich Natter 350 Jahre später. Obrigkeit, offizielle Kirche, Besitzbürgertum hatten ihren Zwingli fürs Volk. Und da kein sinnlicher und vernünftiger Mensch eine solche entrückte Gestalt – ein Neutrum – lieben und begreifen kann, ist dieser Zwingli ungeliebt, verkannt, verfälscht wie kaum eine andere Gestalt der Schweizer Geschichte.

Doch es gibt nicht nur einen anderen Zwingli in der Literatur, etwa durch Gottfried Keller, bei Leonhard Ragaz, bei Hans Mühlestein, bei Leonhard von Muralt und in der liberalen sowie in der sozialen Theologie und bei Historikern. Es gibt auch ein anderes Porträt, das möglicherweise Zwingli zeigt, und zwar von keinem Geringeren als von Albrecht Dürer. Diesem Dürer-Zwingli, wenn wir ihn denn so bezeichnen dürfen, schauen wir offen ins Gesicht. Er ist noch jünger, ein Mitdreissiger: ein vielleicht bäuerisches Gesicht, scharfe Züge, energisches Kinn, geschwungene Lippen, breite Nase, rötliches Haar, feurige Augen. Das ist ein kraftvoll modelliertes Antlitz. Dieses Porträt stellt eine Renaissance-Individualität dar, voller Selbstbewusstsein, ausgeformtem Ichgefühl, wie es für humanistisch gebildete Persönlichkeiten typisch war. All dies trifft auf Zwingli zu, der lange Jahre Anhänger des erasmischen Pazifismus war.

Zwingli und Dürer kannten sich. Dürer hat, zusammen mit dem deutschen Gelehrten Pirckheimer, 1519 den Leutpriester in Zürich getroffen. Danach hat Dürer den inzwischen berühmten Zwingli durch deutsche Reisende öfters grüssen lassen. Dürer war später Anhänger der Zwinglischen Abendmahlslehre im Streit mit Luther. Er muss also vom Toggenburger tief beeindruckt gewesen sein. Wir wissen auch, dass beide, Dürer und Zwingli, zur gleichen Zeit, im Winter 1516, in Basel bei Erasmus von Rotterdam zu Besuch waren.

Dürers Gemälde ist signiert: A. D. 1516. Das Bild tauchte erst vor einigen Jahrzehnten auf. Die Signatur A.D. jedoch erst, nachdem das Bild gründlich gewaschen wurde. Der heute führende Zwingli-Forscher Gottfried W. Locher nimmt an, dass der Wiener Besitzer aus Angst vor der Inquisition schon im 16. Jahrhundert die Dürersche Bezeichnung «Zwingli» ausradiert, die Signatur A. D. aber nur übermalt hatte, sodass Erstere verschwunden, Letztere bei der Waschung wieder zum Vorschein gekommen ist. Wie es tatsächlich war und wen Dürer porträtiert hat, werden wir mit letzter Gewissheit wahrscheinlich nie wissen. Aus diesem Grund wohl hängt das Porträt heute in der National Gallery of Art in Washington und nicht in der Zentralbibliothek oder im Zürcher Kunsthaus. Nach dem Zweiten Weltkrieg wäre das Bild für eine Million Franken zu kaufen gewesen.

Da steht er nun und schaut in die Glarner Berge. Auf dem zweistufigen Sockel des Denkmals liegen ein paar Plastikbecher, eine Plastiktasche, auf dem Boden ein billiger Fotoapparat, Turnschuhe und Socken, hingeworfen. Eine Studentin sitzt auf der untersten Stufe und liest. Das Gestrüpp rechts des Denkmals ist eine Deponie des Gartenbauamts. Die Studentin steckt eine Flagge in den Spalt zwischen Granitsockel und Bronzestatue. Ein Tourist kommt, reisst das Fähnchen heraus, tritt zehn Meter zurück, fotografiert den gestrengen Mann da oben, sorgfältig bedacht, die menschliche Auslegeordnung zu Füssen

DAS DENKMAL

234

der Denkmalgestalt nicht ins Bild zu bekommen. Immer wieder huschen Touristen auf die Plattform, schleichen gelangweilt, in lästiger Pflichterfüllung um die Figur herum, knipsen und gehen weiter. Keiner bleibt länger als zwei Minuten. Sie wissen in der Regel nicht, wer da in Bronze gegossen steht.

Die Studentin erhält Gesellschaft von einem Kollegen. Sie hocken locker da und plaudern. Ihre Aufmerksamkeit gilt weder dem Denkmal noch den Touristen. Ein Japaner geht in die Knie und nimmt den Riesen von unten ins Bild, sodass das energische Kinn der Bronzefigur wie ein Gebirge vorragt. «Wer ist diese Figur?» Der Student antwortet in Englisch: «Der war Prediger da drüben im Münster und soll die ganze Stadt umgekrempelt haben.» Die Touristengruppe aus Japan amüsiert sich. Bisher war das Sujet für ein Bild nicht interessant genug. Einer fragt: «Wann war das?» «Vor 500 Jahren.» Jetzt knipsen sie drauflos.

Der etwa vier Meter hohe Denkmalsockel aus Granit steht auf zwei Steinstufen. Die drei Meter hohe Figur befindet sich weit über dem Betrachter, sie ist entrückt, abgehoben, sodass ihr niemand ins Gesicht schauen kann. Man bleibt klein unter ihr, fremd. Keine Chance, vor die Gestalt zu treten. Ein Mann, der Soldat Gottes offenbar, steht riesig da und blickt in die Ferne. Er ist aus Bronze, mit Patina von 100 Jahren, ist übersät mit Taubendreck. Das Denkmal steht in einer düsteren Ecke abseits. Kommen wir vom Zürcher Helmhaus vom Trottoir her, gehen wir daran vorbei, es ist kaum sichtbar. Das macht diese Figur düster und geheimnisvoll. Sie zeigt der Stadt und ihren Kirchen den Rücken. Wo du stehst, hast du den Eindruck, diese Figur sei sehr einsam in der kalten Ecke. So mächtig sie ist, du hast das sichere Gefühl, sie sei abgeschoben, jeder Begegnung entzogen, selbst dem Verkehr entrückt. Die Fussgänger auf dem Limmatquai, einer klassischen Zürcher Promenade, gehen auf der anderen Strassenseite. Sie sehen den Riesen nicht. Auf der Flussseite gehen nur Touristen. Aber auch die haben nur einen gelangweilten Blick übrig für das bronzene Schreckgespenst aus Stein und Granit und Bronze, dann und wann den Finger auf dem Auslöser des Fotoapparats. Vom See kommend, entlang des Limmatufers, läuft man frontal auf ihn zu. Den

Kopf im Nacken, kann er einen nicht wahrnehmen. Hier steht er, als habe ihn die Vergessenheit erstarren lassen, oder als wollte er die museale Wasserkirche beschützen, auf deren Mauern sein Schatten liegt. Leicht vorgestreckt zwei riesige Fäuste, in der Rechten die Bibel, vor ihn hingestellt das Schwert. Und der linke Schuh nach vorn gesetzt, überhängend, dennoch kein Ausschreiten. Auf der Flussseite stehen drei kranke Bäume. Ein Zweig streift sein Gesicht. Der Blick von der Promenadenseite her fällt auf das Schwert. Von hinten sind nur der lange, wallende Mantel, der hohe Kragen und die Magistermütze sichtbar. Von vorn ist das Schwert Mittelachse, Zentrum und scheinbar Hauptthema. Ich glaube zu erkennen, dass Zwingli später die Bibel in den rechten Ärmel gemogelt worden ist.

Der Tiroler Bildhauer Heinrich Natter, der dieses eherne Standbild, wie es offiziös genannt wird, 1884 geschaffen hat, zum 400. Geburtstag Zwinglis, hat ihm ursprünglich allein das mächtige Schwert zugedacht.

Während die Glocken des Münsters über die träge Limmat schmettern, gehen die Damen und Herren feierlich vorbei und verschwinden, nach allen Seiten diskret grüssend, im Münster. Die Studentin zieht eine Ansichtskarte aus dem Plastiksack und sagt: «Hier ist ein Bildhauer Heinrich Natter aus Wien als Künstler angegeben.» Die katholischen Eidgenossen sprachen vom Zwinger und Zwänger. Und er selbst wollte als Huldrych in die Geschichte eingehen. Nur der Zürcher Rat machte das nicht mit, in den Ratsprotokollen heisst er immer «Meister Ulrich».

Noch immer läuten die Glocken des Grossmünsters, und noch immer gehen auf der anderen Strassenseite Gäste zur Jubliläumsfeier ins Münster. Die zwei Studenten verduften jetzt, ohne sich zu verabschieden. Wir haben im Schweizerischen Landesmuseum das Modell dieses Denkmals gesehen, 40 Zentimeter hoch, und dieser Modell-Zwingli vom Schöpfer Heinrich Natter hält ausschliesslich das Schwert in beiden Händen. Die Bibel kam erst später, im Verlauf des Wettbewerbsprozesses hinzu, wohlgemerkt auf Betreiben einiger Kommissionsmitglieder. Und dieser Prozess hat alles in allem ganze 13

Jahre gedauert, von der ersten Sitzung der Kommission bis zur Einweihung. Und übrigens ist das Denkmal von einem Ausländer angeregt worden, einem niederländischen Pastoren, der beim Pfarrer von St. Peter zu Besuch war. Unsere Zürcher stritten sich dann zwölf Jahre lang über seinen Standort. Dieser Ausländer war erstaunt, dass Zürich seinem Reformator kein Denkmal zu geben bereit war. Das war 1872, ein Jahr nach der französischen Kommune und dem Deutsch-Französischen Krieg.

Es gab in unserem Land in jener Zeit deutschtümelnde, nationalistische Strömungen. Es kamen viele Deutsche in die Schweiz, sowohl politische Flüchtlinge wie auch Unternehmer mit ihrem Geld, Liberale und Sozialisten einerseits, Anhänger des deutschen Expansionismus andererseits. Der Zürcher Dichter Conrad Ferdinand Meyer zum Beispiel, bis etwa zu seinem 40. Lebensjahr frankophon programmiert, ausschliesslich französisch sprechend und denkend und schreibend, geriet unter Einfluss eines deutschen Zirkels und hörte täglich die nationalistischen preussischen Siegesfanfaren und die Hetze gegen den französischen Erzfeind. Er passte sich der Deutschtümelei an, weil er nach literarischer Anerkennung in Deutschland hungerte. Zusammen mit seinen Freunden schwärmte er für Bismarck. Er entfremdete sich so gründlich, dass er sogar seine französischsprachige Bibliothek verramschte. Nun sprach er nur noch hochdeutsch. Und er schrieb jenes grosse Gedicht *Huttens letzte Tage*, als Verbeugung vor dem deutschen heroischen Nationalismus. Und dieser Dichter Conrad Ferdinand Meyer sass in der Denkmalskommission.

Denkmäler sagen bekanntlich immer weit mehr über jene, die sie errichten als über die dargestellte Person. Da wird doch die Dominanz des Schwertes deutlich. Luther ist meistens idealistisch dargestellt worden. Zwingli hingegen scheint vaterländisch und martialisch. Die Formel vom Mann mit dem Schwert geistert wild herum. Hinzu kommt noch die Farce um den Standort dieses Denkmals. Es wird niemand behaupten wollen, dass diese dunkle Ecke eine gutgemeinte Platzierung für Zwingli ist. Zwölf Jahre hat es gedauert: vom Grossmünster zum Fraumünster, vom Fraumünster auf den Lindenhof, von dort auf die ETH-Terrasse, dann vors Stadthaus, hinters Stadthaus, an die Seepromenade und wieder zurück zum Zwingli-Platz und schliesslich hinter die Wasserkirche.

Der Tiroler Bildhauer Heinrich Natter stellte seinen Entwurf unter das Motto: «Herr, sollen wir mit dem Schwert dreinschlagen?» Natter setzte allerdings dieses Motto so ein, als handle es sich um ein zentrales Zwingli-Wort. Und das Erstaunliche ist, dass die Denkmal-Kommission und die Kirche und der Staat dies offenbar fast kritiklos übernommen haben. Und nun das Entscheidende: Damit ist in unserer Stadt und in unserem Land ein Zwingli-Bild geprägt worden, das zumindest einseitig, eindimensional und gewalttätig ist.

Es sei damals auch ein Entwurf eines Münchner Künstlers in die engere Wahl gekommen, der seinem Vorschlag das Motto «Veritas» gegeben habe, die Figur habe einen ruhigen, meditierenden Zwingli dargestellt, offenbar den Humanisten. Es ist erstaunlich, wie die Sicht auf diesen Zwingli grundsätzlich unterschiedlich ausfallen kann. Die Kommission habe in diesem Entwurf den kämpferischen Zwingli vermisst, woraufhin der Künstler seinen Beitrag zurückgezogen habe.

Heinrich Natter hingegen habe alle Kehrungen und Forderungen brav und wendig, immer mit der jeweiligen Mehrheit, mitgemacht. Schliesslich habe er seinem Schwertträger, zwar ungern, auch noch die Bibel in den rechten Arm gelegt. Zwingli predigte in seinem Leben mehr als 20 Jahre lang fast täglich das Evangelium, war aber keine zehn Stunden (vielleicht) mit dem Schwert auf dem Schlachtfeld! Das zentrale Anliegen des Künstlers war die monumentale Wirkung.

Geplant und beschlossen war das Denkmal für das 400-Jahr-Jubiläum. Fertig wurde es 18 Monate später. Der Umstand, dass die Kirchensynode im Herbst 1884 beschlossen hatte, für die Denkmalkosten Kollekten durchzuführen, ist von der Kommission dahingehend interpretiert worden, dass das Volk in seinem Herzen ein inneres, geistiges Denkmal für Zwingli geschaffen habe. Die Sitzungen der grossen und der kleinen Kommissionen jagten sich, plötzlich war das Bellevue als Standort im Gespräch, was die Presse sofort wieder torpedierte und die Kommission bewog, noch einmal die Grossmünster-terrasse vorzuschlagen, doch dem Stadtrat war diese Lösung viel zu teuer.

Am Vorabend hatte der Dramatische Verein *Zwinglis Tod* von Charlotte Birch-Pfeiffer aufgeführt. Und am Eröffnungstag ertönten wieder die Glocken der Kirchen, der Festzug setzte sich in Richtung Wasserkirche in Bewegung, das Volk stand stumm am Strassenrand auf der anderen Seite der Limmat und schaute auf den Zug: Sängerverein, Harmonie, Männerchor und Stadtmusik voran, dann die abkommandierten Kantonsschüler, die Denkmalkommission, Stadtrat, Regierungsrat, Kantonsräte, Theologieprofessoren und Pfarrer aus dem ganzen Kanton. Als der Kommissionspräsident vor der Statue rief: «Hie Zürich! Hie Zwingli! Gott walts!», sei die weisse Tuchhülle gefallen und der Strahl der Mittagssonne habe den Natterschen Bronze-Zwingli erleuchtet, und die Stadtmusik habe das Zwingli-Lied gespielt.

Danach sei auf dem Platz eine von Dr. Conrad Ferdinand Meyer gedichtete Kantate aufgeführt worden. Und etliche Herrschaften hätten dabei feuchte Augen gehabt. Die Festgemeinde habe den Platz freigegeben. Dann sei endlich das Volk herbeigeströmt, habe das Kunstwerk in Besitz genommen. Die Honoratioren hätten sich zum Bankett in die Tonhalle gesetzt. Dem Künstler Heinrich Natter wurde ein Ehrenplatz zugewiesen.

Das Landesmuseum indes beherbergt das angebliche Kriegshandwerk Zwinglis, fast wie Reliquien, dabei sind die Stücke keineswegs als Zwinglis Waffen verbürgt. Die Zweifel wurden einfach beiseite geschoben. Mehrere Jahrzehnte nach Zwinglis Tod sind in Luzern, wo seine heftigsten Gegner und Feinde zu Hause waren, plötzlich ein löchriger Helm, ein Schwert und eine Streitaxt aufgetaucht. Hemmungslos wurde das Zeug als «Ausrüstung des Erzketzers Zwingli» im Luzerner Zeughaus ausgestellt. Die Propaganda verwandelte es langsam in echte Beweisstücke für den Waffensaal des Landesmuseums, sogenannt wissenschaftlich abgesegnet. Ein Schwert ist das seines Vordermannes, solche Schwerter liegen zu Tausenden in den Museen herum. Und die aufbewahrte Streitaxt war zur Zeit Zwinglis überhaupt nicht mehr im Gebrauch.

Es gibt jedoch einen schlichten Gedenkstein in Kappel auf dem Schlachtfeld von damals. 1838 errichtet, ist er das Zeugnis einer geistig völlig anders gearteten Epoche des 19. Jahrhunderts: Es war die revolutionäre, vorliberale Zeit. Und man begnügte sich mit einem schlichten Granitblock und der Inschrift: «Den Leib können sie töten, nicht aber die Seele».

Ulrich Zwingli: Porträt von Hans Asper, 1531.

Mutmassliches Bildnis von Ulrich Zwingli. Albrecht Dürer, 1516.

Ulrich Zwingli. Denkmal an der Wasserkirche in Zürich.
Heinrich Natter, 1885.

ZEITTAFEL

1484	1. Januar: Geburt Ulrich Zwinglis in Wildhaus, Toggenburg
1489	Zwingli besucht die Schule in Weesen am Walensee
1494	Besuch der Lateinschule in Basel
1496	Besuch der Lateinschule in Bern
1498	Studium an der Universität in Wien
1502	Studium an der Universität in Basel
1503–1513	Julius II. ist Papst
1506	Zwingli schliesst seine Studien als Magister Artium in Basel ab; er wird in Konstanz zum Priester geweiht; Anstellung als Priester in Glarus; Beginn des Neubaus des Petersdoms durch den italienischen Baumeister Donato Bramante
1510–1520	Streit Johannes Reuchlins mit den Kölner Dominikanern
1511	«Heilige Liga» des Kaisers gegen Frankreich
1513–1521	Leo X. ist Papst
1515	Schlacht bei Marignano; Zwingli begleitet die Glarner Truppen als Feldprediger; Mailand geht in französischen Besitz über
1515–1547	Franz I. ist König von Frankreich
1516	Erste wissenschaftliche Ausgabe des griechischen Neuen Testaments durch Erasmus von Rotterdam (1466–1536); Zwingli trifft Erasmus von Rotterdam in Basel
1517	Zwingli ist Leutpriester in Einsiedeln; 31. Oktober: 95 Thesen von Martin Luther werden erstmals in Umlauf gebracht
1518	Zwingli wird als Leutpriester ans Grossmünster in Zürich berufen
1519	1. Januar: Amtsantritt Zwinglis in Zürich; Beginn seiner Predigttätigkeit; Auslegung des Matthäus-Evangeliums; Ablasskrämer Samson wird in Zürich der Eintritt verweigert; Zwingli erkrankt an der Pest; Tod Kaiser Maximilians; 28. Juni: Wahl Karls I. zum Kaiser

Um 1520	Pestlied von Zwingli
1521	27. Januar: Eröffnung des Reichstags von Worms; 6. März: Einladung an Luther; 4. Mai: Ankunft von Luther auf der Wartburg
1522	Wurstessen in der Druckerei Froschauer in Zürich; Zürcher Rat erlässt ein generelles Reislaufverbot; Zwinglis Schrift *Vom Erkiesen und Fryheit der Spysen* erscheint
1522/23	Hadrian VI. ist Papst
1523	29. Januar: erste Zürcher Disputation; Zwingli legt seine 67 Thesen zur Disputation und seine Lehre von der göttlichen und menschlichen Gerechtigkeit dar; 26.–28. Oktober: zweite Zürcher Disputation zur Messe und Bilderfrage
1523–1534	Clemens VIII. ist Papst
1524	Der Rat erlaubt die Priesterehe; Trauung Zwinglis mit der Witwe Anna Reinhart; Sturm auf die Kartause Ittingen; Tumulte und Zehntverweigerungen in der Zürcher Landschaft; Übergabe des Fraumünsterstifts an die Stadt durch die Äbtissin Katharina von Zimmern; Publikation der Streitschrift *De libero arbitrio* (lat. Vom freien Willen) von Erasmus von Rotterdam
1525	Aufhebung der Klöster in Zürich; Erlass einer Armenordnung; Erste Disputation mit Gegnern der Kindertaufe; Erlass des Rats, dass an der Kindertaufe festgehalten wird; Entstehung der ersten Täufer-Gemeinde in Zollikon; Zwinglis Schrift *Von dem Touff, vom Widertouff und vom Kindertouff* erscheint; Im *Commentarius de vera et falsa religione* legt Zwingli erstmals einen Entwurf zu einer Abendmahlsliturgie vor; Zweites Täufer-Gespräch; Abschaffung der Messe; Erlass einer neuen Ehegerichtsordnung; Eröffnung der Prophezei zur Ausbildung von Theologen; Drittes Täufer-Gespräch; Luther legt *De servo arbitrio* (lat. Vom unfreien Willen) als Gegenschrift zu Erasmus vor
1526	Todesstrafe auf die Erwachsenentaufe wird eingeführt; Badener Disputation; Zwingli wird geächtet; Täufer-Führer Konrad Grebel stirbt in Maienfeld an der Pest; Prozess gegen Bezüger fremder Pensionen; Enthauptung von Jakob Grebel, Pensionenbezüger und Vater von Konrad Grebel

1527	Täufer Felix Manz wird in der Limmat ertränkt wegen Ungehorsams; Mit Konstanz wird das Bündnis *Christliches Burgrecht* zur Verteidigung der Reformation – dem 1528 die Städte Bern und St. Gallen sowie 1529 Basel, Schaffhausen, Biel und Mühlhausen beitreten – geschlossen
1528	Zwingli nimmt an der Berner Disputation teil; Erste Synode in Zürich findet statt
1529	Durchführung der Reformation in Basel; Erster Kappelerkrieg zwischen Zürich und den katholischen Orten; Hinrichtung der Täufer Heini Reimann und Jakob Falk; Marburger Gespräche zwischen Luther und Zwingli über das Abendmahl
1530	Hinrichtung des Täufers Konrad Winkler; Grosses Sittenmandat des Zürcher Rats
1531	Kriegserklärung der fünf Orte; Zweiter Kappelerkrieg; Niederlage Zürichs; Tod Zwinglis

LITERATUR

Aschmann, R.; Davatz J.; Dürst A. et al. Der Humanist Heinrich Loriti, genannt Glarean 1488–1563. Verlag Buchhandlung Baeschlin Glarus 1983.

Baumgartner, Mira. Die Täufer und Zwingli. Eine Dokumentation. Theologischer Verlag Zürich 1993.

Blickle, Peter. Zugänge zur bäuerlichen Reformation. Chronos Zürich 1987.

Blickle, Peter. Die Revolution von 1525. R. Oldenbourg Verlag München Wien 1983.

Büsser F.; Schnyder R.; Senn M.; Stucki H. Zwingli und die Zürcher Reformation. Theologischer Verlag Zürich 1984.

Durant, Will. Das Zeitalter der Reformation. Eine Geschichte der europäischen Kultur. Von Wiclif bis Calvin 1300–1564. Francke Verlag Bern und München 1959.

Farner, Konrad. Hat Dürer Zwingli gemalt? In: Zürich-Aspekte eines Kantons.

Farner, Oskar. Huldrych Zwingli. Seine Jugend, Schulzeit und Studentenjahre 1484–1506. Band I. Zwingli Verlag Zürich 1943–1960.

Farner, Oskar. Huldrych Zwingli. Seine Entwicklung zum Reformator 1506–1520. Band II. Zwingli Verlag Zürich 1943–1960.

Farner, Oskar. Huldrych Zwingli. Seine Verkündigung und ihre ersten Früchte 1520–1525. Band III. Zwingli Verlag Zürich 1943–1960.

Farner, Oskar. Huldrych Zwingli. Reformatorische Erneuerung von Kirche und Volk in Zürich und in der Eidgenossenschaft 1525–1531. Band IV. Zwingli Verlag Zürich 1943–1960.

Finsler G.; Köhler W.; Rüegg A. Ulrich Zwingli. Eine Auswahl aus seinen Schriften auf das vierhundertjährige Jubiläum der Zürcher Reformation. Schulthess & Co. Zürich 1918.

Gäbler, Ulrich. Huldrych Zwingli. Leben und Werk. Theologischer Verlag Zürich 2004.

Gäbler, Ulrich. Huldrych Zwingli. Eine Einführung in sein Leben und sein Werk. Verlag C.H. Beck München 1983.

Grimm, Robert; Brupbacher, Fritz. Schweizer Klassenkämpfe. Reformation, Bauernkrieg, Bürgerliche Revolution, Landesstreik. Unionsverlag Zürich 1976.

Haas, Martin. Huldrych Zwingli und seine Zeit. Leben und Werk des Zürcher Reformators. Zwingli Verlag Zürich 1969.

Hammer, Wolfgang. Tag, Zwingli! Seine Zeit, sein Leben, sein Erbe. St. Moritz 1981.

Hollenweger, Walter J. Huldreich Zwingli zwischen Krieg und Frieden. Chr. Kaiser Verlag München 2004.

Hromadka, Josef L. Von der Reformation zum Morgen. Koehler & Amelang Leipzig 1959.

Kägi, Ursula. Die Aufnahme der Reformation in den ostschweizerischen Untertanengebieten. Der Weg Zürichs zu einem obrigkeitlichen Kirchenregiment bis zum Frühjahr 1529. Juris Druck Zürich 1972.

Kamber, Peter. Reformation als bäuerliche Revolution. Bildersturm, Klosterbesetzungen und Kampf gegen die Leibeigenschaft in Zürich zur Zeit der Reformation 1522–1525. Chronos Verlag Zürich 2009.

Kamber, Peter. Der Ittinger Sturm. Eine historische Reportage. Ittinger Schriftenreihe Band 6. Stiftung Kartause Ittingen 1997.

Keller, Gottfried. Züricher Novellen. Birkhäuser Verlag Basel 2014.

Koehler, Walther. Huldrych Zwingli. Koehler & Amelang Leipzig 1983.

Lang, August. Zwingli und Calvin. Velhagen & Klasing Bielefeld 1913.

Locher, Gottfried W. Die Zwinglische Reformation im Rahmen der europäischen Kirchengeschichte. Vandenhoeck & Ruprecht Göttingen 1997.

Oehninger, Robert Heinrich. Das Zwingliportal am Grossmünster in Zürich. Verlag Neue Zürcher Zeitung Zürich 1984.

Opitz, Peter. Ulrich Zwingli. Prophet, Ketzer, Pionier des Protestantismus. Theologischer Verlag Zürich 2015.

Pfister, Oskar. Das Christentum und die Angst. Artemis Verlag Zürich 1944.

Ramp, Ernst. Das Zinsproblem. Eine historische Untersuchung. Zwingli Verlag Zürich 1949.

Rother, Siegfried. Die religiösen und geistigen Grundlagen der Politik Huldrych Zwinglis. Palm & Enke Erlangen 1956.

Schindler, Alfred. Zwingli und die Kirchenväter. 147. Neujahrsblatt Zürich 1984.

Schmidt-Clausing, Fritz. Zwinglis Humor. Lembeck Frankfurt am Main 1968.

Seifert, Thomas. Die Täufer zu Münster. Agenda Verlag Münster 1993.

Stickelberger, Emanuel. Zwingli. Roman. Leipzig Zürich 1925.

Straub, Franz. Zürich und die Bewährung des ersten Landfriedens. Herbst 1529 bis Herbst 1530. Juris Verlag Zürich 1970.

Vischer, Manfred. Alltag in Zürich zur Reformationszeit. Zentralbibliothek Zürich 1984.

Winzeler, Peter. Zwingli als Theologe der Befreiung. Friedrich Reinhardt Verlag Basel 1986.

Zwingli, Ulrich. Huldrych Zwingli. Schriften. Band I–IV. Theologischer Verlag Zürich 1995.

Zwingli, Ulrich. Zwingli Hauptschriften. Band I–XI. Zwingli Verlag Zürich 1940.

Zwingli, Ulrich. Huldrych Zwinglis Briefe. Übersetzt von Oskar Farner. 2 Bände. Rascher Verlag Zürich 1918.

Zwinglis Zürich. 1484–1531. Eine Publikation des Staatsarchivs Zürich 1984.

BILDNACHWEIS:

IMPRESSUM

Dieses Buch ist nach den aktuellen Rechtschreibregeln verfasst. Quellenzitate werden jedoch in originaler Schreibweise wiedergegeben. Hinzufügungen sind in [eckigen Klammern] eingeschlossen, Auslassungen mit [...] gekennzeichnet.

Illustration Umschlag:
Simone Farner

Lektorat:
Rachel Camina, Hier und Jetzt

Gestaltung und Satz:
Simone Farner, Hier und Jetzt

Dank des Autors:
Herzlichen Dank an Moritz Leuenberger, Edith Gloor, Sten Nadolny und Daniel Sidler für das kritische Lesen des Textes.

© 2016 Hier und Jetzt, Verlag für Kultur und Geschichte GmbH, Baden
www.hierundjetzt.ch
ISBN Druckausgabe 978-3-03919-391-2
ISBN E-Book 978-3-03919-918-1